La Bible de la Chiromancie

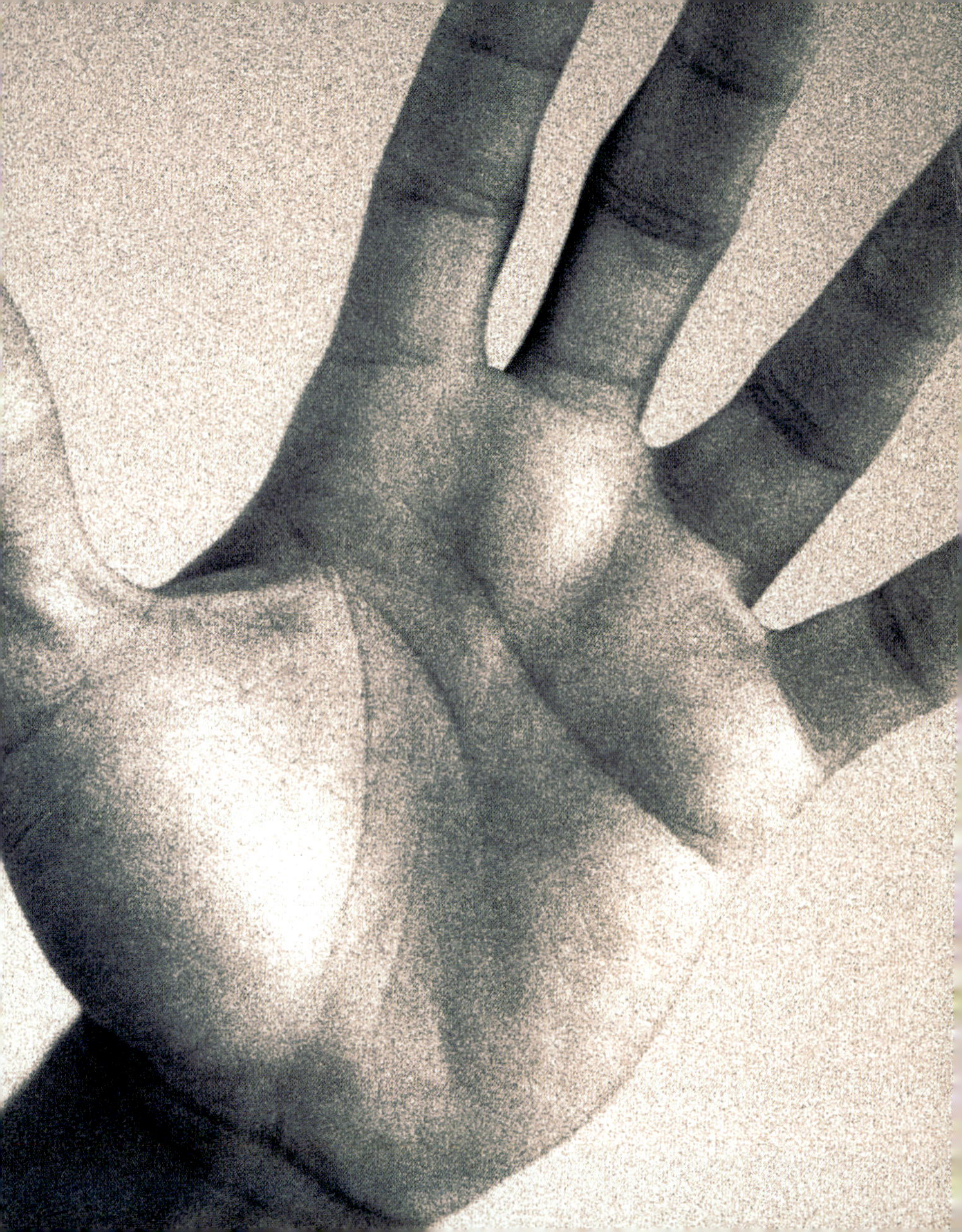

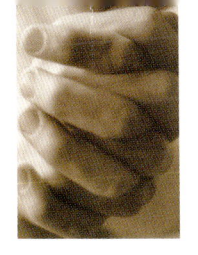

LA
BIBLE DE LA CHIROMANCIE

Un guide pratique pour la lecture des lignes de la main

DEUXIÈME ÉDITION

Jane Struthers

Guy Trédaniel
éditeur

Titre original : The Palmistry Bible

Copyright © Octopus Publishing Group 2005
Texte copyright © Jane Struthers 2005

© Guy Trédaniel Éditeur
pour la traduction française, 2006, 2013

Traduit de l'anglais par Antonia Leibovici

ISBN : 978-2-8132-0564-3

www.editions-tredaniel.com
info@guytredaniel.fr

Imprimé et relié en Chine

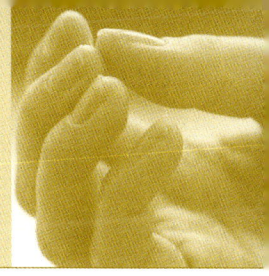

SOMMAIRE

Première partie Introduction	6
Deuxième partie Répertoire de la chiromancie	42
Premières impressions	48
La main	64
Les doigts	98
Les lignes de la main	138
Amour et relations	250
Ambition et carrière	284
Talents et aptitudes	310
Tempéraments	340
Glossaire	382
Index	390
Remerciements	400

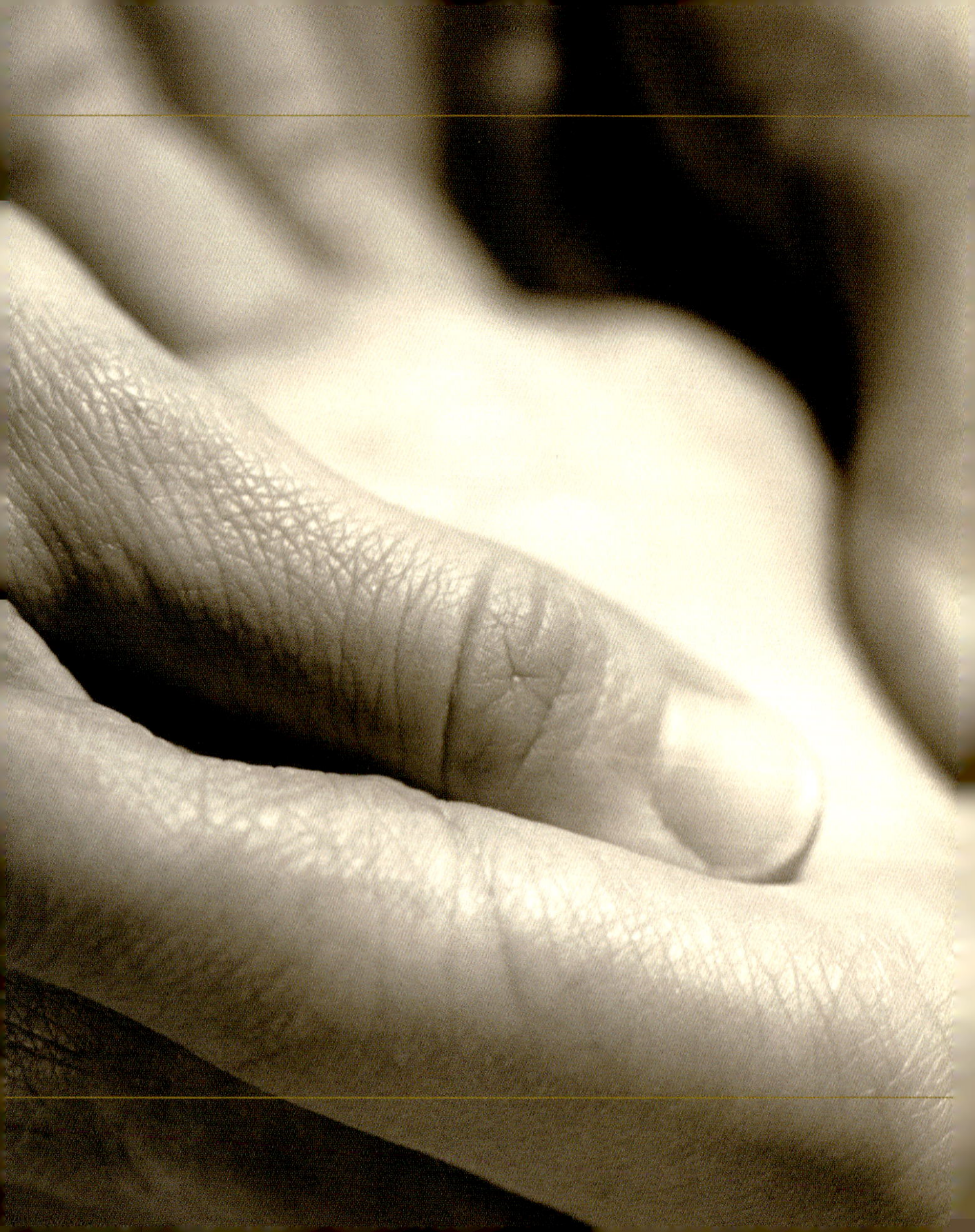

INTRODUCTION

Si vous voulez connaître la personnalité de quelqu'un, regardez ses mains. Même s'il s'agit d'un parfait étranger aperçu fugitivement, la forme de ses mains et de ses doigts vous apprendra beaucoup sur lui.

Plus vous examinez la main de quelqu'un, plus vous saurez de choses à son sujet. Chaque élément, depuis la texture de la peau à l'écartement de ses doigts, en passant par les motifs présents sur les lignes de la main, dévoilera un aspect de cette personne. Vous développez ainsi un nouveau savoir-faire extraordinaire, en observant tout simplement les mains des gens qui vous entourent.

Ce chapitre explique ce qu'est la chiromancie et ce qu'elle peut vous apprendre à propos des autres. Il clarifie nombre de questions (par exemple, si les lignes de la main changent au fil du temps) et enseigne à proposer des interprétations professionnelles.

L'HISTOIRE DE LA CHIROMANCIE

Quand est apparue la chiromancie et quelles sont ses origines ? Comme pour de nombreuses autres techniques de divination, la nuit des temps couvre de son voile sa naissance. On pense que la chiromancie a vu le jour en Orient il y a plus de 5 000 ans. On connaît des textes hindous, chinois, japonais et coréens datant de cette période, bien que des siècles se soient écoulés avant que ce savoir ancien arrive en Occident.

UN SAVOIR SECRET

Lorsque la chiromancie a fini par arriver en Europe, vraisemblablement au début du Moyen Âge, elle était littéralement transmise de bouche à

La chiromancie est arrivée en Europe au commencement du Moyen Âge.

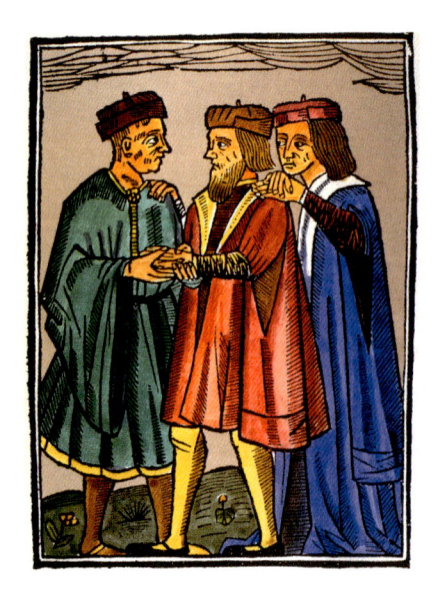

oreille. Avant l'invention de l'imprimerie, les instruments de l'écriture étaient rares, tout comme les personnes sachant lire. Les clercs était pris par d'autres tâches plus prenantes, comme la rédaction des actes royaux ou des traités religieux.

Qui plus est, la chiromancie était tenue pour une technique de divination, condamnée par l'Église. Tout comme le Tarot et l'astrologie étaient associés au culte du diable et à d'autres pratiques du même acabit, la chiromancie était activement découragée. À une époque où les femmes risquaient d'être brûlées vives

Pendant des siècles, la chiromancie a été étroitement associée aux gitans diseurs de bonne aventure.

pour sorcellerie, nul n'avait envie de devenir la cible de la bigoterie et de l'intolérance en faisant montre de dons en apparence diaboliques, permettant de lire dans l'esprit et le cœur d'autrui. La chiromancie était aussi étroitement associée aux bohémiens qui, comme les guérisseuses, étaient persécutés pratiquement dans toute l'Europe. Un petit nombre de livres traitant de la chiromancie, destinés à une élite, ont été toutefois publiés en Europe à partir du XVIe siècle.

ESSOR DE LA CHIROMANCIE

La chiromancie a été réellement popularisée au XIXe siècle, portée par l'intérêt en vogue pour l'occultisme. Le spiritisme a connu un succès fulgurant en Occident et la chiromancie en a profité elle aussi. Des livres de vulgarisation sur le sujet ont été publiés, parfois erronés et portés sur le sensationnel. L'idée de lire la personnalité et le destin dans les lignes de la main attirait les dames de la bonne société, qui passaient leur temps à des occupations futiles.

LA CHIROMANCIENNE DE L'IMPÉRATRICE

Dans un premier temps, la chiromancie était un domaine plutôt

La carrière militaire et politique de Napoléon Bonaparte était inscrite dans sa main.

féminin. L'une des plus célèbres chiromanciennes du XIXe siècle a été Marie-Anne Le Normand. Tarologue de talent, elle affabulait beaucoup quant à son savoir-faire de chiromancienne, en prétendant cependant que ses prédictions étaient toujours justes. En tout cas, elles l'ont été pour un jeune général du nom de Napoléon Bonaparte, qui venait d'épouser une cliente de Marie-Anne, Joséphine de Beauharnais. Mlle Le Normand lui a prédit une éclatante carrière militaire qui allait le rendre l'homme plus célèbre de France. Bonaparte se fiait tellement à Mlle Le Normand qu'il a été épouvanté en 1809 par la prédiction du divorce d'avec Joséphine. Très perturbé par ces prédictions (qui décrivaient ses plans secrets dans des détails alarmants), il a pris la précaution d'enfermer Mlle Le Normand jusqu'à la conclusion du divorce. Pour celle-ci, ces événements ont constitué une excellente publicité. Elle en a parlé dans un livre racontant ses relations avec l'impératrice Joséphine, rempli de "faits" chiromantiques très fantaisistes.

CHEIRO

L'un des plus célèbres chiromanciens du début du XXe siècle a été le comte Louis Hamon, connu sous le pseudonyme de Cheiro (du mot grec *kheir*, "main"). Son imagination hyperactive à propos de ses exploits et expériences excellait lorsqu'il s'agissait de se faire de la publicité. Il était par ailleurs un chiromancien expérimenté, dont la clientèle comprenait les personnages les plus respectés de son époque. Il a écrit plusieurs livres, dont certains sont encore en vente.

Cheiro avait une très haute opinion de ses talents, partagée par la plupart de ses clients.

QUE DIT LA CHIROMANCIE À PROPOS DES GENS

Vos mains ne mentent pas. Vous pouvez modifier presque tout ce qui vous concerne, depuis la manière de parler à la forme du nez, en passant par la silhouette et la couleur des cheveux, mais vous ne pouvez pas changer la taille et la forme de vos mains. C'est parfait pour un chiromancien, car votre personnalité, vos habitudes et vos instincts sont gravés dans vos mains, visibles pour celui qui possède le savoir-faire nécessaire.

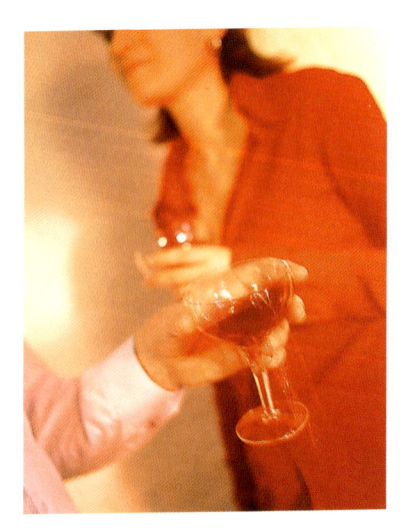

En commençant à pratiquer la chiromancie, vous découvrez à quel point ces savoir-faire sont utiles. Même si vous ne voulez pas consacrer vos loisirs à interpréter les lignes de la main de vos amis et de vos proches, vous apprendrez beaucoup à leur sujet en vous contentant de regarder leurs mains. En observant la forme et la taille des doigts, vous verrez qui est le tyran et qui est la victime, qui est le timide et qui est le boute-en-train de

Même la manière dont quelqu'un tient son verre évoque sa personnalité.

QUE DIT LA CHIROMANCIE À PROPOS DES GENS 13

Une poignée de main dit beaucoup sur l'attitude d'une personne face à la vie.

la fête. Vous apprendrez un code secret.

Si vous passez un entretien d'embauche, regardez discrètement les mains de votre patron éventuel ou celles des collègues potentiels. Pourriez-vous bien vous entendre avec eux ? La forme des mains du patron est-elle le complément de la forme des vôtres ou est-elle si différente que vous êtes sur des longueurs d'onde éloignées ?

Regardez les mains des gens quand vous les rencontrez dans un contexte social. Aimeriez-vous les connaître davantage, ou voyez-vous déjà que pour une quelconque raison vous ne vous accorderez pas ? La chiromancie montre sa valeur quand vous parlez à des vendeurs. Regardez leurs mains lorsqu'il tentent de vous convaincre. Vos constatations vous étonneront !

QU'EST LA CHIROMANCIE ?

La chiromancie permet de découvrir la personnalité de quelqu'un et les évènements de sa vie en interprétant la forme de ses mains et les lignes qui les parcourent. Elle est étonnamment juste – comment se fait-il qu'autant d'informations soient présentes sur nos mains, à la disposition des autres ? La chiromancie est-elle un art ou une science ? Vraisemblablement, une combinaison des deux, car elle associe l'intuition et la sensibilité faisant partie intégrante de l'art au savoir et à l'expérience exigés pour aborder sans erreur la science.

LA BONNE AVENTURE
La chiromancie est souvent prise pour de la divination, de la bonne aventure, phrase qui évoque des images d'une croix tracée avec de l'argent sur la paume d'une mystérieuse vieille femme avant qu'elle jette un coup d'œil à votre main et vous annonce qu'un long voyage est en vue. Mais si vous y réfléchissez, quel mal y a-t-il de se faire dire l'avenir ? Avez-vous l'impression d'abandonner toutes vos responsabilités et décisions tandis que quelqu'un vous dit ce que vous allez faire de votre vie ? Craignez-vous d'apprendre ce qui pourrait arriver – que vous aimiez ou non cet avenir-là ? Nous aborderons à la page 20 le concept de libre arbitre par rapport au destin. Commencez déjà à y réfléchir.

L'APPROCHE SCIENTIFIQUE
À notre époque technologique, certains sont fiers d'être parfaitement logiques, convaincus que rien n'existe si on ne peut le voir à travers un microscope, un télescope ou tout autre instrument scientifique. Pareillement, si on ne peut pas expliquer pourquoi un processus se produit (par exemple,

QU'EST LA CHIROMANCIE ? 15

pourquoi l'homéopathie agit, alors que les remèdes contiennent une infime quantité d'ingrédients actifs), on l'écarte en le tenant pour une idée imaginaire ou fausse. Nombre de gens préfèrent appliquer ce genre

Les chiromanciens étudient souvent la main d'un client en s'aidant d'une loupe.

d'argument à la chiromancie et à d'autres techniques de divination : celles-ci n'en ont pas d'explication logique, donc ce ne peuvent pas fonctionner. Mais avons-nous besoin de comprendre tout ce qui se passe ou oserons-nous faire bon accueil à un peu de magie dans notre vie ? Même si vous ne pouvez pas expliquer comment fonctionne la chiromancie, cela ne vous empêche pas de l'utiliser et d'en tirer des leçons.

LES QUATRE BRANCHES DE LA CHIROMANCIE

À l'origine, la chiromancie était partagée en deux branches, la chirognomonie (ou chirognomie) et la chiromancie. La chirognomie est l'interprétation de la personnalité à partir de la forme et de la taille de la main et des doigts, tandis que la chiromancie est l'interprétation des lignes de la main. Ces deux branches

Cette empreinte d'une main montre nettement les lignes principales et secondaires. L'étude de ces lignes est appelée chiromancie.

initiales sont actuellement associées à deux domaines d'étude moderne, le langage corporel et la dermatoglyphie.

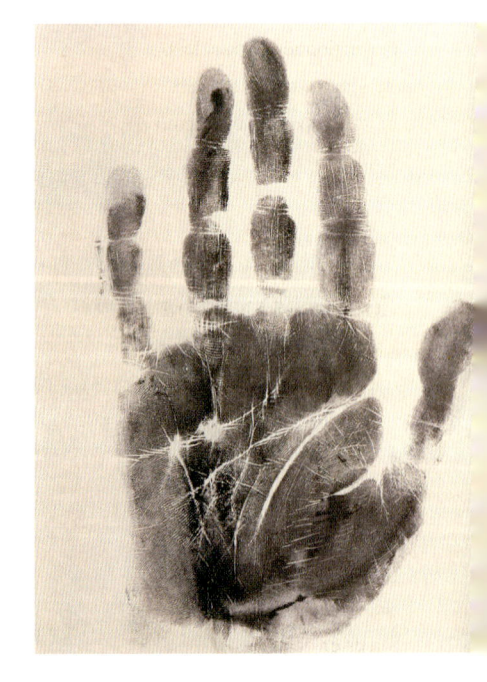

Le langage corporel permet aux psychologues de tirer des conclusions à propos de la personnalité et de la motivation d'un individu à partir de la façon dont il positionne et utilise son corps. Vous trouverez des précisions là-dessus aux pages 30 et 31, qui vous permettront d'utiliser cette technique lors de vos interprétations des lignes de la main. La dermatoglyphie est apparue vers 1830 dans le cadre de l'étude des empreintes et s'est énormément perfectionnée depuis lors. Les hommes de science ont découvert que, outre les doigts, la paume est recouverte d'infimes motifs dermiques distincts, dont l'analyse offre des informations précieuses à propos de la personnalité.

L'étude relativement moderne des empreintes et des autres marques dermiques est appelée dermatoglyphie.

CONNAISSANCE DE SOI

La chiromancie décrit tant le passé que l'avenir, car tous les événements importants qui vous affectent sont gravés dans la main. Si vous utilisez la chiromancie uniquement pour découvrir le passé et le présent, vous faites fi de sa capacité inestimable de tout vous dire sur vous-même : vos forces et vos faiblesses. Grâce à elle, vous deviendrez plus conscient de qui vous êtes et, en résultat, vous vous développerez psychologiquement, spirituellement, mentalement et émotionnellement. En étant plus conscient de vos erreurs, en réalisant qu'il s'agit là d'un élément de l'état humain, vous pouvez devenir plus tolérant envers les autres. Cela ne veut pas dire que la chiromancie doit vous

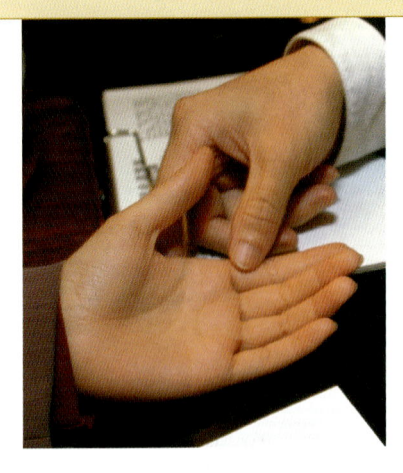

Un bon chiromancien examinera les deux mains, pas seulement la dominante.

servir d'excuse pour votre attitude, en mettant vos tendances à l'arrogance sur le compte de vos longs doigts Jupiter ou votre répugnance à tenir ferme sur le compte de vos pouces peu épais. Devenez seulement conscient de vos pierres d'achoppement, afin de pouvoir les contourner à l'avenir.

Lorsque la chiromancie a mis en évidence vos forces, jouez là-dessus. Par exemple, si vous avez assez de votre emploi actuel et cherchez quelque chose de plus intéressant ou suivez une formation de reconversion, votre main vous offrira de nombreuses indications sur ce qui vous conviendra. Elle vous dira si vous êtes très imaginatif ou ancré dans l'esprit pratique, si vous vous épanouissez dans des horaires trépidants ou si vous avez besoin de réfléchir calmement aux choses. Ces informations sur vous-même sont précieuses et utilisables à votre profit.

CE QUE LA CHIROMANCIE N'EST PAS

Pendant des siècles, l'Église a condamné la chiromancie, la tenant pour une manière de prédire l'avenir, la présentant même comme une œuvre du diable ou menaçant que des choses terribles allaient arriver à ceux qui faisaient appel à elle. Pourtant, la chiromancie n'a rien à voir avec le satanisme ou avec le déchaînement des forces malfaisantes suscitant le chaos dans la vie.

QU'EST LA CHIROMANCIE ? 19

Elle n'est pas non plus une branche de l'astrologie ou du Tarot, bien que ces techniques soient regroupées parfois par erreur. Des liens existent entre ces domaines, car les formes de la main sont nommées d'après les quatre éléments astrologiques, les monts et les doigts d'après les sept planètes traditionnelles. C'est là que la connexion s'arrête. La chiromancie et l'astrologie sont des disciplines distinctes, qui nous apprennent beaucoup sur nous-mêmes, chacune à sa manière.

Le stéréotype de la chiromancienne était la femme mystérieuse et plutôt bizarre.

DESTIN PAR OPPOSITION À LIBRE ARBITRE

Y a-t-il un avenir déjà prédestiné ou peut-on créer le sien ? Le destin vous a-t-il fait choisir ce livre ? Si vous l'utilisez pour prédire ce qui va arriver, ces prédictions sont-elles inéluctables, même si elles vous déplaisent ?

LA POSITION DES RELIGIONS

La réponse à ces questions varie selon vos convictions religieuses ou spirituelles. Certaines religions enseignent que tout ce qu'on fait dans la vie est prédéterminé, comme si l'on réagissait à une série d'instructions préprogrammées, sans bien entendu s'en rendre compte au moment respectif. D'autres affirment qu'on contrôle son destin, qui est toujours changeant.

KARMA

La croyance au karma, doctrine prônant le lien entre cause et effet, est assez répandue. Pour simplifier, si vous mangez trop de chocolat, vous serez malade. Toutefois, le karma devient

La main de chaque personne est unique, comme vous le constaterez en pratiquant la chiromancie.

DESTIN PAR OPPOSITION À LIBRE ARBITRE 21

bien plus compliqué quand il s'agit de questions plus importantes, par exemple, les circonstances de votre vie actuelle sont-elles le résultat karmique de vos actions de la semaine passée ou même d'une incarnation précédente ?

Les réponses – en supposant qu'on essaye d'en trouver en premier lieu – dépassent l'objectif de ce livre, mais concernent toutefois la chiromancie si l'on part de la théorie que l'avenir est déterminé par votre présent. Cela signifie-t-il que les lignes de votre main décrivant l'avenir vont changer si vous vous comporterez autrement ou que l'avenir étant de toute façon prédéterminé, vous n'avez pas à vous en occuper ? Bien que les réponses ne soient pas là, il est utile de réfléchir à ces questions lorsque vous commencez à vous intéresser à la chiromancie. Si vous ne les posez pas vous-même, quelqu'un d'autre le fera assurément.

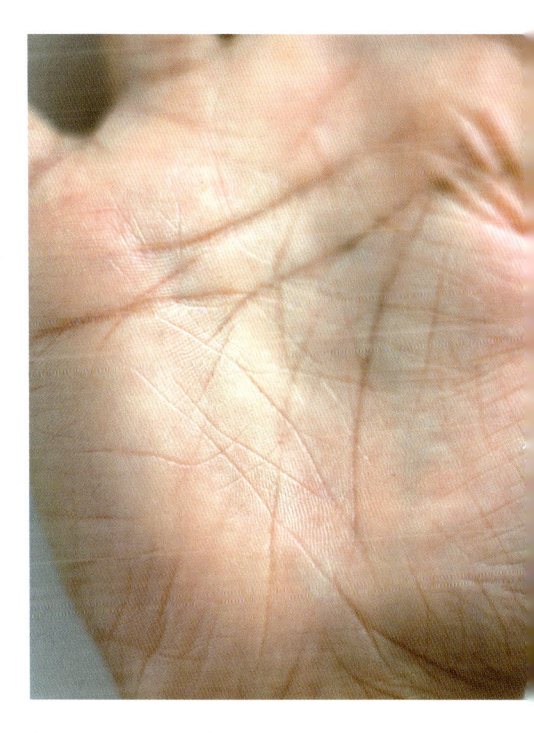

Devez-vous accepter l'avenir montré par les lignes de votre main ou pouvez-vous modifier votre destin ?

LES LIGNES CHANGENT-ELLES AU FIL DU TEMPS ?

Les lignes de la main changent-elles au fil du temps ? Oui, et parfois dans un laps de temps étonnamment bref. Cela ne signifie cependant pas que votre ligne du cœur, durement éprouvée, associée à toutes les lignes de stress représentant d'anciennes relations, deviendra lisse comme par magie quand vous rencontrerez l'homme ou la femme de votre vie. Les lignes montrant vos expériences passées ne changeront pas, alors que les lignes décrivant votre avenir sont susceptibles de le faire. Cela arrive aussi si vous

La main d'un bébé comporte toutes les lignes qu'on trouve sur la main de l'adulte.

Les lignes de la main changent subtilement à mesure que les situations évoluent.

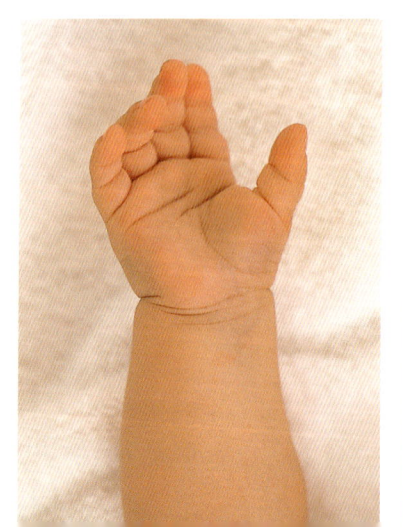

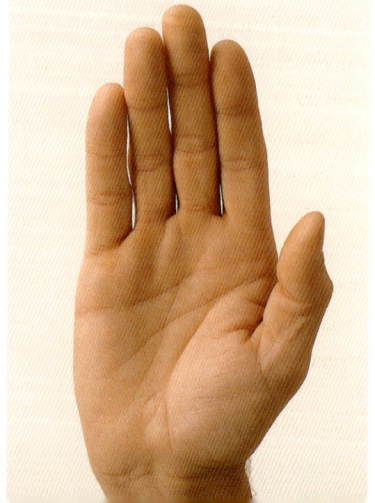

réalisez qu'une situation difficile risque de se terminer en catastrophe si vous ne la corrigez pas. Si vous faites le nécessaire pour éviter cette tournure des choses, les lignes décrivant les problèmes éventuels commenceront à se modifier jusqu'à raconter une histoire entièrement différente.

EMPREINTES DE LA PAUME

Pour découvrir sur vous-même ce phénomène, familiarisez-vous avec les lignes des deux mains. Étudiez-les attentivement et, si possible, gardez des empreintes datées des paumes (voir page 26). Prenez de nouveau une empreinte des paumes six mois après et analysez les différences subtiles entre les deux séries d'empreintes, surtout sur les zones de vos mains décrivant les derniers événements passés. Par exemple, si vous avez récemment changé de travail ou découvert votre vocation, examinez les zones de votre main (par exemple la ligne du destin) se rapportant à la carrière. Vous découvrirez parfois des altérations inexplicables, sans rapport apparent avec vos expériences. Dans ce cas, vos mains savent probablement déjà quelque chose à votre insu. Prenez-en note. Vous constaterez que votre vie se met à refléter les événements et les changements déjà présents dans vos mains.

> ## Débuter jeune
> *L'une des meilleures façons de découvrir comment la main de quelqu'un change au fil du temps est d'en conserver l'empreinte dès la naissance. Il est passionnant de découvrir les modifications apparaissant sur la main de l'enfant à mesure de sa croissance. Les empreintes vous offriront une merveilleuse histoire de sa vie.*

MAIN DROITE OU GAUCHE ?

Avant de commencer une lecture, il est essentiel de demander à la personne concernée si elle est droitière ou gauchère. La signification des lignes de la main dominante sera différente de celle des lignes de l'autre main.

MÊME PERSONNE, LIGNES DIFFÉRENTES

Regardez bien vos mains. Quelles sont les différences entre elles ? Certaines lignes sont-elles plus nettes sur la main dominante que sur l'autre ?

Vous n'avez pas encore besoin de connaître la signification des lignes, ni même leur nom. Contentez-vous d'observer les différences entre vos deux paumes. L'observation attentive est l'un des secrets du bon chiromancien. Il se peut que vous ayez des lignes particulières sur une main et pas sur l'autre, ou que les mêmes lignes présentent des formations différentes. Par exemple, l'une des principales lignes s'achève à un endroit distinct sur chaque main ou est plus marquée sur une main par rapport à l'autre.

LA MAIN DOMINANTE

Votre main dominante est celle avec laquelle vous écrivez. Les lignes et les autres marques sur la main décrivent les événements qui se sont produits dans votre vie et ce à quoi vous pouvez raisonnablement vous attendre dans l'avenir (gardez cependant à l'esprit que ces lignes peuvent changer).

Autrement dit, la main dominante décrit ce qui est réel dans votre vie, montre les savoirs et les capacités que vous possédez au moment respectif et celles que vous pouvez toujours exploiter.

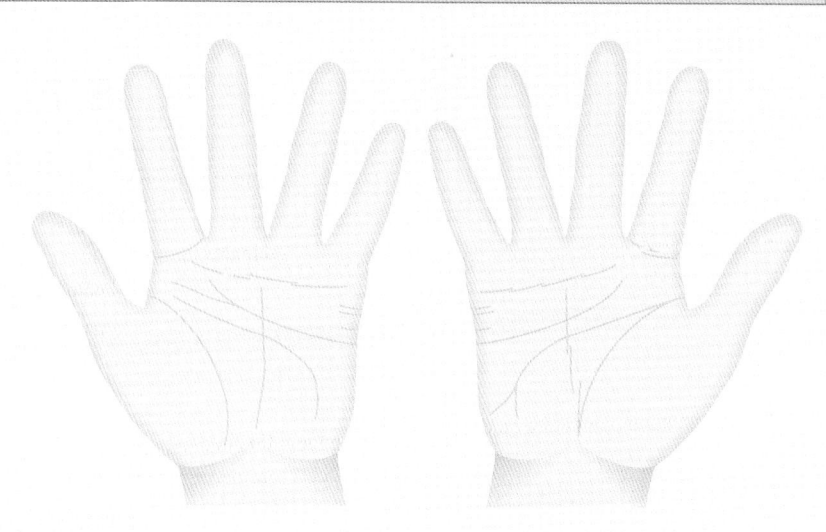

LA MAIN NON DOMINANTE

Cette main décrit votre potentiel et vos souhaits. Une ligne n'apparaissant que sur cette main montre ce que vous aimeriez pouvoir faire ou ce que vous pourriez faire si vous n'aviez pas bloqué cette capacité pour une raison ou une autre.

AMBIDEXTRE

Si vous êtes ambidextre, vous utilisez quand même une main de préférence à l'autre pour écrire. Pour la chiromancie, cette main-là est la dominante.

Attendez-vous à voir de nombreuses différences entre la main droite et la main gauche d'une personne. Certaines des lignes seront similaires, d'autres varieront spectaculairement.

Rappel rapide

Main dominante : la main avec laquelle vous écrivez.
Main non-dominante : l'autre main.

COMMENT ENREGISTRER L'ÉTAT DE LA PAUME

Si vous désirez devenir un chiromancien professionnel, il vous faut un moyen d'enregistrer les paumes que vous analysez pour de futures références, par exemple pour effectuer une comparaison entre l'état de la paume d'une année sur l'autre ou noter les changements de la main d'un enfant au fil de sa croissance. Prendre des notes détaillées exige du temps. De plus, il y a risque d'omettre certaines lignes et marques de la main. Dans ce contexte, photocopier la paume ou en prendre l'empreinte s'avère la meilleure solution.

PHOTOCOPIER LA PAUME

Facile si vous disposez d'un photocopieur. Placez la paume sur le plateau et maintenez-la immobile. Il est préférable d'en faire plusieurs copies jusqu'à obtenir un bon contraste, car l'image ne doit être ni trop claire ni trop foncée.

PRENDRE UNE EMPREINTE

Ce processus est plus simple qu'il ne le paraît, mais exige cependant un peu de pratique pour obtenir une bonne empreinte. Utilisez une encre ou une peinture à l'eau, facile à nettoyer.

Demandez à la personne de se laver soigneusement les mains pour enlever toute trace de gras ou de saleté, susceptible de brouiller l'image, et d'enlever tout bijou. Elle peut toutefois garder son alliance. Vous avez besoin des objets suivants :

- Une feuille de papier de bonne qualité, assez grande pour l'empreinte
- Un petit tampon en mousse

COMMENT ENREGISTRER L'ÉTAT DE LA PAUME

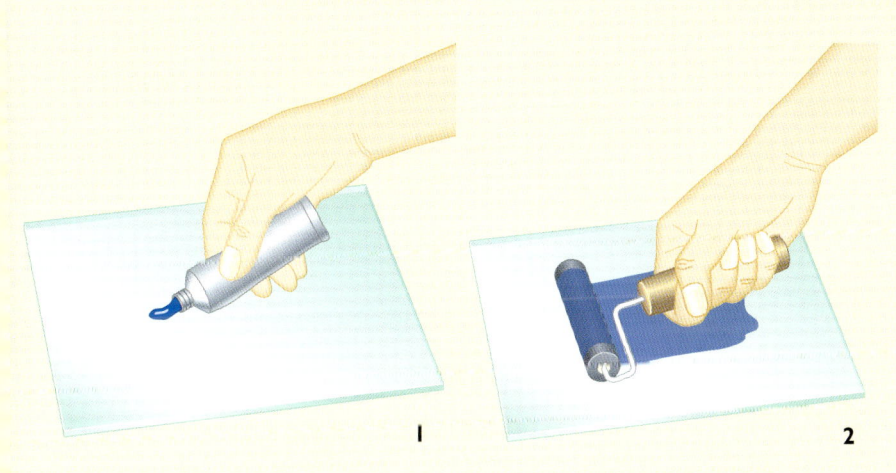

1

2

- Un tube d'encre ou de peinture à l'eau
- Une plaque de verre aux bords biseautés ou une feuille de linoléum
- Un rouleau en caoutchouc, large de 10 cm
- Un crayon ou un stylo.

1 Préparez vos outils avant de commencer. Placez la feuille de papier sur le tapis de mousse et posez-les sur une surface plate et ferme. Versez un peu d'encre ou de peinture sur la plaque de verre ou la feuille de linoléum.

2 Répartissez l'encre ou la peinture sur le verre ou le linoléum en une mince couche, à l'aide du rouleau. Égalisez la surface pour obtenir une empreinte claire.

3 Passez le rouleau sur l'encre ou la peinture, puis sur la main de la

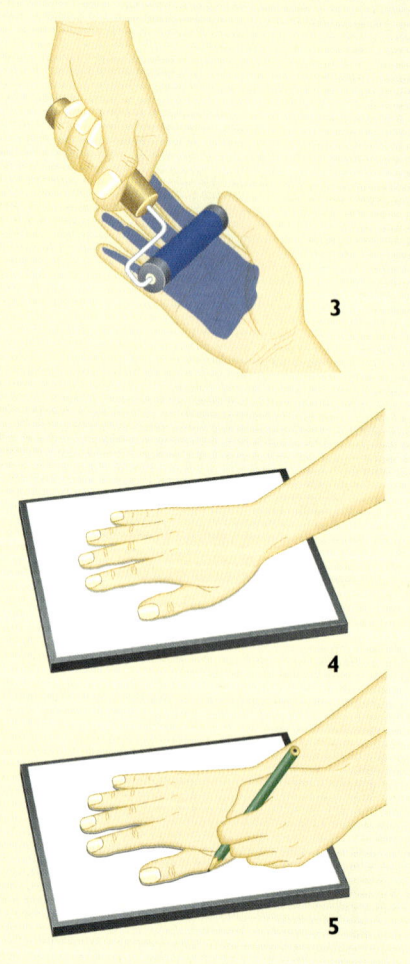

personne, toujours dans un seul sens. Allez au-delà du poignet pour imprimer toute marque présente là.

4 La personne dont vous prenez l'empreinte place sa main à plat sur le papier. La main ne doit pas bouger pendant que vous appuyez doucement dessous pour imprimer toutes les marques présentes au centre de la paume.

5 Tracez éventuellement le contour de la main avec un crayon ou un stylo. Tenez les bords de la feuille pendant que la personne enlève sa main. Répétez avec l'autre main sur une nouvelle feuille de papier.

Règles de base

Voici quelques règles simples à respecter en prenant une empreinte de la paume. Si vous suivez toujours ces indications, vous vous constituerez une bonne bibliothèque d'empreintes et de cartes comportant toutes les informations dont vous pourriez avoir besoin.

- Prenez l'empreinte des deux mains.
- Notez sur chaque empreinte s'il s'agit de la main droite ou gauche, de la main dominante ou non-dominante.
- Notez le nom de la personne sur chaque empreinte, ainsi que la date de la lecture.
- Sur une carte à part, portant les références de l'empreinte, notez les informations biographiques concernant la personne, y compris le nom, l'âge, le sexe, l'état civil, le nombre d'enfants, l'occupation et tout ce qui vous semble important.
- Sur la même carte, notez les données de la lecture qu'on ne peut pas voir sur l'empreinte : texture de la peau, sensation ressentie, flexibilité des doigts et de la main, type de jointures, forme et état des ongles.

COMMENT NOUS NOUS TRAHISSONS

Le langage corporel compte parmi les quatre branches de la chiromancie moderne, car les mouvements du corps dévoilent bon nombre d'aspects de la personnalité. Les experts en ce genre de lecture noteront des nuances infimes qui échappent à la plupart des gens. Même ainsi, n'importe qui peut découvrir pas mal de choses sur ses semblables en les observant dans leur quotidien.

Vous le faites probablement déjà sans en avoir conscience. Le comportement de vos proches vous apprend quelle est leur humeur. Par exemple, vous savez que votre partenaire tiraille son oreille gauche quand il est inquiet. Vos propres gestes trahissent vos sentiments et pensées.

LANGAGE CORPOREL ET CHIROMANCIE

Le chiromancien qui reçoit un client observe chacun de ses gestes, ainsi que la manière dont il est assis. Faites pareil. La personne montre-t-elle des signes de nervosité, lisse-t-elle sans cesse ses vêtements, tourne-t-elle une bague autour de son doigt ? S'agit-il d'un état temporaire parce qu'elle est un peu inquiète à l'idée de la lecture, ou est-elle nerveuse par nature ? Regardez ses doigts. Se ronge-t-elle les ongles, se mordille-t-elle les doigts ?

Comment tient-elle ses mains avant le début de la lecture ? Sont-elles détendues ou les poings sont-ils serrés ? Dans le second cas, où se trouvent ses pouces ? S'ils sont

COMMENT NOUS NOUS TRAHISSONS   31

dissimulés à l'intérieur des poings, la personne est anxieuse et sur la défensive. S'ils sont à l'extérieur des poings, la personne se sent combative.

Si ses mains sont complètement cachées à la vue, enfoncées dans ses poches ou placées sous les aisselles quand les bras sont croisés, la personne a du mal à se dévoiler et vous aurez à gagner sa confiance.

Nous révélons sans cesse nos pensées et nos sentiments à travers notre langage corporel.

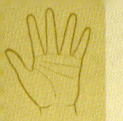

COMMENT EFFECTUER UNE LECTURE RESPONSABLE

Que faites-vous lorsque vous lisez la main d'une personne ? Le premier point et le plus important est de ne pas brusquer les choses et de choisir soigneusement vos mots. Cette personne vous écoutera et tiendra vos paroles pour significatives, même si elle semble traiter la lecture comme une blague. Il est très important de se montrer responsable et de tenir compte de ses sentiments.

PEURS
Certaines personnes cachent des peurs profondes quant à la lecture des lignes de leur main, même si elles refusent de l'admettre. Par exemple, quelqu'un ne veut pas d'une lecture par peur que le chiromancien lui annonce des nouvelles affreuses ou la date de sa mort. Ces peurs sont probablement encore présentes et lors d'une lecture il sera à l'écoute de la plus infime indication que quelque chose d'abominable va lui arriver.

En effectuant une lecture, attention à l'état d'esprit et aux craintes éventuelles de la personne concernée.

COMMENT EFFECTUER UNE LECTURE RESPONSABLE   33

Vous devez être très prudent à ce que vous suggérez par le ton de la voix et le langage corporel. N'ayez pas l'air surpris en apercevant ses mains, ne sursautez pas, ne marmonnez pas, ne vous agitez pas, ne faites rien qui suggère l'inquiétude. Même si vous êtes réellement concerné par ce que vous voyez dans ses mains, trouvez une manière subtile de le lui dire. Si vous pensez qu'un problème de santé

Faites de votre mieux pour établir un bon rapport avec l'autre personne, afin qu'elle se détende.

s'annonce, ne conseillez pas du tac au tac de voir un médecin. Choisissez soigneusement vos mots et approchez le sujet avec tact. Vous pouvez par exemple dire à cette personne que ses mains montrent qu'elle a été fatiguée dernièrement et suggérer un contrôle médical si les choses ne s'améliorent pas. Ne soyez pas alarmiste. Bien des gens ont été affolés par des chiromanciens irresponsables leur ayant prédit des maladies graves ou même la mort. N'en soyez pas un !

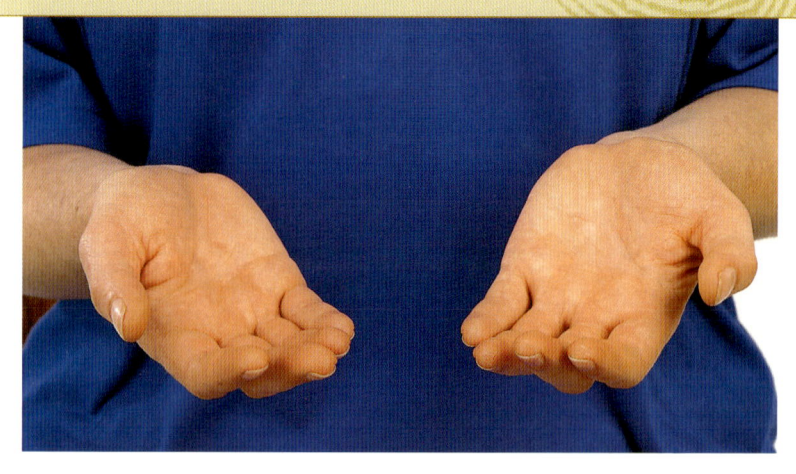

POUVOIR

Si vous avez observé les gens vous annonçant de grandes nouvelles, vous avez peut-être remarqué qu'ils ont l'air plutôt contents d'eux, car cela les fait se sentir importants. Certains chiromanciens se comportent ainsi et se sentent à part de par leurs

Quand quelqu'un vous montre ses mains, il vous fait confiance.

connaissances. Autrement dit, ils ont investi beaucoup d'ego dans leur profession et se considèrent en quelque sorte supérieurs. Essayez de résister à la tentation, somme toute humaine, d'agir ainsi, même si le client vous couvre de compliments.

Peut-être s'épanche-t-il toujours quand il est nerveux, de sorte que toutes ces belles paroles sur votre merveilleux savoir-faire sont en fait des défenses. Remerciez-le mais ne laissez pas ses compliments vous monter à la tête.

JE SUIS LE CHIROMANCIEN ET J'AI TOUJOURS RAISON

C'est un piège dans lequel peuvent tomber même les chiromanciens expérimentés. Faites donc de votre mieux pour y résister dès le départ. En fait, c'est là un écueil pour tous ceux qui se croient des experts dans un quelconque domaine, de la médecine à la cuisine, en passant par tous les autres. Si vous désirez être un bon chiromancien, vous devez accepter l'idée que parfois vous vous tromperez. Personne n'est infaillible. Bien sûr, c'est agaçant de se faire contredire, car cela fait presque toujours douter de ses connaissances. Ne vous mettez pas à discuter sur qui a raison et qui a tort. Il est parfois utile de reformuler vos phrases, car peut-être la première fois n'avez-vous pas été assez clair. Si vous décrivez à quelqu'un un incident de son passé et qu'il le nie, suggérez-lui poliment de réfléchir pour tenter de se souvenir d'un épisode correspondant. Abandonnez ensuite ce sujet et continuez la lecture.

L'hésitation de cet homme à montrer ses paumes révèle qu'il est réservé.

DÉNI

Même si l'on vous dira à l'occasion que vous vous êtes trompé, ce n'est pas forcément vrai. Peut-être avez-vous mis le doigt dessus avec une telle précision que la personne ne peut pas le supporter. Peut-être avez-vous touché un problème qui la terrifie, si bien qu'elle préfère nier son existence. Comme vous n'êtes ni conseiller ni psychothérapeute, respectez ses sentiments. N'insistez pas pour que la personne affronte des choses qu'elle n'est pas prête à aborder.

LE SILENCE EST-IL D'OR ?

Imaginez que vous analysez la main de votre meilleure amie. Vous n'aimez pas son nouveau partenaire et avez entendu des rumeurs quant à ses agissements qu'elle ne connaît pas. Un coup d'œil à la ligne de cœur de votre amie et vos pires craintes sont confirmées. Devez-vous lui en parler ou vous taire ? Cela dépend des circonstances et de votre conscience. Faites très attention si vous vous sentez obligé de le lui dire. L'amitié risque souvent d'être détruite par ce genre de situation. Votre amie vous laissera peut-être tomber et gardera

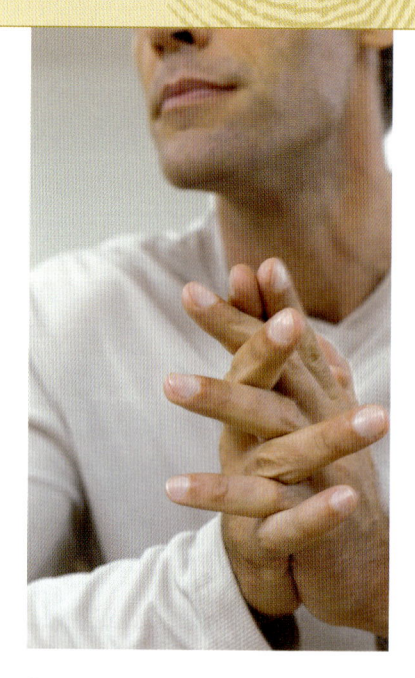

Regardez les gestes de sa main pendant la lecture pour voir comment la personne se sent.

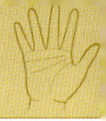

son partenaire, même si elle le regrettera plus tard.

Vous ne devez jamais laisser vos opinions ou préjugés influencer votre lecture ou vous servir d'une lecture pour dire à quelqu'un ce que vous pensez. Il se peut que vous ayez l'impression de savoir exactement ce que votre amie doit faire de sa vie (par exemple, abandonner son rêve fou de devenir actrice et suivre une formation lui permettant de trouver un bon emploi. Cependant, ce sont vos opinions et elles n'ont rien à voir avec la chiromancie. Même si vous croyez voir dans la main de votre amie qu'elle n'est pas faite pour la scène, ne serait-ce pas là plutôt ce que vous vouliez voir ? La chiromancie n'est par une excuse pour dire à quelqu'un comment vivre sa vie, même si vous avez les meilleures intentions du monde.

La lecture permet d'établir un fort contact visuel et de le maintenir.

AVANT LA LECTURE
Maintenant que vous connaissez quelques-unes des pierres d'achoppement des lectures, vous êtes prêt à vous lancer. Dans l'idéal, vous

Dans l'idéal, vous devez faire la lecture assis à table, à la lumière naturelle.

devez vous préparer à chaque lecture en vous concentrant grâce à l'exercice d'ancrage ci-contre. Si c'est impossible, quelques minutes de respiration profonde seront utiles.

Si vous utilisez une pièce de votre maison pour les consultations, assurez-vous qu'elle est propre, rangée et sent bon. La même remarque est valable pour vous ! Installez un éclairage approprié pour voir clairement les

Exercice d'ancrage

Asseyez-vous tranquillement, pieds sur le plancher, et prenez quelques profondes respirations. Purifiez votre mental des distractions. Imaginez une lumière blanche vous envelopper, écartant toute pensée négative. Imaginez ensuite des racines sortant de la plante de vos pieds et s'enfonçant dans la terre, pendant qu'un rayon de lumière connecte le sommet de votre tête avec les mondes spirituels. Demandez à être guidé et protégé pendant la lecture. Vous êtes prêt à vous lancer.

mains du client. Le siège réservé à celui-ci doit être confortable. Si vous préférez qu'il place les mains sur la table pour la lecture, assurez-vous que la hauteur convient.

PENDANT LA LECTURE

En plus des conseils déjà mentionnés, voici quelques points supplémentaires à prendre en compte.

Avant de commencer la lecture, demandez au client son âge. Cette information est nécessaire pour déterminer la phase de la vie où il se trouve lorsque vous découvrez son âge actuel sur chaque ligne de la main. Par exemple, si vous voyez qu'un événement important prend place vers 40 ans, vous devez savoir s'il en a déjà fait l'expérience ou si celle-ci est encore à venir.

Essayez ensuite de limiter vos questions à ce qui est significatif. Si vous posez trop de questions, la personne peut penser que vous cherchez à lui soutirer des informations dont vous vous servirez plus tard. Toutefois, rien de mal à décrire ce que vous voyez, puis de poser une question basée sur vos découvertes.

Par exemple, si vous regardez la main d'un enseignant né, dites-le, puis demandez au client s'il a une expérience dans ce domaine ou s'il a été attiré par cette profession. C'est

---

Équipement essentiel pour la lecture

- *Sièges confortables pour le client et vous.*
- *Un bon éclairage, de préférence une lampe à bras articulé.*
- *Une loupe pour examiner la main en détail.*

S'asseoir côte à côte pour une lecture crée une atmosphère intime, confiante.

bien plus impressionnant que de lui demander sa profession et de dire ensuite que vous avez vu celle-ci dans sa main.

Combien de temps doit prendre la lecture ? Au début, elle sera brève, car vous vous sentirez encore gauche et ne saurez pas trop quoi dire. À mesure que vous acquerrez de l'expérience, vous aurez plus à dire – là, vous devez décider d'avance de la durée d'une lecture. Ne dépassez pas une heure, sinon la fatigue s'installe – pas seulement pour vous, mais aussi pour le client.

Pensez aussi à l'enregistrement de la séance. Cette idée peut embarrasser d'abord le client, mais il disposera ainsi d'une cassette à écouter par la suite pour se remémorer la lecture. En sachant cela, il peut se détendre et profiter de la séance.

Le lavage des mains purifie votre énergie après une lecture difficile ou stressante.

APRÈS LA LECTURE

Il est agréable et satisfaisant d'effectuer des lectures, mais celles-ci sont très fatigantes. De même que vous l'avez fait avant de commencer la séance, vous devez vous ancrer de nouveau après la fin de la séance. Asseyez-vous tranquillement, imaginez une lumière blanche vous envelopper, puis répétez l'exercice, en visualisant des racines sortir de la plante de vos pieds pour s'enfoncer dans le sol.

Si la lecture a été difficile, si elle a éveillé une grande émotion chez le client, vous devez purifier l'atmosphère. Tapez des mains ou utilisez un bol chantant pour disperser l'énergie négative.

12 étapes pour la réussite

1. *Ancrez-vous et centrez-vous avant la lecture.*
2. *Mettez la personne à l'aise.*
3. *Étudiez systématiquement la main.*
4. *Ne lui faites pas de mal.*
5. *Ne soyez pas alarmiste.*
6. *Écoutez attentivement.*
7. *Respectez le droit du client d'ignorer vos dires.*
8. *Acceptez que vos prédictions ou interprétations puissent être erronées.*
9. *Ne jugez pas les autres.*
10. *Montrez de la compassion.*
11. *Gardez votre sens de l'humour.*
12. *Ancrez-vous et centrez-vous après la lecture.*

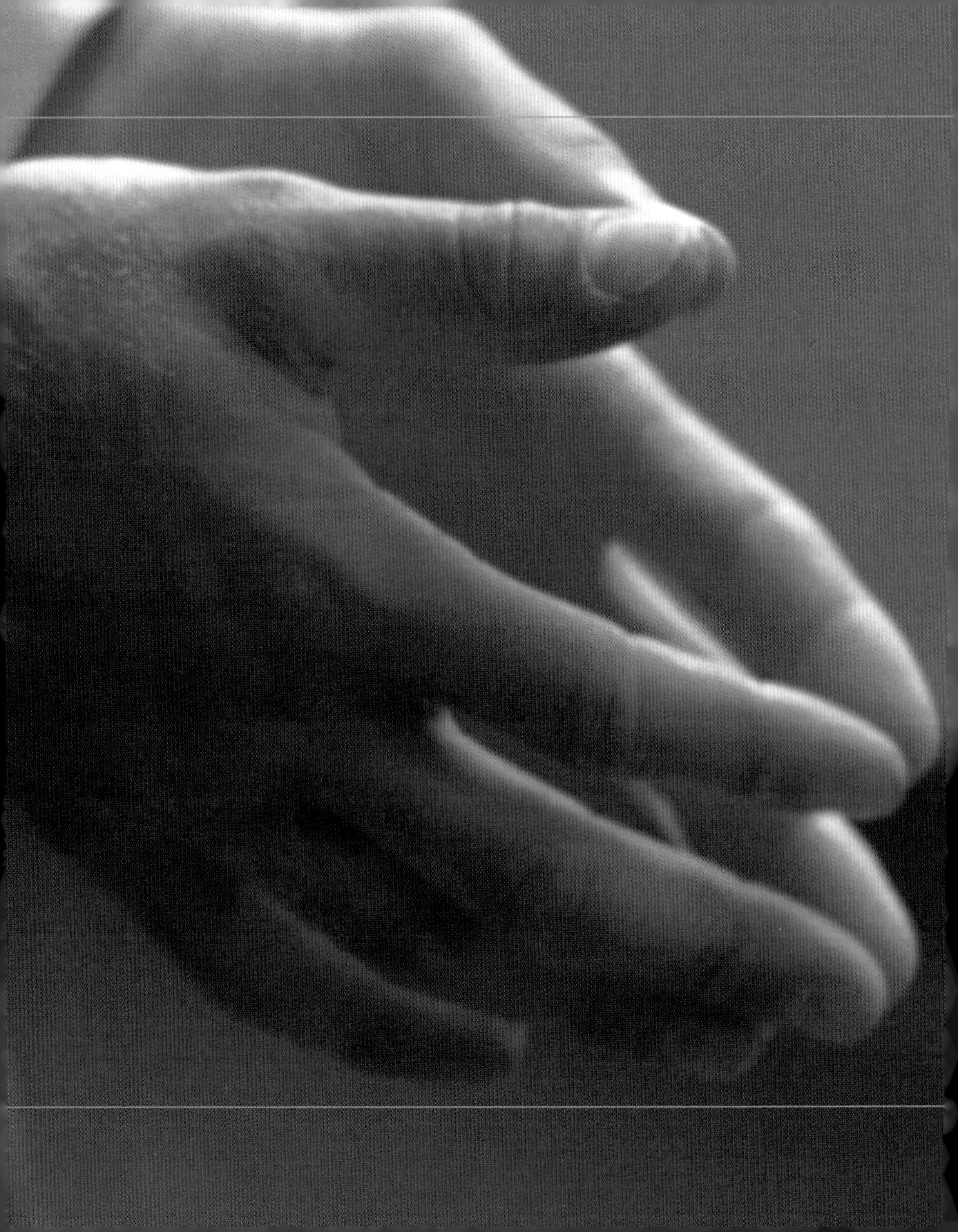

RÉPERTOIRE DE LA CHIROMANCIE

Ce répertoire enseigne la chiromancie pratique, depuis les formes de base des mains jusqu'aux significations de chaque ligne, puis montre comment exploiter ces informations essentielles pour lire la main et découvrir le caractère des gens.

Commencez à bâtir progressivement votre savoir-faire et pratiquez-le en observant les mains des gens rencontrés et en analysant ce que vous voyez. Vous réaliserez rapidement que ces connaissances sont précieuses et intéressantes – elles s'avéreront utiles dans tous les domaines de votre vie, depuis la compréhension de votre famille à la confiance qu'on peut accorder au mécanicien qui répare votre voiture. Non seulement vous apprendrez des choses sur vos semblables, mais vous découvrirez aussi quantité d'informations sur vous-même, y compris votre potentiel créatif et votre attitude envers l'amour.

COMMENT UTILISER LE RÉPERTOIRE

En avançant systématiquement dans le répertoire, vous acquerrez une bonne base de connaissances en chiromancie, depuis les principes essentiels aux informations les plus complexes. Vous y trouverez les chapitres suivants :

- **Premières impressions** (voir pages 48 à 63). Ce chapitre présente les premières étapes de la lecture et vous aide à vous accorder à l'énergie de la personne dont vous lisez la main.
- **La main** (voir pages 64 à 97). Présente les quatre formes de base de la main et les divers monts situés sur elle.

Il est important d'étudier la forme d'ensemble et la texture de la main.

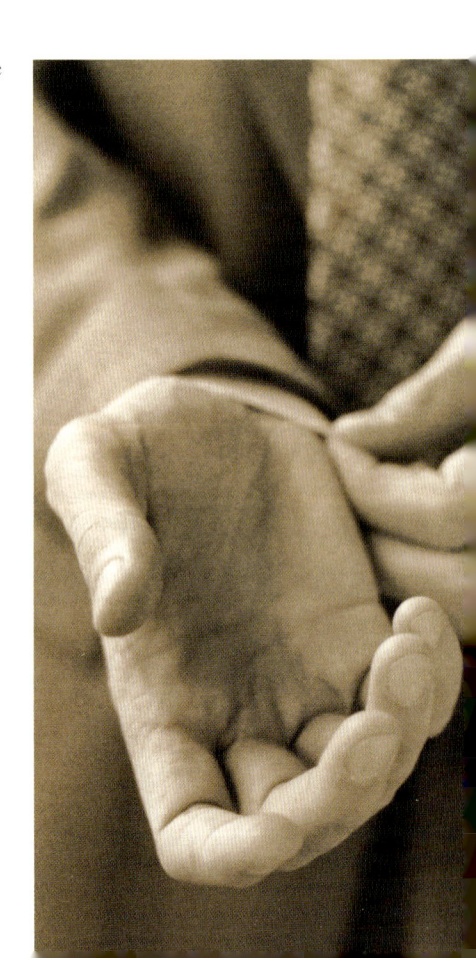

COMMENT UTILISER LE RÉPERTOIRE   45

- **Les doigts** (voir pages 98 à 137). Présente l'examen détaillé des doigts, pouce compris.
- **Les lignes de la main** (voir pages 138 à 249). Le rôle des lignes principales de la main est décrit minutieusement, de même que la signification de certaines lignes secondaires. Vous découvrirez aussi

Nos mains décrivent notre capacité et notre désir de nouer des relations étroites

46 RÉPERTOIRE DE LA CHIROMANCIE

COMMENT UTILISER LE RÉPERTOIRE 47

comment déterminer le moment des événements montrés par les lignes de la main.
- **L'amour et les relations** (voir pages 250 à 283). Vous apprendrez à détecter l'état émotionnel d'une personne à partir des lignes et de la forme de sa main. Étudiez votre main pour découvrir votre capacité à aimer et à faire preuve de passion.
- **Ambition et carrière** (voir pages 284 à 309). Vous apprendrez davantage sur le potentiel professionnel. La personne a-t-elle des talents d'entrepreneur ? Réussira-t-elle ? Vous pourrez aussi répondre à toutes ces questions à propos de vous-même.
- **Talents et savoir-faire** (voir pages 310 à 339). Vous apprendrez davantage sur vos talents. Utile si un ami désire savoir quoi faire de sa vie.

La forme des mains et leurs lignes décrivent les talents et le potentiel.

Votre trousse de chiromancie
- *Fiches pour noter vos réflexions et vos idées.*
- *Crayon ou stylo.*
- *Outils pour prendre des empreintes de la main (voir page 26).*
- *Loupe.*
- *Un bon éclairage, par exemple une lampe à bras articulé.*
- *Magnétophone et cassettes pour enregistrer vos lectures.*

- **Tempéraments** (voir pages 340 à 381). Présente le type de personnalité : caractériel, solitaire, pessimiste, dépensier, etc.

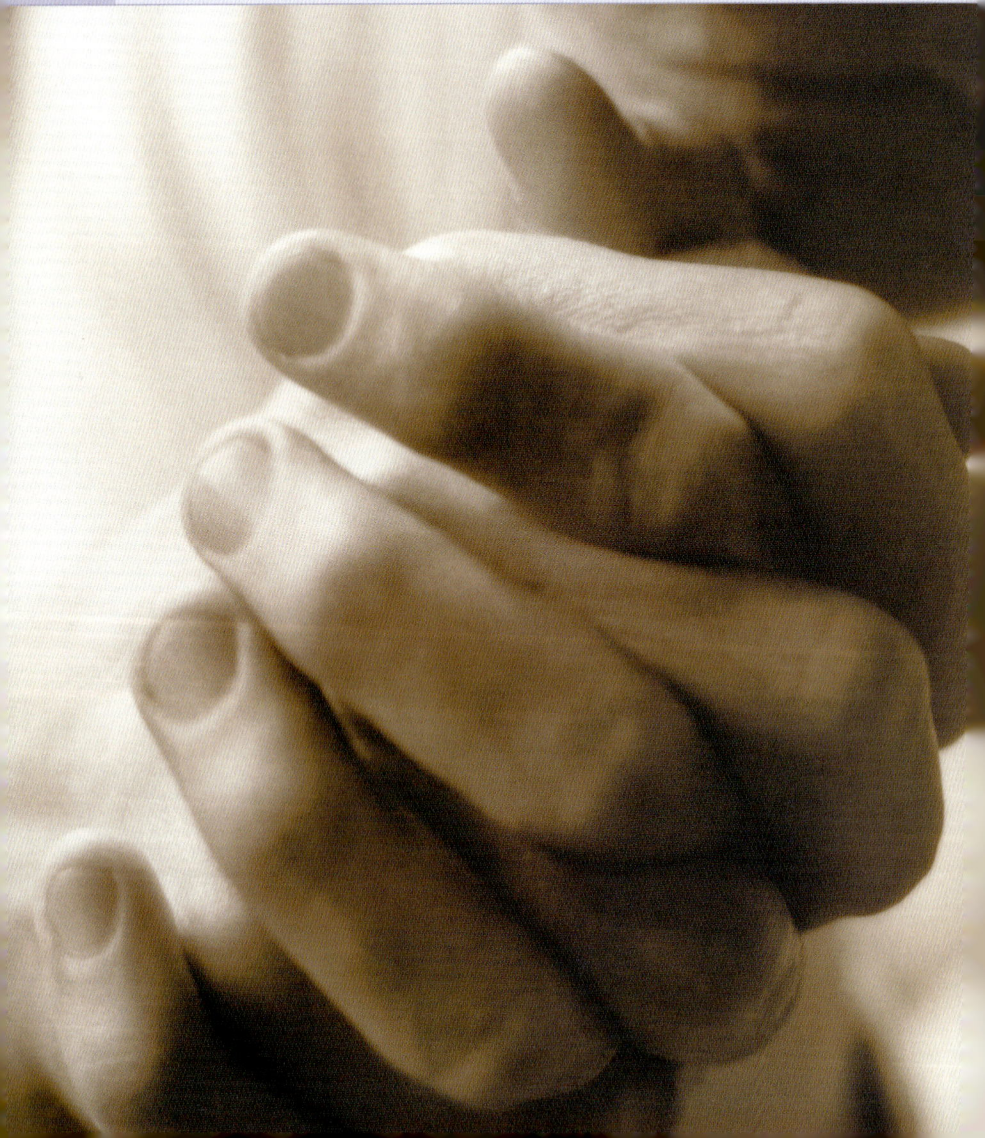

PREMIÈRES IMPRESSIONS

N'ignorez jamais vos premières impressions à propos d'une personne. Elles sont précieuses, car votre cerveau enregistre toutes sortes d'informations à son propos, depuis la taille de ses pupilles à son odeur. Vous interprétez aussi quantité de signaux inconscients lancés à travers le langage corporel. Bien entendu, celle-ci note à son tour exactement les mêmes choses chez vous.

Si vous vous entraînez à devenir conscient de certaines de ces premières impressions, elles vous seront très utiles lors des lectures. Si vous accueillez toujours quelqu'un par une poignée de main, notez sa réaction. Il vous répond par une poignée de main ferme, soulignant qu'il est ouvert et amical ? Vous broie-t-il la main pour montrer son intention d'être dominateur, signe en fait d'un complexe d'infériorité ? Sa poignée de main est-elle flasque, suggérant que votre rencontre ne l'intéresse pas ?

LA POSITION NATURELLE DE LA MAIN

La lecture commence bien avant que vous examiniez en détail la main de quelqu'un. Demandez à la personne concernée de s'asseoir et de tendre ses mains. Vous êtes sur le point de découvrir des informations capitales à son sujet. Ne le lui dites cependant pas, car cela risque de la gêner ou de la déconcerter.

Laissez-la tenir ses mains à sa guise, pour voir leur position naturelle. Cette position précise sa personnalité innée, sa nature généreuse ou réservée, ouverte ou timide, facile à connaître ou insaisissable.

LA MAIN FERMÉE

Si la personne tend la main avec le pouce touchant l'index, sa main est "fermée". Elle cache instinctivement la moitié de sa paume, autrement dit une grande partie de sa personnalité. Vous pouvez la connaître depuis des années sans qu'elle s'ouvre réellement – une partie d'elle sera toujours préservée de tous.

Le pouce de cette personne est proche de la paume, signe de prudence.

LA MAIN OUVERTE

Si elle tend la main avec le pouce éloigné de l'index, sa main est "ouverte". C'est le contraire du cas précédent, car la personne se dévoile à vous en vous montrant sa paume, geste amical et rassurant. Ne prenez cependant pas cela pour de l'argent comptant, car vous devez regarder de près les dimensions de l'espace entre le bord de ses mains et ses pouces.

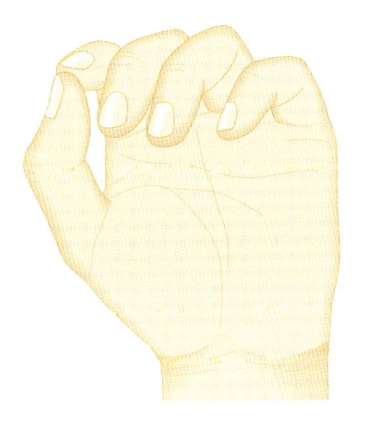

Quand le pouce d'une personne touche son index, sa main est "fermée".

L'ANGLE DU POUCE

Examinez attentivement les mains pour voir l'angle formé par le pouce et l'index. Cet angle indique le degré de générosité et d'ouverture d'esprit – plus il est grand, plus la personne est généreuse et ouverte. Regardez tour à

Quand le pouce est collé à la main, la personne ne s'ouvre pas à autrui.

tour chaque main, car il est assez habituel de constater que l'angle de l'une est plus grand que l'angle de l'autre. Par exemple, un droitier tiendra le pouce gauche plus près de son index que son pouce droit. C'est là une personne instinctivement prudente, tant émotionnellement que financièrement (angle étroit de sa main gauche), mais qui a appris à surmonter cette réserve et à être plus ouverte (angle plus large de sa main droite).

Examinez toujours l'angle entre le pouce et le bord de la main. Dans cet exemple, l'angle est normal, compris entre 45 et 90°.

Le contraire – l'angle le plus étroit sur la main dominante – signale que l'instinct incite cette personne à être plus ouverte qu'elle ne se le permet. Ce genre de réserve a pu être suscité par une série d'expériences peu agréables, si bien qu'elle a appris à se protéger en se dévoilant moins au fil du temps, quel que soit le domaine concerné.

QUELLE EST LA TAILLE DE L'ANGLE ?

Vous avez observé si l'angle d'une main est plus grand que l'angle de l'autre. L'étape suivante implique d'évaluer l'ouverture de chaque angle entre le pouce et l'index.

La personne ne doit pas bouger les mains pour ne pas brouiller ces informations extrêmement importantes. En regardant tour à tour les mains, appréciez l'ouverture de l'angle entre le pouce et l'index. Tout angle compris entre 45 et 90° est tenu pour normal et dénote une personne dont le tempérament émotionnel est dans la moyenne.

Si l'angle est moindre, la personne est étroite d'esprit, égocentrique et émotionnellement fermée au reste du monde. Le manque d'espace entre son pouce et son index signale que les autres n'ont pas de place dans sa vie. Choisissez soigneusement la façon de le lui dire. Si l'angle dépasse les 90°, c'est la main d'un leader né, émotionnellement généreux, intéressé par les expériences et prêt à s'attaquer à ce qui se présente.

QUEL EST L'ASPECT DE LA MAIN ET SA TEXTURE

À cette étape, vous gardez encore vos impressions initiales de la main de quelqu'un. Jusque-là, vous avez vu la manière dont ses mains reposent quand il est détendu, ceci vous a précisé si c'est une personne naturellement large d'esprit ou plutôt réservée et prudente. Évaluons maintenant la sensation que la main vous laisse.

EXAMINER LES PAUMES

Les paumes de cette personne sont encore devant vous. Profitez de l'occasion pour les examiner. N'examinez pas les doigts ou les lignes en détail, complétez seulement vos premières impressions.

Que remarquez-vous à propos des paumes ? Sont-elles calleuses, suggérant un travailleur manuel, ou

Prenez votre temps pour examiner la main en détail. À cette étape, regardez sa forme globale, sa fermeté et sa texture.

sont-elles douces, comme si quelqu'un d'autre se chargeait de toutes les corvées ? Il se peut que vous ne remarquiez pas les mains propres, mais vous noteriez certainement des mains pas très nettes. Dans ce cas, demandez-vous pourquoi cette personne n'a pas pris la peine de se laver les mains avant de venir chez vous. Jetez un coup d'œil à ses vêtements et à ses cheveux. Sont-ils sales, suggérant la négligence, ou désire-t-elle affirmer ainsi sa rébellion ?

LES ESPACES ENTRE LES DOIGTS

Quand les paumes sont étalées devant vous, regardez si les doigts sont joints ou écartés. S'ils sont écartés, la nature de cette personne est généreuse et réceptive. S'ils sont joints, elle est pratique et prudente avec l'argent. On dirait qu'elle joint les doigts pour que rien de précieux ne glisse entre eux.

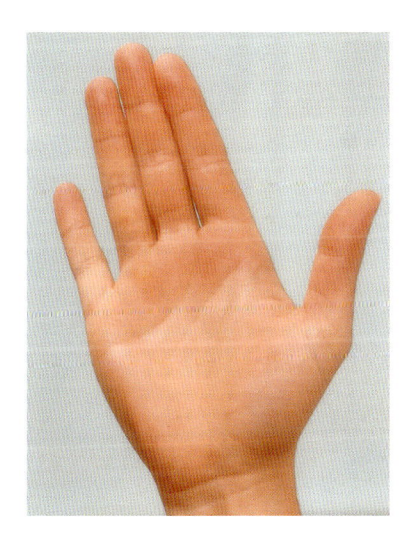

Notez tout espace visible entre les doigts lorsque la main est au repos.

LE DOS DES MAINS

Avant de continuer, demandez à cette personne si vous pouvez tenir ses mains. Il est toujours important de prévenir d'un contact, au cas où elle est très nerveuse ou anxieuse, ce qui évite par ailleurs toute interprétation erronée de vos gestes suscitant une réaction embarrassée.

Travaillez sur une main à la fois. Prenez doucement la main dans les vôtres et tournez-la pour examiner ses ongles et son dos. Quel est leur aspect ? Suscite-t-il des pensées ou des impressions ? Laissez libre cours à votre intuition.

LA SENSATION DES MAINS

Maintenant que vous tenez les mains de cette personne dans les vôtres, quelle impression en avez-vous ? Sont-elles fraîches au toucher, chaudes, carrément brûlantes ? Si elles sont très fraîches, la personne est peut-être nerveuse ou a froid, ou alors sa circulation est mauvaise. Cela vaut la peine d'être mentionné, mais seulement en passant, surtout sans poser de diagnostic ou l'effrayer. Les mains chaudes sont le signe d'un métabolisme rapide qui brûle très rapidement l'énergie du corps.

Si les mains sont très sèches, sont-elles négligées ? Pourquoi pensez-vous cela ? Les mains très moites sont un

Vous devez étudier la main sous tous les angles, y compris depuis le côté.

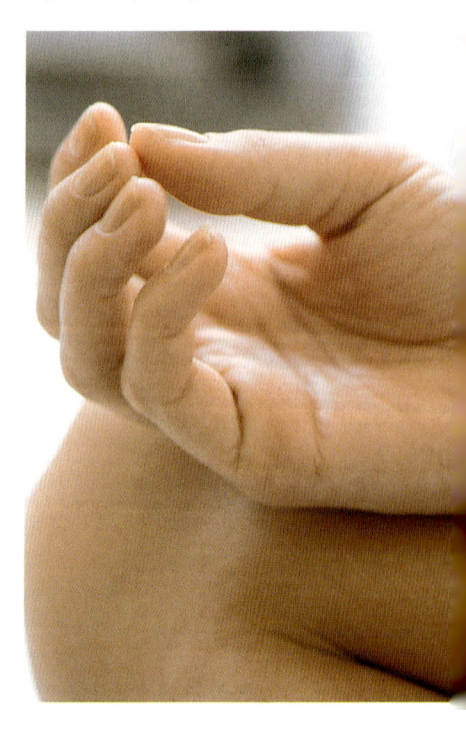

signe classique de nervosité. Vérifiez-le de nouveau plus tard, quand la personne sera plus détendue.

LES ONGLES

Les ongles sont-ils en bon état ? S'ils sont bien soignés, la personne est fière de son apparence. Les ongles sales ou cassés disent le contraire, sauf si la personne concernée travaille de ses mains ou s'adonne à un passe-temps tel que le jardinage. Les ongles très longs suggèrent une personne manquant d'esprit pratique, car il est presque impossible d'effectuer bon nombre de tâches domestiques avec de telles griffes. Voilà une autre pièce du puzzle du caractère global de cette personne.

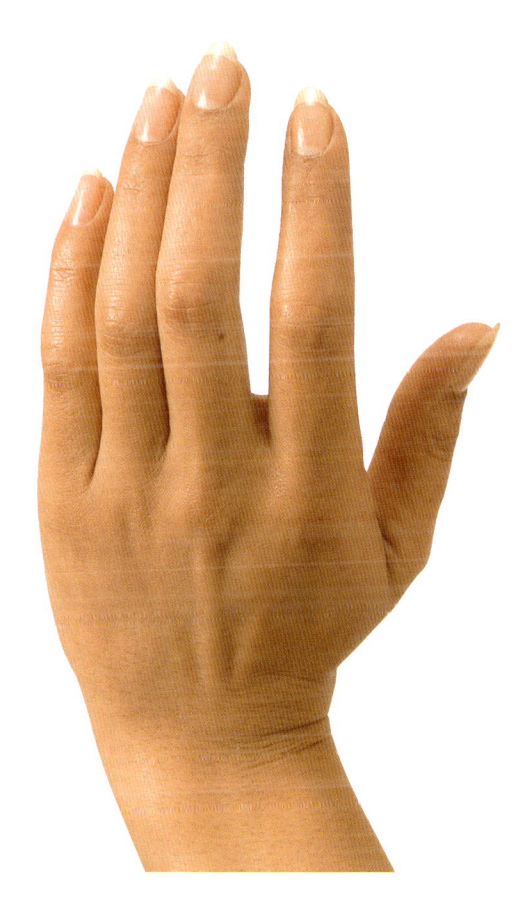

N'oubliez pas d'examiner les ongles. Cette femme s'occupe manifestement de ses ongles.

MARQUES DERMIQUES

EMPREINTES

Regardez attentivement la peau du bout de vos doigts, de préférence sous une lumière forte, si possible avec une loupe. Ou prenez des empreintes nettes de vos mains, puis examinez-les à votre guise. C'est plus confortable que de tenir vos mains en l'air pendant un long moment.

Les empreintes se partagent en trois types principaux : arches, volutes et boucles. Il y a aussi deux variantes, les arches bâchées et les volutes composées. Regardez tour à tour chaque doigt, puis comptez le nombre d'empreintes de chaque type pour déterminer lequel domine. Si un motif est majoritaire mais que deux doigts présentent des motifs différents, ceux-ci sont à interpréter en combinant la signification des motifs avec la signification du doigt respectif.

Arches

Indiquent une personnalité pratique, fiable, digne de confiance. Habile de ses mains, cette personne est capable d'assumer un emploi impliquant le travail artisanal. Elle est ancrée et réaliste, mais peut se montrer obstinée, surtout face au changement. Autrement dit, elle peut hésiter à procéder à de grandes modifications de sa vie.

Voilà une empreinte en arche. La forme de l'arche peut varier, soit assez plate, soit très arrondie.

MARQUES DERMIQUES   59

Volutes

Une personne présentant beaucoup de volutes sur le bout des doigts sera exceptionnelle d'une manière ou d'une autre. Soit elle possède un talent particulier, soit elle a consacré sa vie à une cause et suit son propre chemin plutôt que la direction d'autrui. Cette personne est très individualiste, ce qui risque de la séparer de ses semblables. Ces traits sont accentués si la volute est située plutôt vers le sommet du doigt que vers sa base.

Dans une volute, les lignes vont l'une autour de l'autre en anneaux. Une majorité de volutes montre quelqu'un d'obstiné.

Boucles

Les boucles montrent une personne complaisante et sociable. Elle a du tact et s'étend bien avec les autres, capable d'accepter si nécessaire des compromis. Elle préfère aller avec le courant qu'attirer l'attention sur elle, ce qui la rend parfois populaire mais d'autres fois affaiblit sa personnalité.

Dans une empreinte, la boucle peut aller de droite à gauche.

Une arche bâchée est similaire à une arche dont la forme est bien plus accentuée.

Une volute composée est formée de deux boucles enroulées l'une autour de l'autre.

Arches bâchées

Les arches bâchées ressemblent à des arches normales, à la différence que leur milieu est traversé par une mince ligne verticale. Les arches bâchées ont la même signification essentielle que les arches, mais montrent un enthousiasme accru pour la vie. Cette personne est bien plus réceptive au changement que quelqu'un présentant des arches ordinaires.

Volutes composées

Dans une volute composée, deux boucles s'enroulent l'une autour de l'autre. Outre sa signification similaire à celle d'une volute normale, la volute composée met en évidence une personne qui voit les deux aspects de toute situation. Ce trait s'avère très utile, mais risque aussi de rendre la personne hésitante.

MARQUES DERMIQUES 61

a   **b**

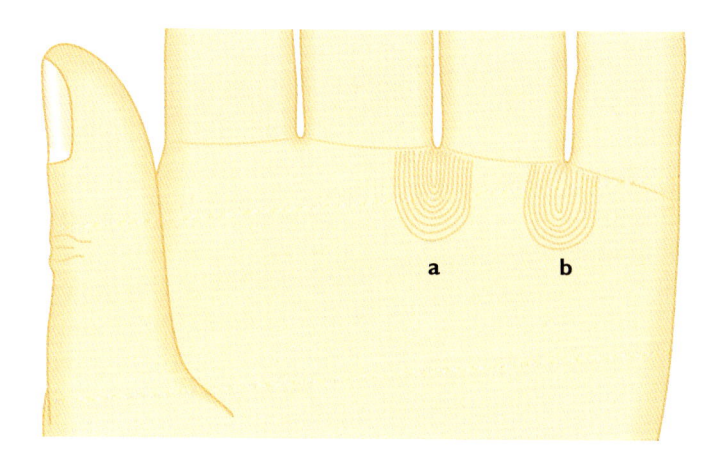

EMPREINTES DES PAUMES

Les marques particulières ne sont pas limitées au bout des doigts, car d'autres motifs sont présents sur les paumes, formés par des crêtes dermiques. Certains sont très intéressants, car tout le monde n'en est pas pourvu.

Boucle du bon sens

Cherchez cette boucle entre les monts de Saturne et d'Apollon (voir pages 80 à 83). Si elle est présente, la personne est intéressée par un objectif

DIFFÉRENTES BOUCLES
a *Boucle du bon sens*
b *Boucle de l'humour*

particulier auquel elle consacre sa vie, spécialement si la boucle apparaît sur les deux mains.

Boucle de l'humour

Entre le doigt d'Apollon et le doigt de Mercure (voir pages 130 à 137). Elle montre une personne optimiste, ayant le sens de l'humour, enjouée, populaire et très diplomate.

LES TROIS MONDES

Divisez la paume en ces trois sections, que vous étudierez tour à tour sans être distrait par ce qui se trouve au-dessus et au-dessous. En regardant un seul segment, vous estomperez automatiquement le reste de la main.

LE MONDE IDÉAL

Cette partie de la main comporte les doigts jusqu'au point où ils rencontrent la paume. Elle décrit les espoirs et les désirs d'une personne, ses intérêts intellectuels et spirituels. Examinez-la attentivement pour déterminer son degré de développement. Les doigts sont-ils forts et bien formés ? Comparez-la ensuite aux deux autres sections de la main. Si c'est la partie la plus longue ou la plus forte, la personne aime utiliser son cerveau et s'intéresse beaucoup aux questions spirituelles.

LE MONDE PRATIQUE

La section pratique de la main va de la base des doigts jusqu'au bas des deux monts de Mars. S'il s'agit de la partie la plus longue de la main ou de celle la mieux définie, la personne est capable d'agir sur le plan pratique, peut-être en dirigeant une entreprise florissante ou simplement en gérant ses affaires quotidiennes avec compétence et efficacité.

LE MONDE MATÉRIEL

Le monde matériel est représenté par la section inférieure de la main, allant de la base des monts de Mars jusqu'au poignet. Elle inclut le pouce, élément très important de la main. Est-elle la plus forte des trois sections ? Dans ce cas, elle signale une personne dirigée par des instincts et désirs basiques, besoin de sécurité financière et émotionnelle, refus de prendre des risques.

LES TROIS MONDES 63

TROIS MONDES
1 *Monde idéal*
2 *Monde pratique*
3 *Monde matériel*

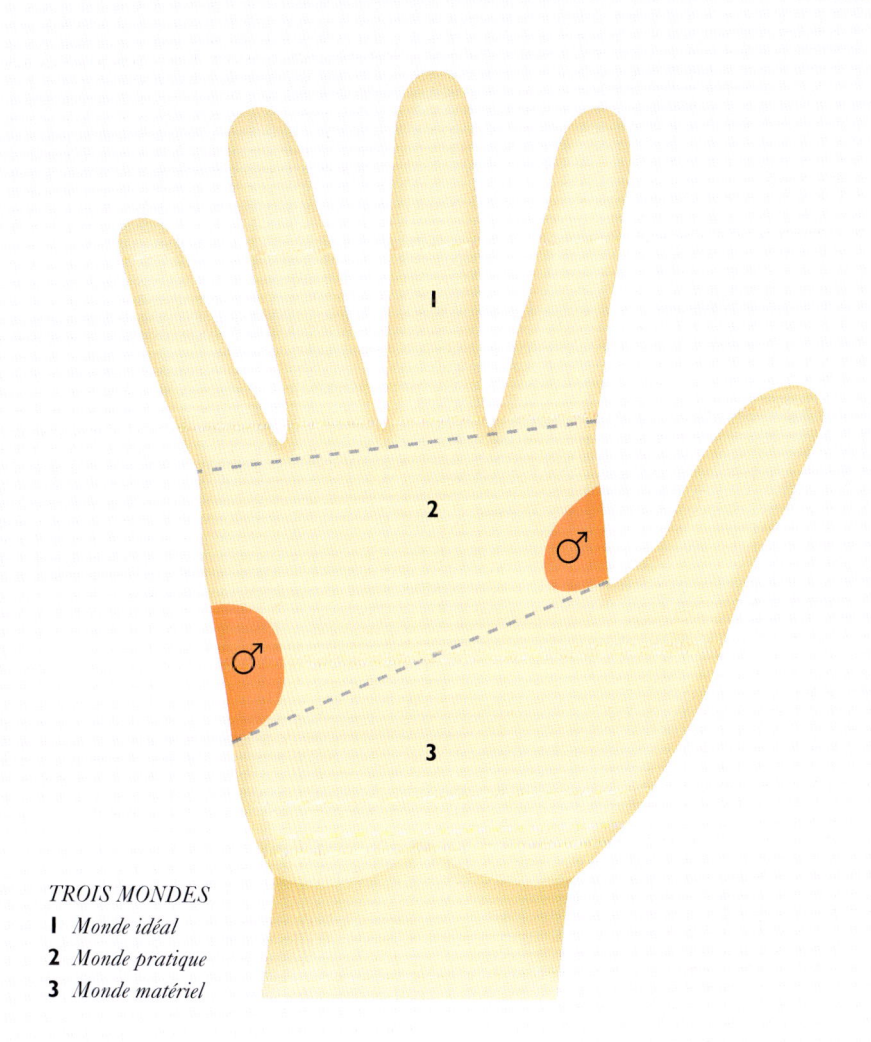

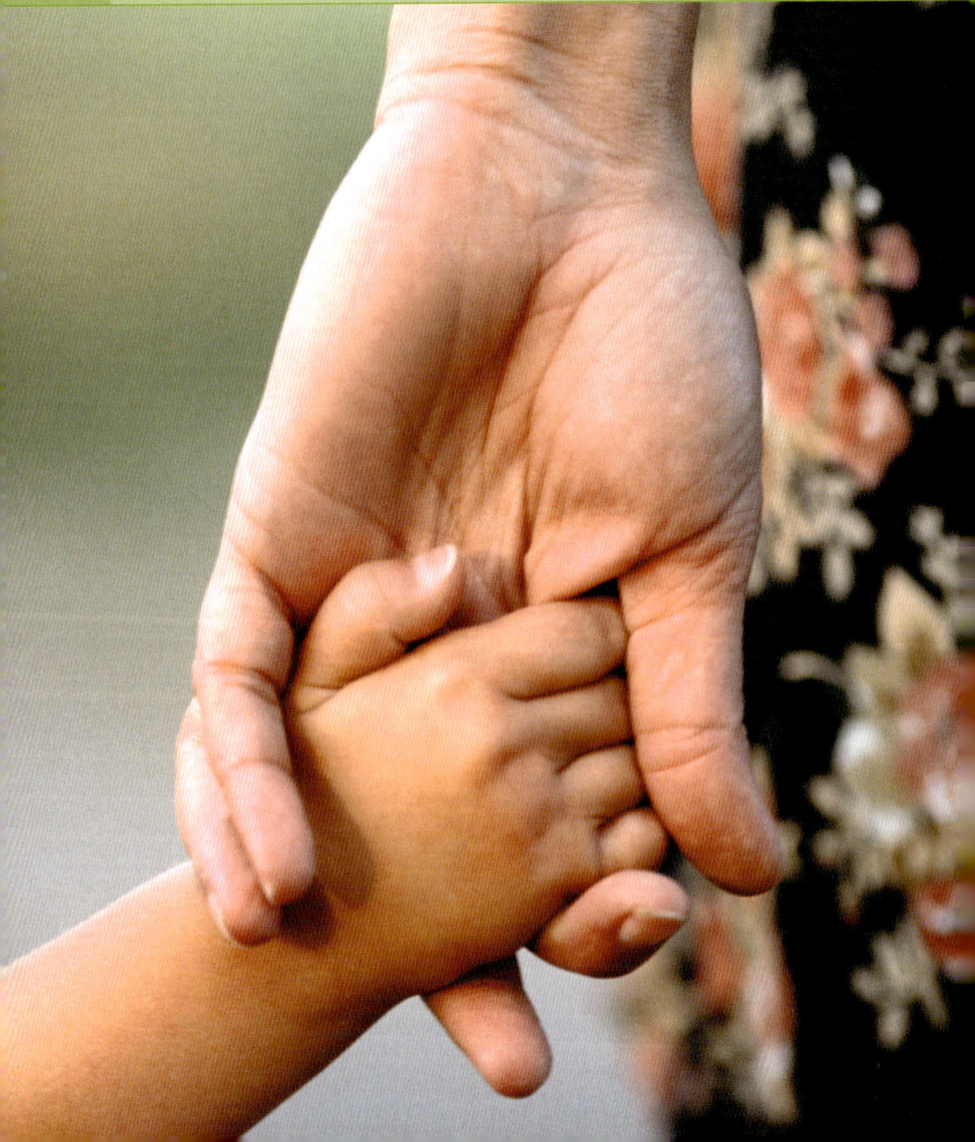

LA MAIN

Vous pouvez apprendre beaucoup sur une personne en regardant simplement la forme de ses mains. Même sans une analyse détaillée des lignes et des marques présentes sur la paume, la forme et les proportions de la main et des doigts, le tranchant, les contours ou les monts offrent un aperçu immédiat de la personnalité essentielle d'un individu.

Dans ce chapitre, vous apprendrez à reconnaître les quatre formes de base de la main : feu, terre, air et eau. Exercez-vous à les identifier en observant les mains de vos amis et des membres de votre famille. Les mains de votre meilleur ami ont-elles la même forme que les vôtres ou sont-elles très différentes ? Regardez les mains des gens que vous voyez à la télé, acteurs, politiciens, stars. Sont-ils ce que vous vous attendiez à voir, ou leurs mains racontent-elles une tout autre histoire que la personnalité projetée par ces gens ?

ÉVALUER LA FORME DE LA MAIN

Que regardez-vous lorsque vous désirez évaluer la forme d'une main ? La méthode traditionnelle divise les mains en sept formes : élémentaire, carrée, conique, spatulée, psychique, philosophique et mixte. Le processus est cependant compliqué, car il faut se rappeler beaucoup d'informations à propos de chaque forme. L'approche moderne classe la forme des mains en quatre types, à partir des quatre éléments astrologiques : feu, terre, air et eau. Cela ne veut pas dire qu'une personne appartenant à un signe terre, Taureau, Vierge ou Capricorne, aura invariablement une main terre, car la vie n'est pas si simple. Néanmoins, si vous connaissez le signe de la personne, il est intéressant de voir s'il correspond à la forme de ses mains ou s'ils sont très différents.

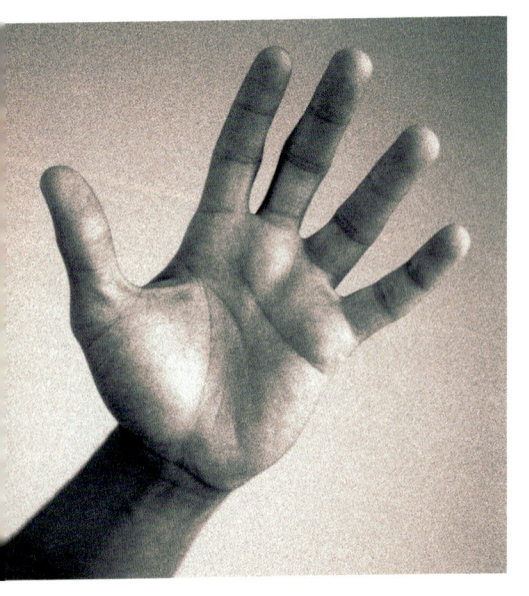

Toutes les mains ne correspondent pas exactement à l'une des quatre

Main feu typique, avec une paume longue et doigts relativement courts.

Évaluez la forme de la main d'une personne au début de la lecture.

Si vous débutez, vous êtes probablement impatient de vous mettre tout de suite au travail. Il est tentant de sauter certaines étapes de base (comme étudier la forme de la main) qui semblent plutôt simples. Toutefois, si vous ignorez ces étapes, des données importantes vous échapperont, qui auraient pu s'avérer utiles pour comprendre les lignes lorsque vous arriverez à leur lecture. Par exemple, si vous étudiez une main couverte d'innombrables lignes fines, il est important de connaître sa forme. Vous vous attendriez à voir ces lignes sur une main eau, mais elles seront inhabituelles sur une main terre et vous donneront des informations importantes sur la personne concernée.

formes. Parfois, il vous faudra décider de son appartenance, en vous basant par exemple sur le nombre de lignes secondaires ou sur la texture et l'élasticité de la peau.

LA MAIN FEU

FORME : Paume longue, doigts plus courts que la paume.

PEAU : Ferme, chaude et élastique.

NOMBRE DE LIGNES : Lignes principales et secondaires nettement marquées.

AUTRES INDICATIONS : Doigts parfois spatulés.

PERSONNALITÉ : Énergique, impulsive, téméraire.

L'élément feu régit l'enthousiasme, l'intuition et l'énergie. Cette personne cherche toujours de nouveaux débouchés et méthodes d'expression.

CARACTÉRISTIQUES PRINCIPALES

Cette personne s'active constamment. Impulsive, enthousiaste, téméraire et réceptive, elle a du mal à se détendre, car il y a toujours quelque chose à faire. Elle préfère être occupée sans cesse et vous aurez du mal à la faire tenir tranquille pour une lecture de sa main.

Dans l'idéal, elle mène une vie active et fait beaucoup d'exercice au grand air, qui lui offre l'occasion de brûler son excès d'énergie nerveuse. Si elle ne dispose pas de ce genre de débouché, cette personne se sent frustrée et devient assez irritable. Quoi qu'il en soit, elle ne doit pas s'épuiser par manque de repos ou de sommeil – une tendance à brûler la chandelle par les deux bouts existe.

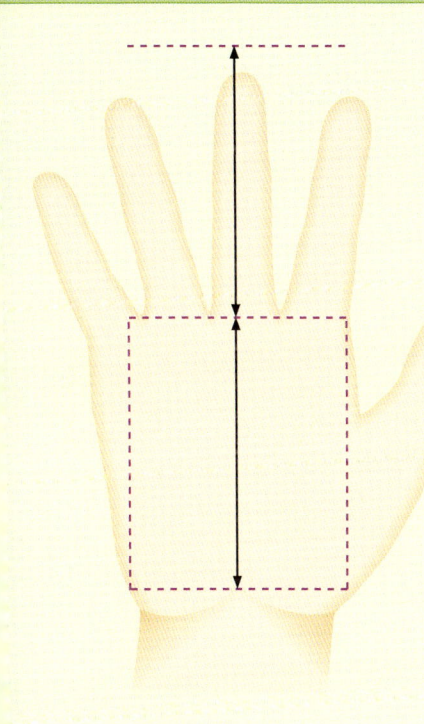

Une main feu typique a une longue paume rectangulaire. Les doigts sont légèrement plus courts que la paume. La peau est élastique.

Parfois, cette personne mange et boit trop, en compensant ces excès par l'exercice physique.

ACTIVITÉS

L'individu à la main feu est un acteur né, qui finit invariablement par occuper la scène lors de toute situation sociale. Parfois attiré vers les arts de la scène ou une carrière qu'il peut contrôler et où il se trouvera sous les feux de la rampe. De par son penchant naturel pour la compétition, il est toujours en quête de défis, tendance accrue si cet individu est né sous un signe feu, Bélier, Lion, Sagittaire. Excellent leader et organisateur, ses instincts lui dictent d'assumer la responsabilité des situations.

LA MAIN TERRE

FORME : Paume carrée et doigts courts.

PEAU : Épaisse, probablement rêche, avec une paume dure.

NOMBRE DE LIGNES : Lignes principales fortement marquées, mais peu de lignes mineures, parfois aucune.

AUTRES INDICATIONS : Doigts et jointures assez raides.

PERSONNALITÉ : Capable, serviable, fiable, honnête.

L'élément terre régit les questions pratiques et matérielles. Ancré dans la réalité, il est connecté à la continuité et à la stabilité.

CARACTÉRISTIQUES PRINCIPALES

Personne serviable et fiable, qui passe beaucoup de temps à aider les autres – ce sera la première appelée en cas d'urgence domestique. Dotée de beaucoup de bon sens, risque cependant d'avoir du mal à gérer les émotions que les autres affichent ouvertement.

Loyale et honnête, et en même temps simple, sauf indices du contraire. Franche, pour ainsi dire ce que vous voyez est ce que vous avez, il ne lui viendrait pas à l'esprit de cacher ses sentiments ou motivations, surtout si elle est née sous un signe terre, Taureau, Vierge, Capricorne. La confrontation avec un individu ne se

LA MAIN TERRE 71

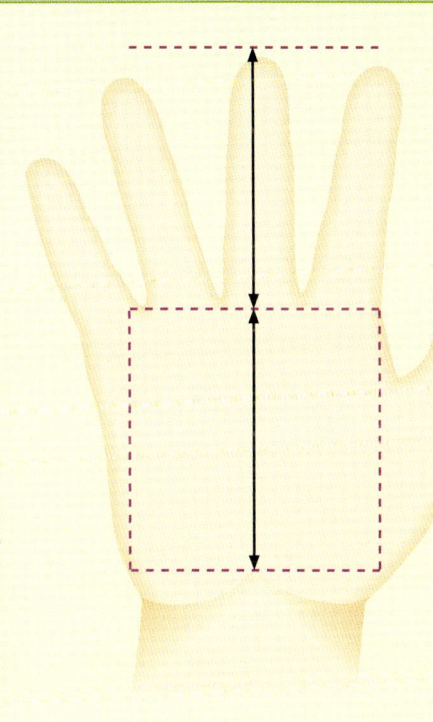

Une main terre classique montre une paume carrée et des doigts légèrement plus courts que celle-ci. La chair est ferme.

montrant pas toujours parfaitement honnête est susceptible de l'atterrer.

ACTIVITÉS

La personne ayant des mains terre est très créative et attirée par des activités artisanales, comme la sculpture du bois ou la poterie. Très ancrée, calme et sachant se concentrer sur l'essentiel, elle fera aussi un bon chirurgien. Intéressée par la nature, aime être au grand air et faire du jardinage. Plus heureuse à la campagne qu'à la ville, montre une bonne affinité avec les animaux. Citadine, elle aimera s'occuper de son petit carré de verdure, même si ce n'est qu'une modeste jardinière posée sur le rebord de la fenêtre.

LA MAIN AIR

FORME : Paume carrée, doigts longs.

PEAU : Sèche, la main semble douce au toucher.

NOMBRE DE LIGNES : Lignes principales nettement marquées, mais assez minces.

AUTRES INDICATIONS : Doigts et jointures flexibles.

PERSONNALITÉ : Intelligente, logique, bonne communicatrice.

L'élément air régit la réflexion et la parole, outre engendrer un fort besoin de communiquer ses pensées et ses idées.

CARACTÉRISTIQUES PRINCIPALES

La personne possédant des mains air vit principalement dans son esprit. Elle aime utiliser son cerveau, non seulement pour le travail mais aussi pour le plaisir. Intelligente et logique, elle préfère réfléchir soigneusement aux choses par elle-même plutôt que de s'entendre enjoindre quoi faire ou dire. Excelle dans toutes les formes de communication, spécialement si elle est née dans un signe air, Gémeaux, Balance ou Verseau. Participe de bon cœur aux discussions et aux conversations où elle pourra partager ses idées avec des gens ayant des opinions semblables.

Néanmoins, elle est mal à l'aise face aux émotions. Elle préfère parler de celles-ci et analyser ses sentiments

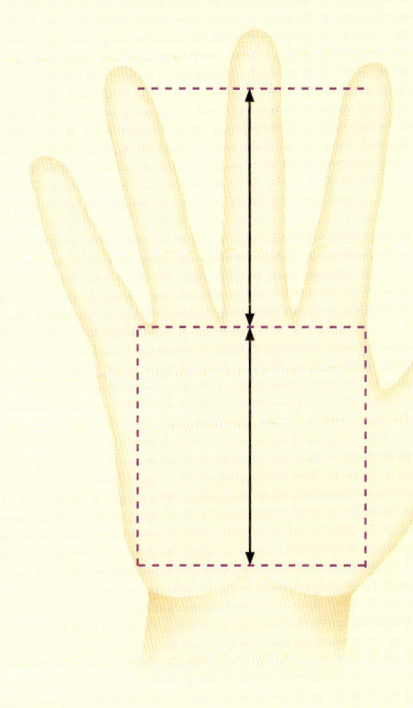

Sur une main air, vous verrez une paume carrée et des doigts légèrement plus longs que celle-ci. La peau est sèche.

plutôt que de les ressentir, surtout confrontée à un réel problème émotionnel. Dans ce cas, noter ses pensées dans un journal offre un exutoire à ses émotions.

ACTIVITÉS

Une telle existence cérébrale souligne le besoin pour la personne aux mains air de faire beaucoup d'exercice. Si nul ami ne lui tient compagnie, l'activité physique l'ennuiera. Elle s'épanouit en étant très occupée et préfère les professions impliquant une forme de pression intellectuelle – journalisme ou enseignement. Dès qu'elle manque de stimulation mentale, l'ennui menace, ce qui s'applique aussi aux relations – il lui faut un partenaire qui la fera rester alerte intellectuellement.

LA MAIN EAU

FORME : Paume et doigts longs.

PEAU : Moite et douce.

NOMBRE DE LIGNES : Lignes principales légèrement marquées, avec de nombreuses lignes fines traversant la paume.

AUTRES INDICATIONS : Poignée de main flasque.

PERSONNALITÉ : Sensible, émotive, peu réaliste, intuitive.

L'élément eau régit les émotions et l'intuition. Il est connecté avec les questions spirituelles et la créativité.

CARACTÉRISTIQUES PRINCIPALES

Cette personne vit à travers ses émotions et a une sensibilité à fleur de peau, accrue si elle est née dans un signe eau, Cancer, Scorpion, Poissons. S'accorde facilement à l'atmosphère environnante, sensible aux états d'esprit des autres et à la sensation laissée par une maison. Incapable d'expliquer ses impressions, elle "sait" que celles-ci sont justes. Vivant dans son propre monde régi par la sensibilité, les émotions intenses et une puissante imagination, elle a du mal à garder les pieds sur terre.

Une personne aux mains eau est très naïve et confiante, ce qui la fait passer parfois pour une proie facile. Il est important pour elle de pratiquer

LA MAIN EAU 75

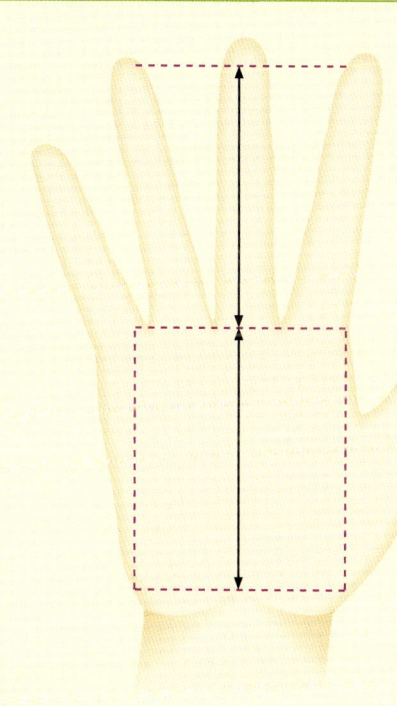

En regardant une main eau, vous verrez une longue paume rectangulaire et des doigts plus longs que celle-ci. La peau est douce.

une certaine forme de croyance ou de spiritualité pour ne pas avoir le sentiment d'un manque dans sa vie. Cette personne doit faire attention à sa santé, car il lui manque la vigueur physique et l'épuisement s'installe rapidement lors des situations difficiles.

ACTIVITÉS

Extrêmement créative et attirée par les arts, la peinture, la danse ou la musique. Toutefois, l'esprit pratique manque à l'appel : capable d'écrire un poème, elle n'a pas la moindre idée de comment réparer une prise électrique. Très compatissante, elle choisira les professions de santé ou de conseil, les thérapies douces plutôt que la médecine allopathique.

LES MONTS DE LA MAIN

POSITION : Les éminences charnues à la base des doigts et sur les bords de la paume.

INDICATION : Vitalité et appréciation de la vie.

Le mont situé sous un doigt est nommé d'après celui-ci – le mont sous l'index (doigt de Jupiter) est appelé mont de Jupiter. Le mont à la base du pouce, à l'opposé du mont de la Lune, est appelé mont de Vénus. Le milieu de la paume est régi par Mars. On trouve là deux monts de Mars et une plaine de Mars. Pour voir les deux monts, joignez les doigts, paume légèrement en coupe, puis regardez la main depuis le côté. La texture des monts peut être douce ou rêche.

MONTS BIEN DÉVELOPPÉS

En règle générale, plus les monts sont hauts sur la main, plus la personne est enthousiaste et vibrante.

MONTS MINCES ET PLATS

Si les monts sont plats, comme s'ils avaient été repassés, la personne considère la vie d'un regard discret, légèrement blasé.

MONTS ABSENTS

L'ensemble des monts n'apparaît pas sur toutes les mains. Dans certains cas, deux monts peuvent fusionner.

LES MONTS DE LA MAIN 77

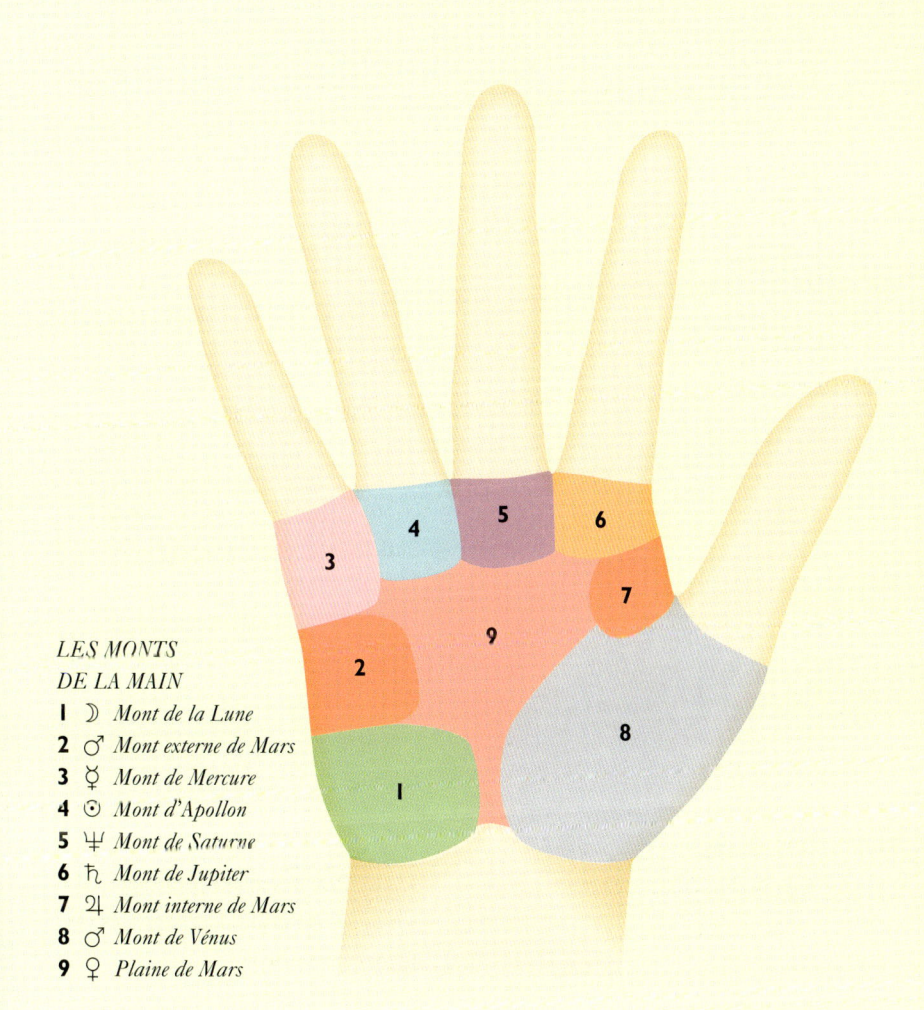

*LES MONTS
DE LA MAIN*
1. ☽ *Mont de la Lune*
2. ♂ *Mont externe de Mars*
3. ☿ *Mont de Mercure*
4. ☉ *Mont d'Apollon*
5. ♄ *Mont de Saturne*
6. ♃ *Mont de Jupiter*
7. ♃ *Mont interne de Mars*
8. ♂ *Mont de Vénus*
9. ♀ *Plaine de Mars*

LE MONT DE JUPITER

POSITION : L'éminence charnue à la base de l'index (doigt de Jupiter).

INDICATION : Ambition, capacité de leader, confiance en soi et soif de réussite.

En astrologie, Jupiter est la planète qui régit l'expansion, l'optimisme, la prospérité et la chance, de même que la hardiesse et la jovialité.

NORMAL

Un mont de Jupiter facilement identifiable, de taille normale (ni trop proéminent ni trop plat) signale les qualités de leader d'une personne qui n'a pas peur de s'en servir. Sociable,

Un doigt de Jupiter épais et un grand mont de Jupiter annoncent l'arrogance et la vanité.

amicale, assurée et populaire, avec des ambitions normales.

SURDÉVELOPPÉ

Si le mont de Jupiter est excessivement grand et charnu, la confiance devient carrément de l'arrogance. Comme la personne est convaincue que ses opinions sont justes, elle risque de se montrer autoritaire, intolérante et étroite d'esprit. Ces tendances sont accrues si le doigt de Jupiter domine sa main. Un grand mont de Jupiter associé à un grand mont interne de Mars situé en dessous de lui suggèrent un tyran.

MINCE ET PLAT

Un mont de Jupiter mince ou difficile à déceler signale quelqu'un manquant d'assurance et préférant que les autres dirigent, surtout si le doigt de Jupiter est court. Il n'a pas beaucoup d'ambition et se laisse porter par la vie.

Astuce d'expert

Si vous ne trouvez pas le mont de Jupiter, vérifiez si celui-ci a pu fusionner avec le mont de Saturne. Dans ce cas, la signification des deux monts se combine. Un mont Jupiter-Saturne annonce une personne ambitieuse et assurée, possédant la capacité de réaliser ses objectifs et sachant quand le retrait est la meilleure stratégie.

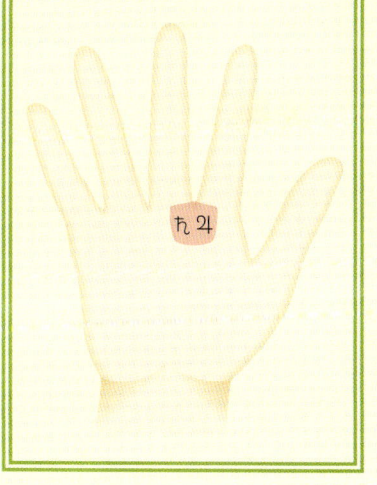

LE MONT DE SATURNE

POSITION : Le coussinet charnu situé sous le médius (doigt de Saturne).

INDICATION : Équilibre, souplesse, responsabilité et maîtrise de soi.

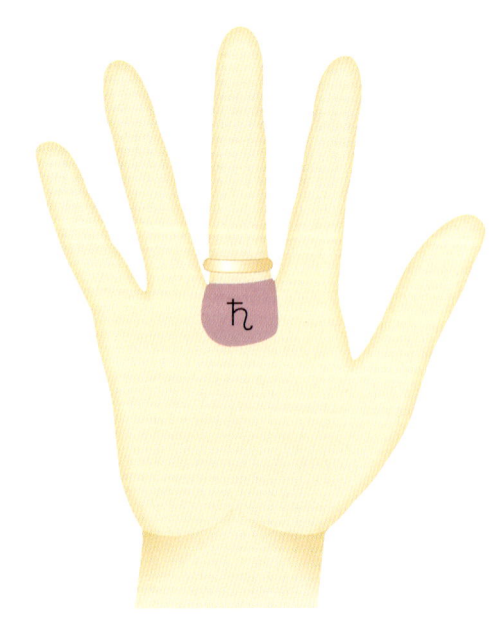

En astrologie, Saturne est la planète de la responsabilité, de la maîtrise de soi, du pessimisme et du travail assidu. Il régit aussi la structure, les frontières et le temps.

NORMAL

Un mont de Saturne de taille normale, ni trop plat ni trop grand, dénote une attitude équilibrée à l'égard de la vie. Responsable et compétente, montrant du bon sens, cette personne est digne

Un grand mont de Saturne et une bague à ce doigt annoncent un sens excessif des responsabilités.

de confiance. De plus, elle est dotée d'un bon sens de l'humour. Elle n'a pas peur du travail et préfère être laissée en paix pour l'effectuer.

SURDÉVELOPPÉ

Si le mont de Saturne est très prononcé, le sens du devoir est également développé, parfois jusqu'aux extrêmes. Par exemple, cette personne mène une existence de Cendrillon – les autres profitent de la vie alors qu'elle assume les corvées. Peu surprenant, elle se montre cynique et pessimiste.

MINCE ET PLAT

La personne dont le mont de Saturne est très plat préfère laisser les autres prendre soin des exigences pratiques de la vie. Son air blasé fait qu'elle a du mal à garder un emploi. Ces tendances sont accrues si elle a un doigt de Saturne court et/ou une ligne de destin faible.

Astuce d'expert

Si le mont semble trop plat, vérifiez s'il n'a pas fusionné soit avec le mont de Jupiter, soit avec le mont d'Apollon. Un mont Jupiter-Saturne annonce quelqu'un d'ambitieux, possédant la confiance et l'esprit pratique nécessaires pour réaliser ses objectifs. Un mont de Saturne fusionné avec le mont d'Apollon signale des penchants artistiques et un esprit pratique.

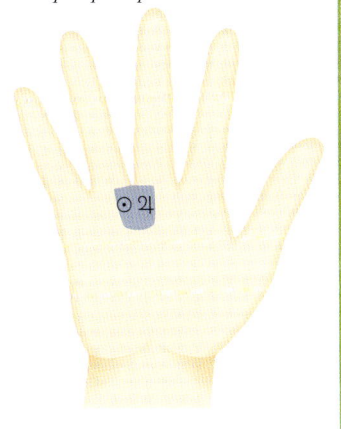

LE MONT D'APOLLON

POSITION : Le coussinet charnu situé sous l'annulaire (doigt d'Apollon).

INDICATION : Capacité artistique, nature sociable et pleine d'entrain.

Apollon, dieu grec symbole du Soleil et de la lumière, a d'étroits liens avec le Soleil astrologique qui régit les instincts créatifs, l'identité et le parcours dans la vie.

NORMAL

Quelqu'un avec un mont d'Apollon bien développé, ni trop grand ni trop petit, sera probablement populaire et grégaire, drôle, porté sur les belles choses et, en règle générale, aura du style et du bon goût. Doué de créativité et de potentiel artistique.

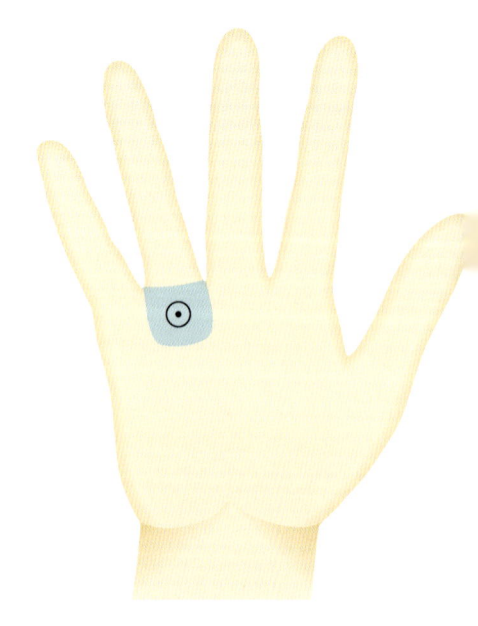

LE MONT D'APOLLON

SURDÉVELOPPÉ

Un mont d'Apollon surdéveloppé indique quelqu'un de prétentieux, parfois au point d'être ostentatoire. Ces traits sont accentués si le mont de Jupiter (ou le doigt de Jupiter) est lui aussi trop grand. Cette personne aime être le centre de l'attention et essayera de ravir la vedette si elle se retrouve au second plan. Les conversations avec elle tendent à tourner autour de son sujet préféré – sa propre personne.

MINCE ET PLAT

Si le mont d'Apollon est petit ou mince, la personne a peu de talent artistique et ne montrera pas un grand intérêt pour les apparences extérieures ou pour un environnement de beaux objets. Sa personnalité sera plutôt morne et prosaïque, dépourvue de couleur et d'éclat.

Un grand mont d'Apollon et un long doigt de Jupiter signalent une tendance à se mettre en avant.

Astuce d'expert

Parfois le mont d'Apollon a fusionné avec l'un des monts qui le flanquent. Un mont Saturne-Apollon indique quelqu'un de créatif, ayant l'esprit pratique nécessaire pour tirer le maximum de ses talents. Un mont Apollon-Mercure montre une personne capable de jouer avec les mots, ayant une belle écriture, qui gagnera sa vie en communiquant.

84 LA MAIN

LE MONT DE MERCURE

POSITION : Le coussinet charnu situé sous l'auriculaire (doigt de Mercure).

INDICATION : La capacité à communiquer avec les autres, non seulement au jour le jour mais aussi dans les affaires.

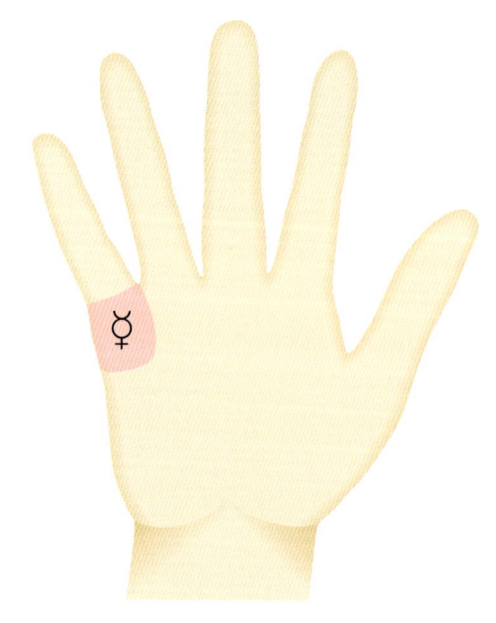

En astrologie, la planète Mercure régit la communication et la capacité à réfléchir. Il est par ailleurs connecté à la ruse et aux procédés malhonnêtes.

NORMAL

Un mont de Mercure de taille normale signale la facilité de contact. Cette personne est bavarde et s'exprime bien. Si le doigt de Saturne est fort, elle se concentrera sur ses actions.

Un mont de Mercure normal et un fort doigt de Saturne montrent un bon intellect.

LE MONT DE MERCURE 85

SURDÉVELOPPÉ

Un mont de Mercure grand et bouffi dénote quelqu'un qui n'est pas toujours honnête et fiable, surtout parce qu'il dit ce qu'il croit que les autres veulent entendre. Cela ne veut pas forcément dire qu'il est malhonnête. Toutefois, si un grand mont de Mercure est associé à un doigt de Mercure crochu et à une ligne de tête faible, la personne est moins digne de confiance.

MINCE ET PLAT

Un mont de Mercure mince et sous-développé indique le peu de talent pour la communication. Des efforts sont faits pour s'exprimer, mais vous ne saurez pas pourquoi avant d'avoir exploré le reste de sa main. Une ligne de tête marquée aidera à compenser un faible mont de Mercure, alors qu'une ligne de tête faible associée à un mont de Mercure mince signale une incapacité à réfléchir à tous les détails et à exprimer ses idées.

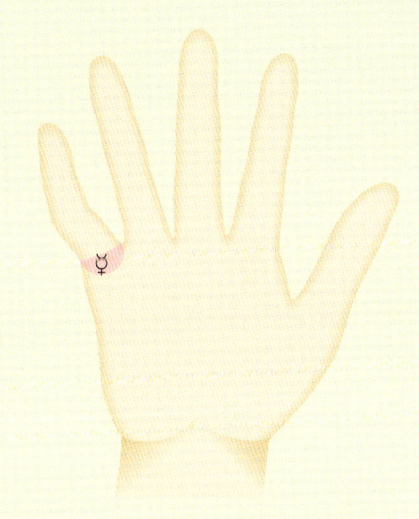

Un mont de Mercure peu marqué et un auriculaire crochu montrent quelqu'un se laissant facilement dominer par d'autres.

Astuce d'expert

Si le mont de Mercure a fusionné avec le mont d'Apollon, la personne a de bonnes tournures de phrase, aime s'exprimer et pourra même en faire sa carrière.

LE MONT EXTERNE DE MARS

POSITION : L'éminence charnue située entre le mont de Mercure et le mont de la Lune.

INDICATION : Courage moral.

Il y a deux monts de Mars sur la main. Le mont externe de Mars se trouve sur le tranchant de la main, sous le mont de Mercure et au-dessus du mont de la Lune. Il indique le courage moral.

En astrologie, Mars est la planète de l'énergie, de la vigueur, du courage et de l'agressivité. Mars signale le degré et la nature de la motivation.

NORMAL

Un mont externe de Mars ferme et bien développé est signe d'intégrité et d'honnêteté. Ce mont et le doigt de Mercure sont toujours à vérifier, car parfois ils racontent une autre histoire. Examinez la ligne de tête pour plus d'informations.

SURDÉVELOPPÉ

Un mont externe de Mars très développé annonce des convictions très fortes, au point de l'exagération et du dogmatisme. Cette personne s'enorgueillit de son code moral et, si d'autres facteurs dans la main le confirment, elle fera pratiquement n'importe quoi pour le respecter.

LE MONT EXTERNE DE MARS   87

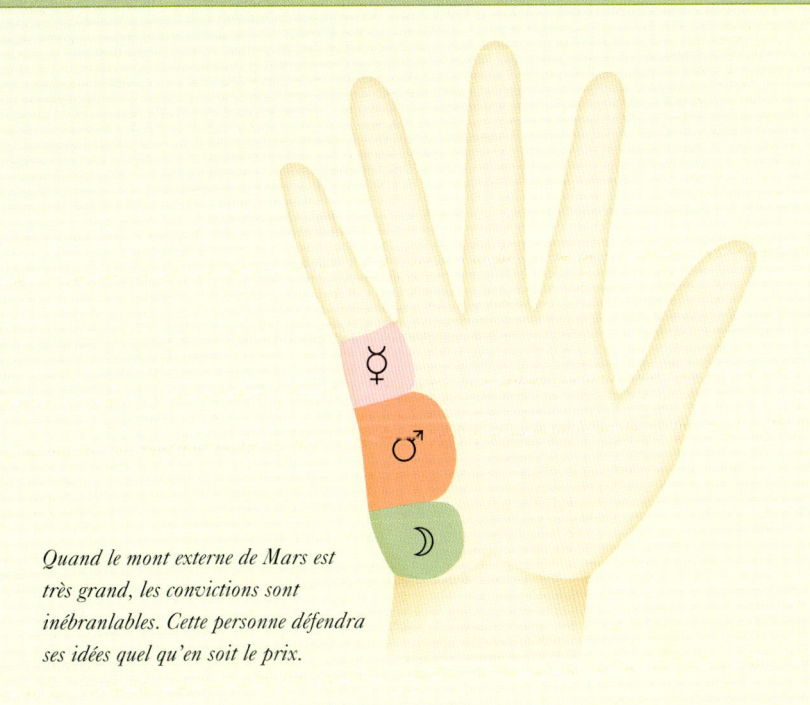

Quand le mont externe de Mars est très grand, les convictions sont inébranlables. Cette personne défendra ses idées quel qu'en soit le prix.

Par exemple, ce sera le militant déterminé qui refuse d'abandonner la lutte, même en cas d'échec manifeste, persuadé que c'est la chose à faire et que sa cause est juste.

MINCE ET PLAT

Un mont externe de Mars très plat et flasque au toucher appartient à une personne qui a du mal à défendre ses convictions et qui se cédera vite à l'opposition. Facilement effrayée par ceux plus puissant qu'elle.

LE MONT INTERNE DE MARS

POSITION : L'éminence charnue située entre le mont de Jupiter et le mont de Vénus.

INDICATION : Courage physique.

Le mont interne de Mars se trouve sur le bord de la paume, entre le mont de Jupiter et le mont de Vénus. Il indique le courage physique.

NORMAL

Un mont interne de Mars bien développé dénote quelqu'un de courageux et prêt à se battre pour ses convictions – parfois littéralement, s'il pense que sa cause est juste. Il peut choisir une carrière dans l'armée ou devenir un militant actif dans un domaine qui lui tient à cœur.

SURDÉVELOPPÉ

Un mont interne de Mars très grand et charnu indique quelqu'un possédant tellement d'énergie et de courage qu'il est susceptible de se précipiter sans réfléchir dans des eaux dangereuses. Il s'interposera dans une bagarre et tentera de séparer les adversaires, sans penser à sa propre sécurité. Son impulsivité et sa témérité risquent de faire empirer la situation, même de lui faire courir un risque. Une forte ligne de tête contribuera à contrecarrer ces tendances casse-cou.

LE MONT INTERNE DE MARS 89

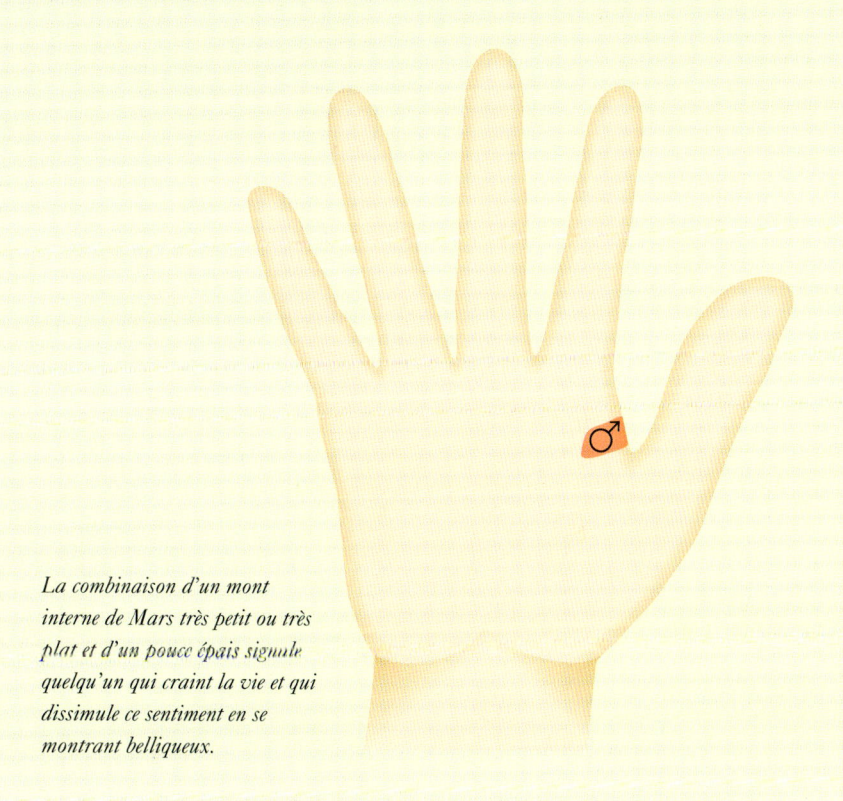

La combinaison d'un mont interne de Mars très petit ou très plat et d'un pouce épais signale quelqu'un qui craint la vie et qui dissimule ce sentiment en se montrant belliqueux.

MINCE ET PLAT

Ce mont est à peine visible est signe de courage physique minime. Cette personne évitera à tout prix les troubles, qu'elle est incapable de gérer. Éventuellement, elle compensera cette faiblesse en se montrant excessivement tyrannique, surtout si le pouce est très épais.

LA PLAINE DE MARS

POSITION : Le centre de la paume.

INDICATION : Confiance en soi.

En astrologie, Mars montre la capacité de tenir ferme et révèle le degré d'assurance. Planète très énergique, Mars porte le nom du dieu romain de la guerre.

NORMAL

Une plaine de Mars normale, élastique et ferme, dénote l'assurance de soi et l'aisance avec les autres. La personne n'est pas présomptueuse, mais évalue bien ses forces et est capable de gérer la plupart des situations.

SURDÉVELOPPÉ

Plus la plaine de Mars est élastique et ferme, plus la personne sera assurée. Une plaine de Mars très élastique et bien développée montre un aplomb et une exubérance naturelles. Si la plaine est très dure et charnue, la personne est si sûre d'elle-même qu'elle a tendance à se montrer arrogante et insensible. Elle ignore les émotions des autres ou les néglige en les tenant pour frivoles. Elle se frayera un chemin dans la vie sans penser à l'influence exercée sur les autres.

LA PLAINE DE MARS 91

SOUS-DÉVELOPPÉ

Si vous percevez les os et les muscles en dessous de la peau du centre de la paume, la plaine de Mars est sous-développée. Autrement dit, la personne est timide et manque de confiance en soi, même si elle a appris à le cacher très bien. Examinez le mont de Jupiter et le doigt de Jupiter pour déterminer s'ils sont forts et donc susceptibles de compenser la timidité grâce à une apparence d'aisance et de calme.

> ### Astuce d'expert
> *À la différence des monts de la main, la plaine de Mars ne peut être évaluée qu'au toucher. La meilleure manière d'y parvenir est de passer doucement la pelote digitale du pouce sur la zone où la main est tendue sans tension.*

La plaine de Mars est située au centre de la paume. Sa forme varie d'une main à une autre.

LE MONT DE VÉNUS

POSITION : Éminence délimitée par la ligne de vie qui le contourne. Bien qu'il soit appelé mont, c'est en fait la zone charnue de la base du pouce.

INDICATION : La capacité d'exprimer l'émotion et l'affection, ainsi que le degré général de vitalité.

En astrologie, Vénus est la planète de l'amour, montrant l'expression de l'affection envers soi-même et envers les autres. C'est aussi la planète de la beauté et des savoir-faire sociaux.

NORMAL

Un mont de Vénus bien arrondi et élastique indique la vigueur physique et l'énergie abondante. Cette personne est sociable, ouverte, amicale, peu compliquée. Ses capacités artistiques lui servent dans sa carrière. Pleine d'entrain et démonstrative, ses relations sont d'habitude heureuses.

SURDÉVELOPPÉ

Le mont de Vénus surdéveloppé annonce un fort dynamisme sexuel, parfois si puissant qu'il crée des problèmes à la personne concernée. Celle-ci se précipite tête la première dans la vie et dispose de tellement d'énergie qu'elle est toujours en forme quand les autres s'écroulent épuisés.

PLAT ET FLASQUE

Un mont de Vénus très plat et flasque montre un manque d'énergie et une libido faible. La personne en question peut avoir des problèmes de santé, surtout si sa ligne de vie est elle aussi faible. Exprimant difficilement ses sentiments, elle s'efforcera d'établir relations satisfaisantes. Examinez la ligne de cœur avant de tirer des conclusions – celle-ci est susceptible de compenser en partie un mont de Vénus sous-développé.

Astuce d'expert

Le mont de Vénus décrit aussi la capacité musicale (ou son absence). Une articulation très anguleuse du pouce et du poignet ("angle du rythme") montre un bon sens du tempo. Si la phalange centrale du pouce présente une jointure très anguleuse, la personne a un bon sens du temps (cette articulation est appelée "angle de l'heure").

LE MONT DE LA LUNE

POSITION : Éminence charnue située sur le tranchant de la main, allant du mont externe de Mars au poignet
INDICATION : Sensibilité, imagination et intuition.

Les astrologues pensent que la Lune représente le subconscient, l'intuition et la manière dont on réagit à l'environnement.

NORMAL

Un mont de la Lune ferme, pas trop proéminent, signale une bonne imagination et un fort sens artistique fort. L'intuition fonctionne bien, la personne aime utiliser son talent créatif. Compatissante, elle se plaît à créer l'harmonie.

SURDÉVELOPPÉ

Si ce mont est extrêmement grand, la personne est très imaginative, parfois au point de confondre fantaisie et réalité et finir par croire à ses propres fantasmes, surtout si la ligne de tête est faible.

MINCE ET PLAT

Un mont de la Lune plat annonce un vrai réaliste. Pour lui, voir c'est croire et l'imagination est pratiquement absente. S'il accepte une interprétation, c'est pour désapprouver tout ce qu'on lui dit.

UN MONT BAS

Parfois, le mont s'arrête bien en dessous du mont de Vénus. On voit le plus souvent ce genre de mont sur une main eau, signe d'extrême sensibilité, pas seulement aux émotions, mais aussi aux ambiances et à l'environnement. Un mont de la Lune bas sur une main air indique une forte imagination exprimée sans problème. Sur une main terre, ce mont représente les talents créatifs et l'imagination nécessaire pour les mettre en pratique. Sur une main feu, l'imagination risque parfois de se déchaîner, ce qui fait de ce mont une source d'informations peu fiable.

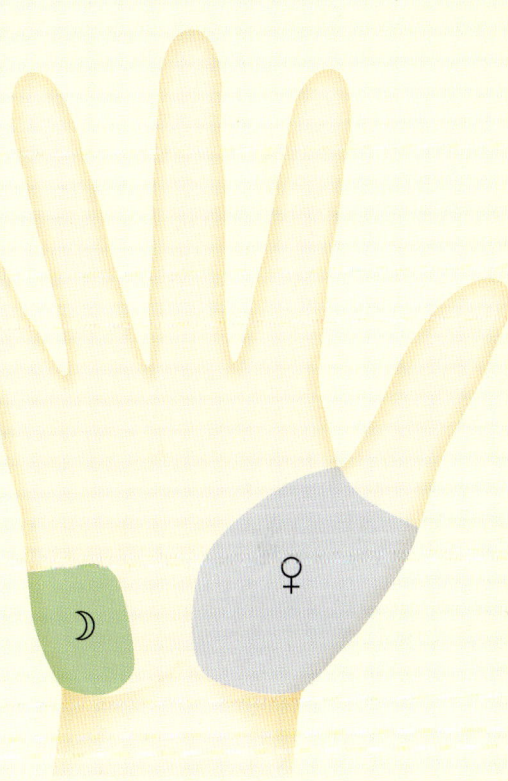

Vérifiez toujours si le mont de la Lune s'achève en dessous du mont de Vénus, comme ici.

COURBE D'ÉNERGIE

POSITION : Tranchant de la paume.
INDICATION : Imagination créative.

Le terme "courbe d'énergie" désigne pour les chiromanciens la courbure du tranchant de la paume. Sur certaines mains, elle est très apparente, sur d'autres, pratiquement rectiligne.

EN ARC
Plus la courbure est prononcée, plus l'énergie créative de cette personne sera intense. Une courbure très visible montre une créativité qui assume toutes les formes de l'expression personnelle, sans se limiter aux activités artistiques, qu'il s'agisse de préparer des gâteaux ou de cultiver son potager (activités créatives dans le plus large sens du terme). Elle a par ailleurs nombre d'autres intérêts artistiques, comme l'aquarelle ou un instrument musical.

RECTILIGNE
Le tranchant de la main semble parfaitement droit. La personne concernée a peu ou pas d'imagination créative et préfère une approche très rationnelle de la vie. Sa maison est plutôt terne et fonctionnelle, car elle n'est tout simplement pas intéressée à la décorer davantage – elle a des

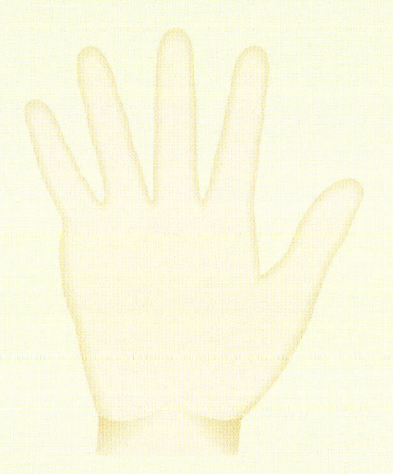

Une courbure haute près du doigt de Mercure montre quelqu'un plein d'idées.

Une courbure basse proche du poignet montre quelqu'un aux idées pratiques.

choses plus importantes à faire que de choisir des rideaux ou des teintes de peinture.

LA POSITION DE LA COURBURE

Où se situe exactement la courbure du tranchant de la paume ? Sa position vous donnera des informations importantes sur la nature de l'énergie créative de cette personne. Une courbure au sommet de la paume, près du mont de Mercure, montre quelqu'un plein d'idées, mais qui ne les met pas nécessairement en pratique. Quand la courbure se trouve au centre, la personne a des idées créatives qu'elle est capable de traduire à la réalité. Si la courbure est plus accentuée à la base de la paume, ses idées sont remarquables et en principe réalisables.

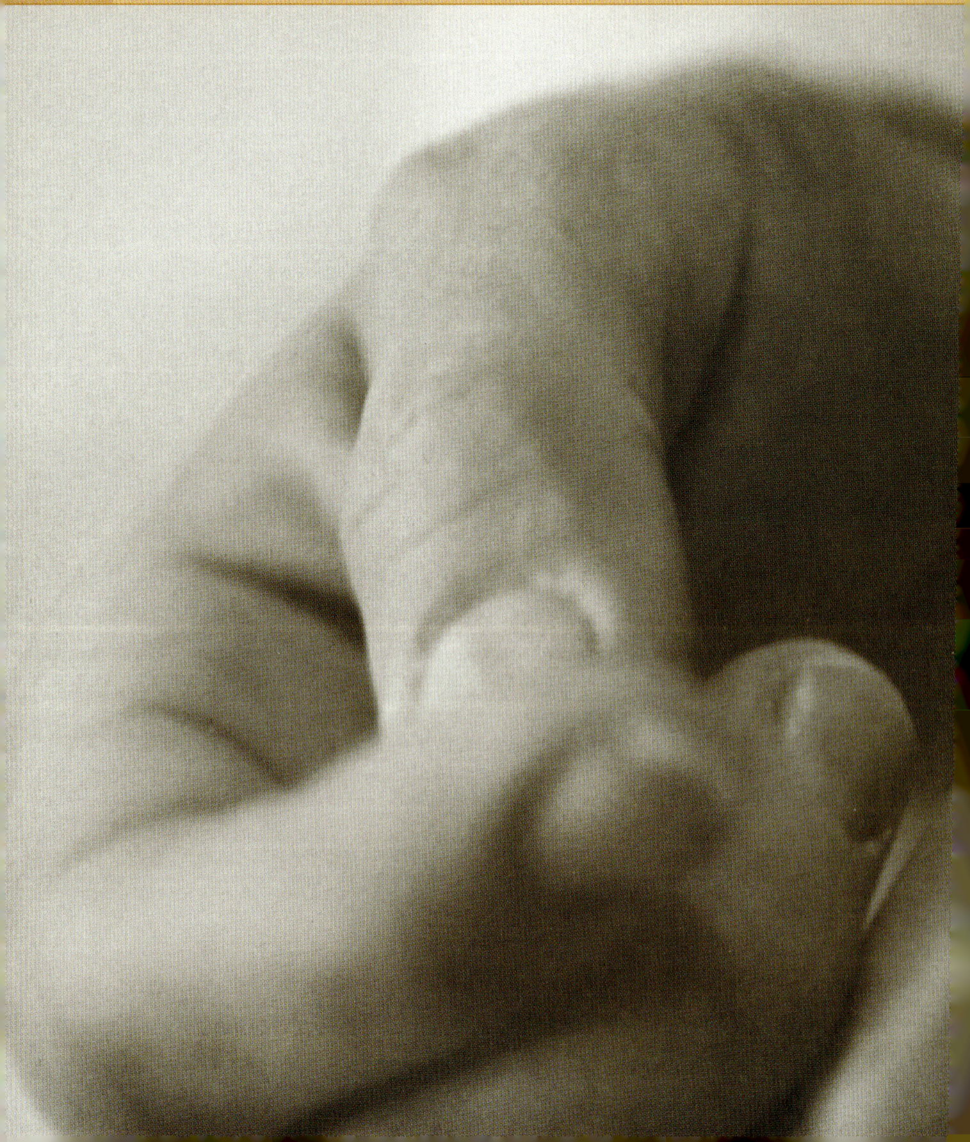

LES DOIGTS

Avant de commencer à étudier les mains, vous imaginiez peut-être que les doigts des gens sont pareils – dans ce cas, vous risquez d'être étonné.

En réalité, les doigts diffèrent spectaculairement d'une personne à une autre. Certains doigts ont l'air de grosses saucisses, si charnus qu'ils sont bouffis. D'autres sont presque squelettiques, aux jointures très visibles, à la peau adhérant aux os. Bien entendu, vous verrez des personnes minces aux doigts également minces, et d'autres en surpoids, dont les doigts sont gros, mais ce n'est pas là une règle absolue – vous rencontrerez des individus svelte avec de gros doigts et vice-versa. Ceci est toujours particulièrement intéressant, car les mains ne correspondent pas à la carrure physique. Elles peuvent donc vous donner beaucoup d'informations.

QUE DISENT LES DOIGTS

Vous êtes arrivé maintenant à l'examen détaillé des doigts, qui vous offriront beaucoup d'informations sur la personne en cause. Examinez les deux mains, car très souvent il y a de légères variations dans la forme ou l'épaisseur de leurs doigts. Vous constaterez parfois même qu'un doigt est plus court sur une main par rapport à l'autre.

comme s'ils ont été étirés tels un élastique, d'autres sont courts et boudinés. Vous pouvez parfois voir sur une même main des doigts longs et des doigts courts. Chacune de ces formes raconte une histoire, qui lui est propre, comme vous le constaterez au fil des pages suivantes. Vous enrichirez ainsi les connaissances déjà puisées de la forme de la main.

DOIGTS LONGS ET COURTS

Tous les doigts n'ont pas la même longueur. Certains sont très longs,

MESURER LES DOIGTS

L'une des techniques à maîtriser concerne la mesure d'un doigt par

LA LONGUEUR NORMALE DES DOIGTS
1 *Médius (doigt de Saturne) – le plus long*
2 *Index (doigt de Jupiter)*
3 *Annulaire (doigt d'Apollon)*
4 *Auriculaire (doigt de Mercure) – le plus court*

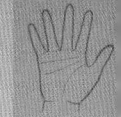

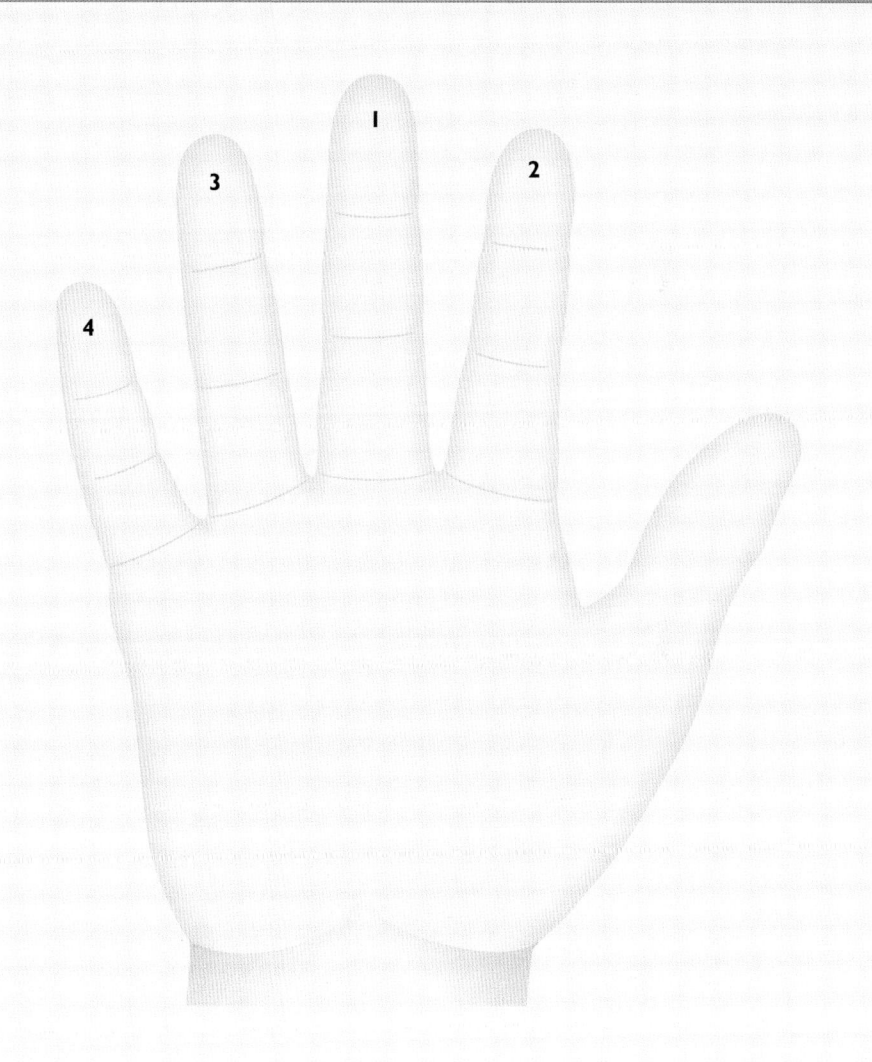

QUE DISENT LES DOIGTS 101

1

3

2

4

Une forte courbe est visible à la jonction des doigts avec la paume. La longueur des doigts ne peut pas être mesurée d'un coup d'œil, car elle est illusoire.

rapport à ses voisins. Vérifiez toujours que tous les doigts partent du même niveau. Sur certaines mains, l'implantation des doigts suit un arc prononcé – l'auriculaire (doigt de Mercure) commence bien plus bas que l'annulaire (doigt d'Apollon). Le doigt de Mercure qui, à première vue, semble être très court peut avoir une longueur moyenne, parfois même être très long.

Pour mesurer les doigts, formez une coupe de la main, de sorte que leur base soit au même niveau. Ne courbez pas les doigts. D'habitude, le médius (doigt de Saturne) est le plus long. L'index (doigt de Jupiter) est le suivant – il doit s'arrêter vers le milieu de la première phalange du médius. S'il finit au-dessous de ce point, il est tenu pour court, s'il finit au-dessus, pour long. Normalement, le doigt d'Apollon s'arrête lui aussi vers le milieu de la première phalange du doigt de Saturne, mais au dessous du doigt de Jupiter. Le doigt de Mercure est long s'il dépasse le début de la première phalange du doigt d'Apollon, très court s'il finit en dessous de celle-ci.

EXAMINER LES POUCES

Étudiez attentivement la forme et la taille des pouces. Ceux-ci vous diront

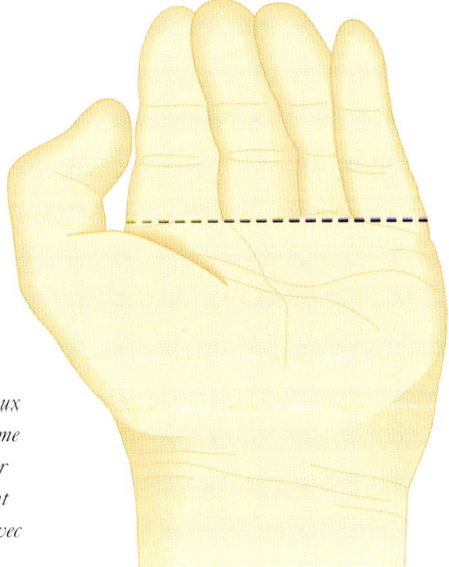

Pour comparer les doigts les uns aux autres quand le sommet de la paume est très courbé, la main doit former une coupe, afin que les doigts soient au même niveau à leur jonction avec la paume.

beaucoup sur la volonté, l'énergie, l'intellect et la force de caractère d'une personne. À mesure que vous gagnez de l'expérience à l'interprétation des mains, vous regarderez d'instinct les pouces des gens simplement pour apprendre nombre des choses les concernant. Par exemple, quelqu'un se comportera de manière à dissimuler son tempérament coléreux, mais un coup d'œil à ses pouces épais, en massue, vous révélera son véritable caractère.

BAGUES

Le nombre de bagues et les doigts auxquels elles sont portées racontent à leur tour une histoire. La mode y joue certes un rôle, car les bagues pour les pouces et les index ont connu récemment un regain de popularité. Même ainsi, une bague offre d'importantes informations sur la personne qui la porte, car elle fortifie toujours les caractéristiques du doigt qu'elle orne. Une grosse bague porté à un faible doigt de Jupiter signale le désir d'étayer l'ego et les capacités de leader.

Observez le genre de la bague. Est-elle ostentatoire ou discrète ? Ancienne ou moderne ? De telles informations vous aideront à bâtir une image globale de la personne dont vous interprétez les mains.

> ### Astuce d'expert
> *Exercez-vous à noter la forme des doigts des gens que vous rencontrez ou voyez à la télé.*

…

LA FORME DES DOIGTS

Examinez le bout de chaque doigt, qui offrira un supplément d'informations sur le caractère et la personnalité de quelqu'un. Vous êtes encore en train de vous faire une idée de la constitution psychologique d'une personne, soit en confirmant les caractéristiques déjà observées sur la main, soit en en découvrant d'autres, inédites.

LA FORME DES DOIGTS, À L'EXCEPTION DU POUCE

L'extrémité de chaque doigt fait partie de l'une des quatre catégories suivantes : spatulée, carrée, pointue ou conique. Comme vous le découvrirez en pratiquant, il est inhabituel de trouver une main où le bout de tous les doigts a la même forme. La plupart des mains présentent généralement deux types différents de bout des doigts.

Vous comprendrez la signification de la forme de chaque doigt en combinant la signification de la forme de son extrémité (par exemple, spatulée) avec la signification du doigt respectif (par exemple, doigt de Jupiter). Un doigt de Jupiter spatulé montre quelqu'un d'inventif (forme spatulée) et qui n'a pas peur de mettre en avant ce talent (doigt de Jupiter). Si la majorité des doigts a une forme particulière, c'est la forme dominante de la main qui aura plus d'impact sur le caractère de la personne.

Si chaque doigt a une forme différente, la personnalité est complexe et fluctuante, donc difficile à définir. Dans ce cas, la forme de la main montre l'essence du caractère.

Un doigt spatulé s'élargit juste en dessous de son extrémité.

Un doigt carré a un bout plat et carré.

Spatulé

Un doigt spatulé s'élargit vers son extrémité, presque comme s'il s'évasait. Sa forme est plus marquée que celle d'un doigt carré. Avec un peu de pratique vous noterez facilement la différence. Le doigt spatulé appartient à une personne énergique, originale et novatrice, par exemple très sportive et toujours en quête d'activité. Elle est même capable de vous persuader d'arrêter la lecture et d'aller nager avec elle.

Carré

Le doigt carré dénote une personne conventionnelle, pratique et organisée, ayant un fort sens de la réalité, accru en fonction du nombre de doigts présents sur la main. Si les doigts carrés sont associés à une main terre, vous ne pourrez qu'observer sa paume, car elle vous dira sans ambages ne pas croire dans des choses telles que la chiromancie.

Le bout d'un doigt pointu présente visiblement cette forme.

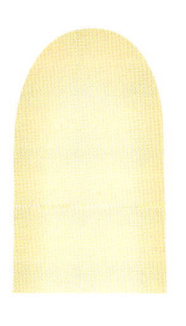

Un doigt conique a un bout gentiment arrondi.

Pointu

Le doigt pointu appartient à une personne très créative, qui vit d'habitude dans son propre monde. Très sensible et facilement blessée, elle a du mal à gérer la réalité. Plus il y a des doigts pointus sur une main, plus son propriétaire sera rêveur et idéaliste – il préfère rêvasser (surtout si ses mains sont eau). Vu son air si naïf et innocent, vous pouvez vous demander comment il se débrouille dans la vie.

Conique

Un doigt conique présente un bout légèrement arrondi, bien moins prononcé que celui d'un doigt pointu. La personne aux doigts coniques est impressionnable, impulsive et inconstante. Elle se laisse guider dans la vie par ses forts instincts – qu'ils soient utiles ou non. Par exemple, elle peut aimer parier aux courses, convaincue que son cheval gagnera, ou prétendre avoir des pressentiments.

LES PHALANGES ET LA PULPE DES DOIGTS

Le moment est venu de regarder les sections des doigts appelées du terme général "phalanges". La section la plus proche de la paume est la phalange (ou troisième phalange), la section centrale, la phalangine (ou deuxième phalange), la dernière, la phalangette (ou première phalange).

Examinez leur qualité et leur forme, ainsi que les différences existant entre elles. Une phalange est-elle bien plus longue que les deux autres ? Une phalange est-elle visiblement plus courte ou plus épaisse que les deux autres ? Vous pouvez juger d'un coup d'œil ou comparer les phalanges d'un doigt de la main gauche et du même doigt de la main droite. Par exemple, vérifiez les phalanges de votre doigt de Jupiter droit par rapport aux phalanges de votre doigt de Jupiter gauche). Assurez-vous de mesurer la troisième phalange depuis le haut de la jointure.

LES PHALANGES
1 *Phalangette (première phalange)*
2 *Phalangine (deuxième phalange)*
3 *Phalange (troisième phalange)*

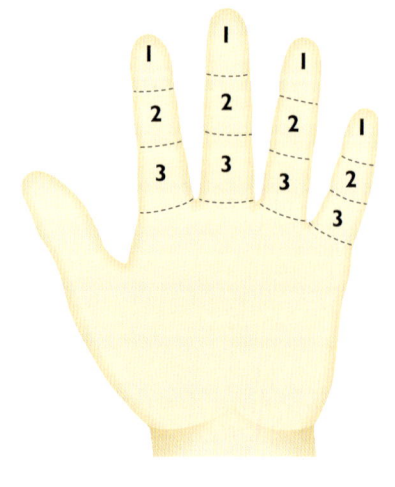

Caractéristiques des phalanges

Doigt	Phalange	Longueur	Signification
Jupiter (Index)	3ᵉ	Courte	Bon sens
		Longue	Autoritaire
	2ᵉ	Courte	Dynamisme très faible
		Longue	Ambitieux
	1ʳᵉ	Courte	Intuitif
		Longue	Dogmatique
Saturne (Médius)	3ᵉ	Courte	Égoïste
		Longue	Matérialiste
	2ᵉ	Courte	Peu réaliste
		Longue	Esprit pratique
	1ʳᵉ	Courte	Impétueux
		Longue	Bon raisonnement
Apollon (Annulaire)	3ᵉ	Courte	Manque d'intérêt artistique
		Longue	Âpre au gain
	2ᵉ	Courte	Dextérité manuelle
		Longue	Agilité mentale
	1ʳᵉ	Courte	Rêveur
		Longue	Traduit les idées à la réalité
Mercure (Auriculaire)	3ᵉ	Courte	Manque d'imagination
		Longue	Bavard
	2ᵉ	Courte	Communicatif
		Longue	Fiable
	1ʳᵉ	Courte	Mémoire excellente
		Longue	Vivacité mentale

EXAMINER L'ÉPAISSEUR

Examinez l'épaisseur des phalanges. La phalangine de certains doigts est très fine. D'autres ont une troisième phalange mince, alors que les deux autres sont épaisses. Pour déterminer l'épaisseur des phalanges, posez la main à plat, doigts joints, sur un fond clair. Tout espace entre les doigts sera immédiatement visible, mettant en évidence les phalanges minces.

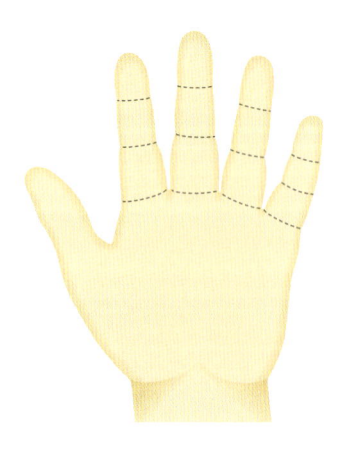

Les phalanges de ces doigts sont considérablement plus épaisses à la base.

TROISIÈME PHALANGE ÉPAISSE

Si la troisième phalange est très épaisse et les doigts ne présentent pas d'espace à ce niveau, l'approche de la vie est sensuelle, accompagnée de l'amour du confort matériel et de l'attachement aux biens propres. La personne a aussi tendance à se mettre en avant. Si d'autres indications sur la main le confirment, elle est matérialiste, persuadée que sa fortune la caractérise.

TROISIÈME PHALANGE MINCE

Si la troisième phalange est si mince que les doigts présentent des espaces à ce niveau, la personne est ouverte et amicale, généreuse avec son argent et son affection. Plus les espaces sont grands, plus elle aura du mal à garder son argent, bien que cela puisse venir davantage de son penchant à le distribuer que de ses dépenses. Cette personne tend à mettre les besoins des autres avant les siens.

EXAMINER LES GOUTTES D'EAU

Il est aussi important d'examiner les coussinets sur le dos de la phalangette, appelés par un terme quelque peu déconcertant, "gouttes d'eau". Ce sont des parcelles de peau, très visibles quand la main est à plat, paume et doigts dirigés vers le bas. Tout le monde ne les a pas. Quand elles sont présentes, la personne concernée est très sensible à son environnement, parfois au point de devenir médium, douée de grands talents artistiques et sachant apprécier l'art. Si le dos de la phalangette est ferme, sans gouttes d'eau, la personne est très réaliste et terre à terre à propos de la vie, outre posséder les capacités nécessaires pour diriger une entreprise.

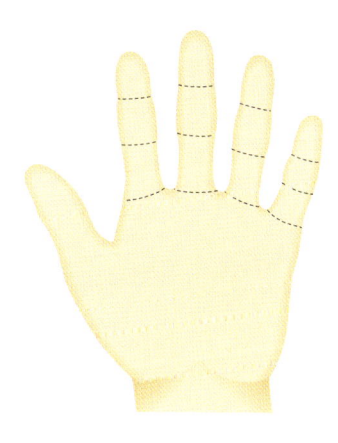

La troisième phalange des doigts est bien plus épaisse que les deux autres.

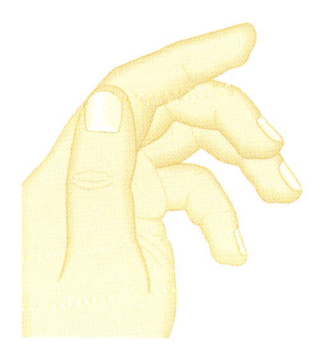

Les gouttes d'eau sont de petites parcelles douces de peau sur le dos de la phalangette.

LES JOINTURES ET LES ONGLES

Deux des zones les plus révélatrices de la main sont les jointures des doigts et les ongles. Si vous rencontrez quelqu'un dans un cadre social ou professionnel, jetez un coup d'œil discret à ses ongles et aux jointures de ses doigts pour savoir à qui vous avez affaire.

Les jointures lisses montrent une personne agissant intuitivement.

Les jointures noueuses montrent une personne qui réfléchit soigneusement d'abord.

JOINTURES

Regardez les articulations connectant la phalange et la phalangine, et celles connectant la phalangine et la phalangette. Sont-elles lisses et plates, ou noueuses et saillantes ? Appartiennent-elles à un même type ?

Lisses

Si les doigts d'une personne sont très lisses, aux jointures à peine visibles, celle-ci se base sur ses instincts, sur son intuition et sur ses impressions viscérales pour prendre des décisions et tire des conclusions fondées sur ce qu'elle ressent à propos d'une situation, qu'il s'agisse de sa vie professionnelle ou privée. Si ses doigts sont très courts, elle est extrêmement impulsive et se précipite dans des situations sans y avoir beaucoup réfléchi. Les doigts longs contribuent à compenser les jointures lisses, si bien que cette personne regardera avant de sauter, mais pas forcément.

Noueuses

Quand les jointures d'une personne sont très bosselées et visibles, celle-ci réfléchit avant d'agir. Cela peut la faire paraître lente et circonspecte, mais son mental travaille sans relâche, analysant le pour et le contre d'une situation, évaluant sa position et se remémorant des circonstances similaires du passé.

Des doigts courts et des jointures noueuses signalent une personne qui agit parfois impulsivement, tandis que les doigts longs et les jointures noueuses annoncent un individu qui retournera les problèmes à l'infini avant de faire la moindre chose à leur propos.

LES ONGLES

Les ongles sont une mine d'informations. Vous passerez d'excellents moments à étudier les ongles des gens pour découvrir leur réel visage. Regardez un politicien à la télé et décidez si son message

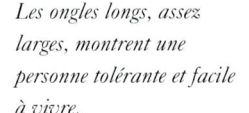

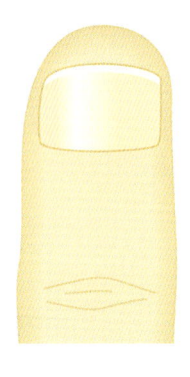

Les ongles longs, assez larges, montrent une personne tolérante et facile à vivre.

Les ongles courts, avec un espace entre l'ongle et le bout du doigt, signalent l'irascibilité.

Les ongles courts et larges montrent une nature critique, plutôt intolérante.

s'accorde aux informations de ses ongles. Vous serez parfois très surpris par vos découvertes.

Longueur

Le premier indice à regarder est la longueur des ongles. Un ongle de taille normale fait la moitié de la phalangette. Si les ongles sont plus longs, la personne vit dans son imagination et descend sur terre ou affronte la réalité très rarement. Si les ongles sont plus courts, la personne est logique, raisonneuse et critique à l'égard des gens qui se comportent autrement qu'elle le désire.

Largeur

Quelle est la largeur des ongles ? S'ils sont très étroits, la personne est bornée et répugne à accepter tout point de vue différent du sien. Il faudra longtemps pour la convaincre de changer d'avis. Plus les ongles sont larges, plus la personne sera patiente et ouverte d'esprit, encline davantage

LES JOINTURES ET LES ONGLES 115

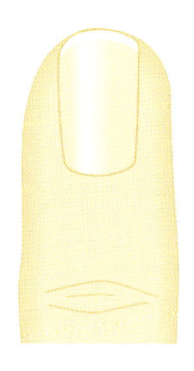

Les ongles longs et étroits révèlent l'esprit borné et le refus de prendre des risques.

à être honnête qu'à faire preuve de tact – parfois avec des résultats fâcheux. Les ongles larges et courts indiquent une personne dogmatique et critique envers les autres.

Autres caractéristiques

Si un espace visible existe entre le sommet de l'ongle et le bout du doigt, la personne a un tempérament explosif, bien que ses emportements soient brefs. Vérifiez si elle se ronge les ongles, signe de nervosité face à

> ### Astuce d'expert
> *Les lunules sont-elles visibles à la base des ongles ? Dans ce cas, c'est un signe de bonne santé. Si elles sont très larges, elles signalent certains problèmes de santé. Les lunules très pâles ou leur absence annoncent une personne dont la santé risque d'être affectée par les circonstances, qui attrape par exemple toujours un coup de froid en cas de stress.*

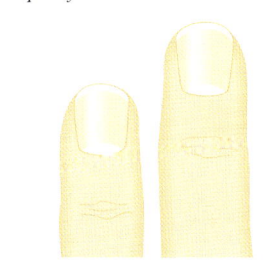

une situation qui la dépasse complètement.

APPRENDRE À CONNAÎTRE LES DOIGTS

Il est utile de vous familiariser avec autant de termes de chiromancie que possible. Vous comprendrez mieux ce livre et désignerez correctement les diverses parties de la main en discutant avec d'autres chiromanciens. Vous pouvez aussi utiliser ces termes lors d'une interprétation, mais il faudra les expliquer à la personne concernée. L'apprentissage progressif de ces termes vous permettra de vous en souvenir plus facilement. Si vous avez des difficultés à retrouver les termes corrects, faites appel à une méthode mnémotechnique. Par exemple, essayez d'inventer une maxime utilisant les lettres M, A, S et J dans cet ordre – les noms des doigts, en partant du tranchant de la main : Jupiter, Saturne, Apollon et Mercure.

LES NOMS DES DOIGTS
1 *Doigt de Saturne*
2 *Doigt de Jupiter*
3 *Doigt d'Apollon*
4 *Doigt de Mercure*
5 *Pouce*

APPRENDRE À CONNAÎTRE LES DOIGTS 117

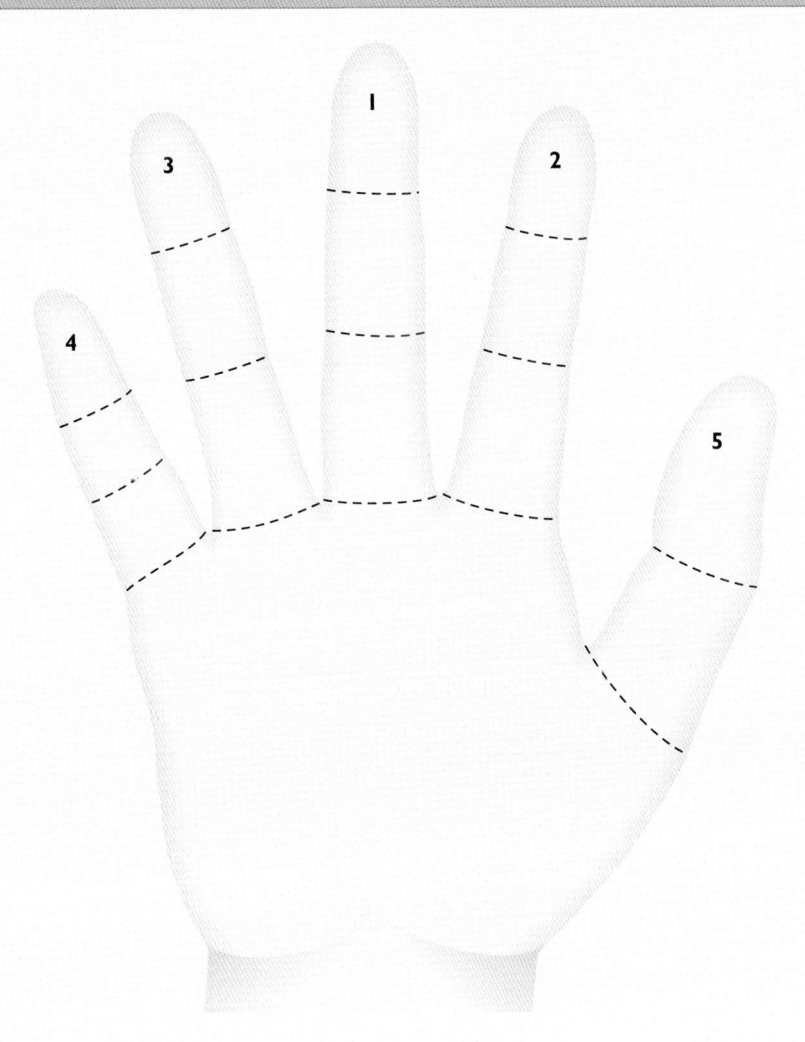

LE POUCE

INDICATION : Caractère, volonté, logique, tempérament.

NORMAL

Un pouce normal a plus ou moins la même longueur que l'auriculaire (doigt de Mercure). Lorsque le pouce est collé au bord de la paume, il doit atteindre la moitié de la troisième phalange de l'index (doigt de Jupiter). L'ego de cette personne est bien équilibré, elle est capable de se faire respecter en cas de besoin, mais ne joue pas au tyran et est suffisamment motivée et dynamique.

Mesurez le pouce contre la troisième phalange du doigt de Jupiter.

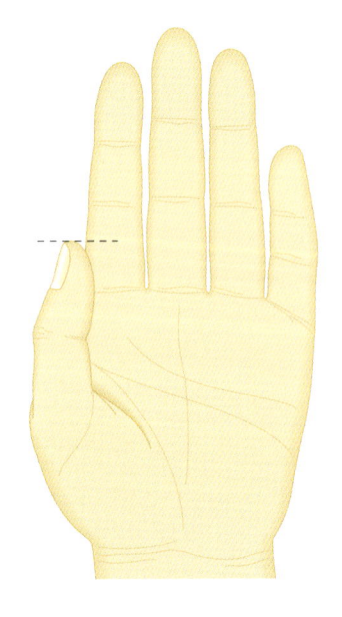

Un pouce court et une première phalange en massue indiquent un mauvais tempérament.

LONG

Pour être de longueur normale, le pouce doit atteindre le milieu de la phalange de base du doigt de Jupiter (index). Cette personne dirige bien les autres et aime prendre en charge les situations. Méfiez-vous si le pouce est très long, car cette personne risque de s'avérer autoritaire, dominatrice, convaincue d'avoir toujours raison. Somme toute, un tyran.

COURT

Le pouce est court s'il n'atteint pas le milieu de la phalange de base du doigt de Jupiter. Cette personne préfère que d'autres assument les responsabilités, les laisse s'occuper d'elle et lui dire quoi faire. Placée dans une position de direction, elle perdra pied. Si vous la rencontrez dans la vie sociale, elle sera heureuse de vous laisser prendre toutes les dispositions.

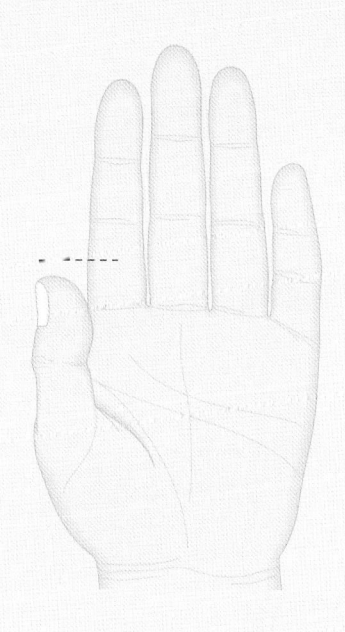

PHALANGE SUPÉRIEURE

Le pouce est divisé en deux phalanges. Comme pour les autres doigts, examinez la longueur de celles-ci pour voir si elles sont égales. Utilisez une règle, car selon l'attache du pouce, sa longueur est parfois illusoire.

La phalange supérieure régit la volonté. Si elle est longue, elle désigne une personne qui sait ce qu'elle veut et qui aime faire les choses autant que possible à sa manière. Plus elle est épaisse, plus la personne a son franc-parler et est décidée à imposer sa volonté. C'est particulièrement vrai si le dos de la phalange saillit, auquel cas elle est assez imprévisible. Méfiez-vous d'un pouce faible avec une phalange supérieure très bombée, signe de possibles tendances violentes – cette personne arrivera à ses fins en tyrannisant les autres. Une phalange supérieure plate et mince signale la nervosité et l'extrême sensibilité à l'atmosphère ambiante.

PHALANGE DE BASE

La phalange de base régit la logique. Si elle est plus longue que la phalange supérieure, cette personne aime réfléchir soigneusement à ses

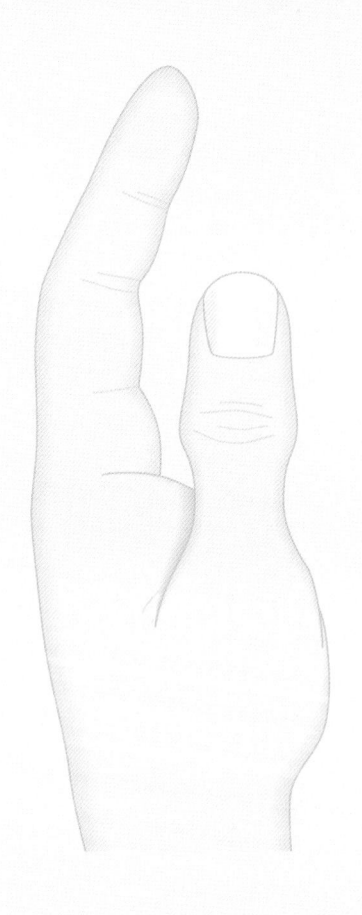

La phalange de base de ce pouce, étroite, signale de bons talents diplomatiques.

décisions. La tendance est accrue si les jointures sont noueuses. Quelle est la largeur de la phalange de base ? Si elle est très fine au centre, la personne est charmante et fait preuve de tact. Elle sait manipuler les autres pour en obtenir le meilleur. Si cette phalange est très étroite, la personne aime analyser les situations et a horreur de prendre des décisions à la hâte.

POSITION

Regardez le point d'origine du pouce sur la main. L'attache normale est située à mi-chemin de la main, dans quel cas la personne est dotée d'un ego moyen et d'esprit pratique.

Si l'attache du pouce est située haut sur la main, près du doigt de Jupiter, la personne fait montre d'un fort ego et d'opinions arrêtées, qu'elle tiendra à partager avec vous. Si l'attache du pouce est située bas sur la main, près du poignet, la personne manifeste de fortes tendances pratiques, mais dispose de peu d'imagination. Parfois, un pouce bas signale un intellect limité. La ligne de tête vous en dira davantage.

BAGUES

Si une personne arbore une bague au pouce, c'est le signe de son désir de fortifier son ego et sa volonté. Le fait-elle pour compenser ses pouces faibles (dans ce cas elle a probablement besoin d'un plus de confiance) ou la bague accentue-t-elle des pouces déjà forts (auquel cas, elle est une force à prendre en compte, qui voudra toujours n'en faire qu'à sa tête) ?

Astuce d'expert

Vérifiez la longueur du doigt de Mercure avant d'évaluer le pouce contre lui. Si ce doigt est long, le pouce l'est aussi.

LE DOIGT DE JUPITER

POSITION : L'index.

INDICATION : Confiance en soi, fierté, ego.

NORMAL

Quelle est la longueur du doigt ? Un doigt normal de Jupiter va jusqu'à la mi-hauteur de la première phalange du doigt de Saturne, signe de solide confiance en soi. La personne n'est ni arrogante ni dominatrice. Elle est raisonnablement fière de ses réalisations, sans éprouver le besoin de s'en glorifier à tout venant.

LONG

Un doigt de Jupiter dépassant la moitié de la section supérieure du doigt de Saturne est tenu pour long, indice de grandes ambitions et d'un sens extrêmement développé du pouvoir individuel. Cette personne peut se montrer égocentrique et arrogante, comme si elle était seule au monde. Elle fait certes preuve d'assurance, mais l'utilise-t-elle à bon escient ou fait-elle l'importante ? La qualité et la forme de son pouce vous diront davantage sur ses aptitudes à canaliser ses énergies dans une direction positive (comme le montre un pouce de taille normale) ou sur son incapacité à faire aboutir ses idées (comme le signale un pouce faible et mince).

COURT

Un doigt de Jupiter court dénote une personne timide et un peu renfermée. Elle préfère se laisser diriger plutôt que prendre les rênes. Excellente assistante ou auxiliaire, car son ego n'exige pas d'être fortifié en contrôlant les autres et en leur imposant son pouvoir. Si son pouce est par ailleurs faible en plus d'être court, cette personne tentera d'éviter les responsabilités à chaque fois que possible, car elle ne se sent pas capable de les assumer.

BAGUES

Cette personne porte-t-elle une bague à l'un de ses doigts de Jupiter ? Dans ce cas, quelle est la main choisie et la taille de la bague ? La signification du doigt respectif est accrue par ce bijou. Une bague au doigt de Jupiter symbolise le désir de cette personne de stimuler sa confiance en soi et son sens du pouvoir personnel. Une personne arborant une bague à son doigt de Jupiter faible a donc envie de se sentir plus capable et assurée. Si vous rencontrez quelqu'un portant une bague à un doigt de Jupiter long, vous

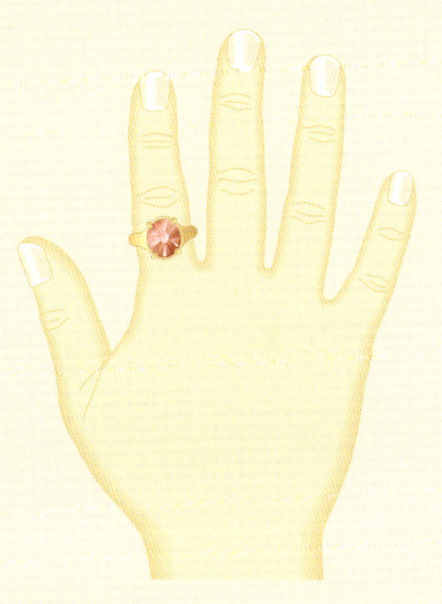

Une bague tape-à-l'œil à un doigt de Jupiter court signale une personne désirant fortifier sa confiance en soi et son ego.

découvrirez rapidement qu'il est très sûr de lui et de sa place dans le monde. Il vous considérera immanquablement comme lui étant inférieur. Plus la bague est grosse, plus son besoin d'affirmer son ego est considérable.

La personne portant une bague au doigt de Jupiter de sa main dominante souhaite agir et être remarquée grâce à ses réalisations. Si la bague orne sa main non dominante, elle aimerait montrer plus d'assurance mais pour une raison quelconque elle n'y parvient pas.

ESPACES ENTRE LES DOIGTS

Demandez à la personne dont vous interprétez la main de joindre les doigts pour vérifier si un espace existe entre ses doigts de Jupiter et de Saturne. Dans ce cas, la personne gère bien son temps et ses capacités. Si vous lui faites passer un entretien d'embauche ou espérez travailler avec elle, ce signe est prometteur.

Le doigt donne-t-il l'impression de faire partie intégrante de la main ou semble-t-il collé sur la main après coup ? Un doigt apparemment séparé du reste de la main, surtout s'il est long et/ou orné d'une bague, annonce une personne aimant se trouver sous les feux de la rampe, désirant toujours être au centre de l'attention. D'abord drôle, en dernière analyse cette attitude représente l'envie que tous les autres soient une audience admirative qui boit ses paroles.

Astuce d'expert

Le doigt de Jupiter penche-t-il vers le doigt de Saturne ? Dans ce cas, il dénote une personne qui aime acquérir des biens, peut-être pour étayer son sens de sécurité. Son approche de la vie est prudente.

LE DOIGT DE JUPITER 125

*Un espace entre les doigts de Jupiter et de
Saturne montre une personne autoritaire,
qui préfère tout contrôler.*

*Quand le doigt de Jupiter est nettement à
part, la personne aime se trouver sous les
feux des projecteurs.*

LE DOIGT DE SATURNE

POSITION : Le médius.

INDICATION : Responsabilité, autorité, conscience.

NORMAL

Le doigt de Saturne est d'habitude le plus long de la main, montant au-delà de ses voisins, les doigts de Jupiter et d'Apollon, qui peuvent toutefois être très longs ou très courts. Pour déterminer la longueur du doigt de Saturne, mesurez-le contre la paume : un médius moyen atteint les trois quarts de la taille de la paume.

Un doigt de Saturne normal montre un bon sens de la responsabilité, qui ne régit cependant pas la vie ni ne la transforme en martyre. La personne travaille beaucoup, mais sait s'arrêter.

LONG

Le sens de responsabilité d'une personne ayant un doigt de Saturne long est sur-développé. Elle assume plus que sa part de travail, en pensant qu'on attend ce comportement d'elle, même si c'est faux. Fiable, digne de confiance, excellente dans la vie professionnelle, elle a du mal à se détendre, extrêmement consciente de toutes les choses qu'elle pense devoir faire. Si cette personne est invitée à une soirée, vous la trouverez peut-être en train de donner un coup de main pour le service ou à la cuisine.

LE DOIGT DE SATURNE 127

*Le doigt de Saturne
semble plus court
qu'il ne l'est en
réalité, car le doigt
d'Apollon est plus
long que la normale.*

COURT

Un doigt de Saturne court appartient à une personne considérant comme un honneur l'attribution de n'importe quel genre de responsabilité ; elle préfère de loin que quelqu'un d'autre fasse de travail. Examinez le reste de sa main pour des indices à ce sujet, comme la paresse ou le manque de confiance en soi. Plus son doigt de

Saturne est court, moins elle est capable de prendre des décisions et de s'engager. Par exemple, elle préférera parfois rester seule plutôt que choisir un partenaire parmi plusieurs, laissera les autres prendre à sa place toutes les décisions importantes de la vie.

LOURD

Le doigt de Saturne donnant l'impression d'être plus lourd et épais que les autres doigts appartient à la personne encline à faire tout un drame de chacun de ses problèmes. Pour elle, les difficultés sont des crises insurmontables plutôt que des défis à vaincre, ce qui lui fait perdre rapidement courage.

BAGUES

Cette personne porte-t-elle des bagues à l'un de ses doigts de Saturne ? Si c'est le cas, elle désire inconsciemment accroître son sentiment de sécurité et se sentir importante dans un monde qui lui semble souvent dangereux, peut-être de par un traumatisme d'enfance tel que le divorce de ses parents. La bague ornant un doigt de Saturne court tente de compenser le manque d'enthousiasme pour la responsabilité.

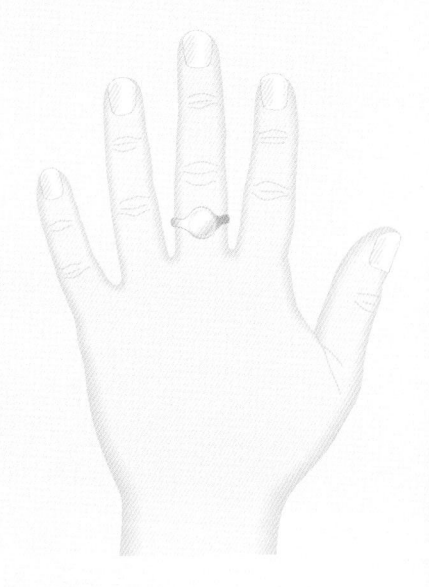

Ce très long doigt de Saturne est mis davantage en évidence par une chevalière.

Une bague à un doigt de Saturne long annonce quelqu'un qui voit rarement sa famille et sa maison parce qu'il travaille tout le temps. Le style de la bague est aussi intéressant. Une chevalière classique à un doigt de Saturne long dénote une personne souhaitant paraître traditionnelle et fiable. Pour elle, l'apparence compte.

ESPACES ENTRE LES DOIGTS

Y a-t-il des espaces entre les doigts de Jupiter et de Saturne, ou entre les doigts de Saturne et d'Apollon ? Un espace entre les doigts de Jupiter et de Saturne montre un bon gestionnaire, fiable car très motivé. S'il y a un espace entre les doigts de Saturne et d'Apollon, la personne aime vivre dans le présent. Elle a du mal à économiser et ne planifie rien d'avance.

Astuce d'expert

Vérifiez si le doigt de Saturne penche vers le doigt de Jupiter ou le doigt d'Apollon. Dans le premier cas, c'est une personne qui aimerait avoir plus de confiance en soi, dans le second, la personne désire prendre la vie moins au sérieux qu'elle croit devoir le faire, possiblement à cause d'engagements familiaux.

LE DOIGT D'APOLLON

POSITION : L'annulaire.

INDICATION : Créativité, émotions, aptitude à se sentir heureux.

NORMAL

Un doigt d'Apollon normal est un peu plus court que le doigt de Jupiter, qui à son tour est légèrement plus court que le doigt de Saturne. Cette personne est douée d'un bon sens artistique et créatif, qu'elle prend plaisir à exprimer. Peut-être pas très talentueuse, elle n'est pas non plus dépourvue de ces dons. Sociable, elle n'a aucun mal à montrer ses sentiments.

LONG

Un doigt d'Apollon long annonce une personne aux émotions intenses, difficiles à cacher. Elle pleure pour un oui pour un non, mais s'amuse aussi facilement. Autrement dit, ses sentiments sont toujours assez apparents et prêts à être exprimés.

Bon flair artistique, bien qu'il vous faudra examiner le reste de sa main pour voir quelle forme celui-ci prendra : talent pour le dessin, l'écriture, la danse, le chant, la gymnastique.

Personne de bonne compagnie, souvent capable de dérider ceux se sentant misérables. Ses qualités embellissent la vie.

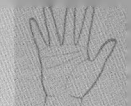

Un doigt d'Apollon court indique une personne dont la sensibilité artistique est minime.

COURT

Un doigt d'Apollon court indique une personne montrant peu d'intérêt pour les arts, éventuellement incapable de comprendre pourquoi quelqu'un s'y adonne. Loin d'avoir des goûts vulgaires, elle fait peu attention à l'aspect de sa maison ou au style de ses vêtements, tenant ces choses pour insignifiantes. Ayant du mal à exprimer ses émotions, elle risque de paraître dure et insensible, même si c'est faux. L'énergie et le dynamisme peuvent lui manquer. Penchant au pessimisme quand les choses vont mal.

BAGUES

La personne porte-t-elle une bague à l'un de ses doigts d'Apollon ? La coutume de porter l'alliance à la main droite ou gauche varie selon le pays – renseignez-vous auprès de la personne concernée. Tous les gens mariés ne portent pas d'alliance – davantage les hommes que les femmes. C'est rare de rencontrer une femme mariée sans alliance. Le cas échéant, examinez sa main pour trouver les raisons de ce fait. Veut-elle préserver une partie de son indépendance, désire-t-elle donner l'impression d'être toujours disponible, affirme-t-elle son appartenance à un mouvement féministe ou son mariage connaît-il des problèmes ?

Si une femme célibataire porte ce qui peut passer pour une bague de fiançailles ou une alliance, demandez-vous pourquoi. Se sent-elle ainsi plus en sécurité ? Éloigne-t-elle les éventuels prétendants ? Compense-t-elle le manque de partenaire ? Informez-vous auprès d'elle, en choisissant soigneusement vos mots.

Parfois, une personne orne ses deux doigts d'Apollon de plusieurs bagues.

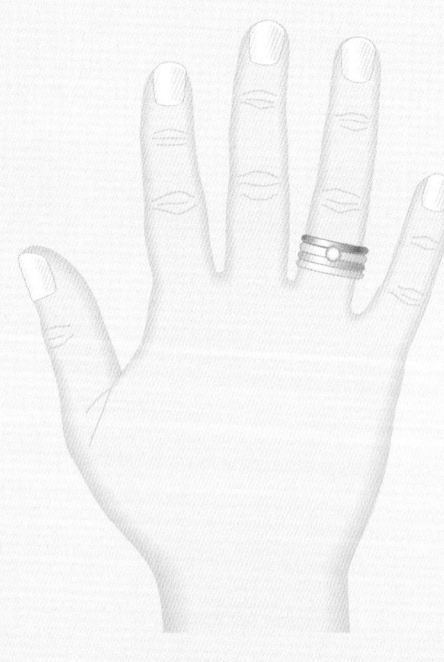

L'impact d'un doigt d'Apollon long s'accroît quand il est orné de plusieurs bagues.

Que dénotent ces bijoux à son sujet ? Se sent-elle émotionnellement en danger, désire-t-elle accroître sa créativité ? Le reste de sa main vous le dira.

ESPACES ENTRE LES DOIGTS

Le doigt d'Apollon est-il séparé du doigt de Saturne ou du doigt de Mercure par un espace visible ? Un espace entre les doigts de Saturne et d'Apollon signale une personne vivant dans le moment présent, qui ne s'intéresse pas à l'avenir. Un espace entre les doigts d'Apollon et de Mercure indique une personne ayant toujours pris quelque peu ses distances par rapport au monde.

Astuce d'expert

Le doigt d'Apollon penche-t-il vers l'un de ses voisins ? S'il penche vers le doigt de Saturne, il indique une personne désirant être plus responsable et craignant de ne pas prendre la vie assez au sérieux. S'il penche vers le doigt de Mercure, la personne manie bien les mots et aime jouer de ce don.

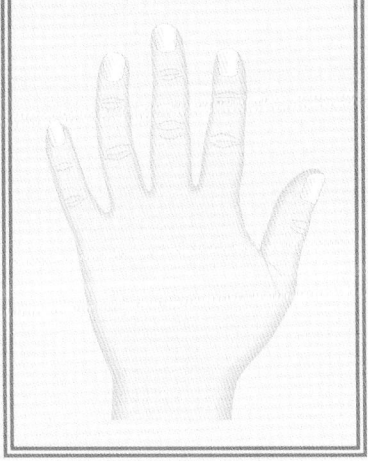

LE DOIGT DE MERCURE

POSITION : L'auriculaire.

INDICATION : Capacités de communication, honnêteté.

NORMAL

Faites attention en mesurant la longueur du doigt de Mercure, car les apparences sont trompeuses. Parfois, ces doigts s'attachent bas sur la paume (signe de manque de confiance), ce qui les fait paraître plus courts. Pour déterminer la longueur du doigt de Mercure, la main doit former une coupe jusqu'à ce que la base des doigts d'Apollon et de Mercure se trouve au même niveau.

Si le doigt a une longueur normale, il atteint la base de la première phalange du doigt d'Apollon. C'est là une personne qui communique facilement avec les autres, mais que ses talents ne mettent de nulle façon en avant – elle n'est ni trop bavarde ni trop silencieuse.

LONG

La personne au doigt de Mercure long est très douée pour la communication. Loquace et drôle, elle utilise des tournures de phrase inventives, très divertissantes. La communication lui permet parfois de gagner sa vie : écrivain, enseignant, présentateur, conteur ou simplement beau parleur.

LE DOIGT DE MERCURE   135

Dépassant la première phalange du doigt d'Apollon, ce doigt de Mercure est tenu pour long.

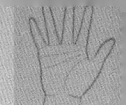

Vérifiez le doigt de Mercure sur les deux mains pour les différences. Quand le doigt de Mercure d'une main est plus long ou plus large que celui de l'autre main, il a plus de force et toutes ses caractéristiques sont accentuées. S'il se trouve sur la main dominante, la personne se servira en toute conscience de ces traits lorsqu'elle communique avec les autres. S'il se trouve sur la main non

Ce doigt de Mercure attaché bas sur la main est étonnamment long.

dominante, la personne est moins lucide quant à la façon dont elle communique avec les autres.

COURT

Cette personne s'efforce de traduire ses pensées et ses sentiments en paroles. Ayant du mal à communiquer avec les autres, elle donne souvent l'impression d'être rendue muette par la timidité et de ne pas savoir quoi dire. La prochaine fois que vous rencontrez en société quelqu'un qui reste isolé, qui ne participe pas à la conversation ou qui donne rarement son point de vue, regardez si ses doigts Mercure sont courts.

DROIT OU CROCHU

Comme le doigt de Mercure régit la communication, vérifiez l'honnêteté et la justesse des paroles de cette personne en regardant si ses doigts de Mercure sont droits ou crochus. Un doigt de Mercure droit signale que la discussion est conforme à la vérité. Un doigt de Mercure courbé ou plié suggère qu'elle ne dit pas toujours la vérité, soit parce qu'elle brode pour rendre ses histoires plus dramatiques ou plus intéressantes, soit parce qu'elle débite de petits mensonges

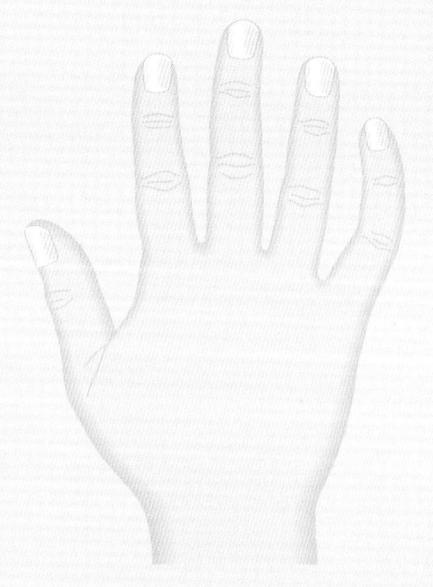

Ce long doigt de Mercure courbé montre un beau parleur qui prend cependant des libertés quant à la vérité.

innocents, soit parce qu'elle est malhonnête. Ignorez les doigts endommagés par la maladie ou un accident.

BAGUES

Une bague portée au doigt de Mercure est signe d'indépendance sexuelle. Si la personne porte aussi une bague de fiançailles ou une alliance, vous en tirerez quelques informations intéressantes la concernant. Si quelqu'un porte pendant un moment une bague à son doigt de Mercure puis la retire, cela signifie qu'il a traversé une période indépendante où il préférait ne pas être bloqué émotionnellement ou sexuellement.

ESPACES ENTRE LES DOIGTS

Un espace entre les doigts de Mercure et d'Apollon dénote une personne discrète, qui aime préserver une partie de sa vie du regard d'autrui. Quand le doigt de Mercure semble séparé du reste de la main, cette personne est très indépendante et gardera toujours ses distances, émotionnellement parlant.

Astuce d'expert

Le doigt de Mercure penche-t-il vers le doigt d'Apollon ? Dans ce cas, il appartient à une personne ayant une manière inventive de parler. Vous devez décider si cela signifie qu'elle invente des faits ou si elle a une tournure de phrase originale ou imaginative.

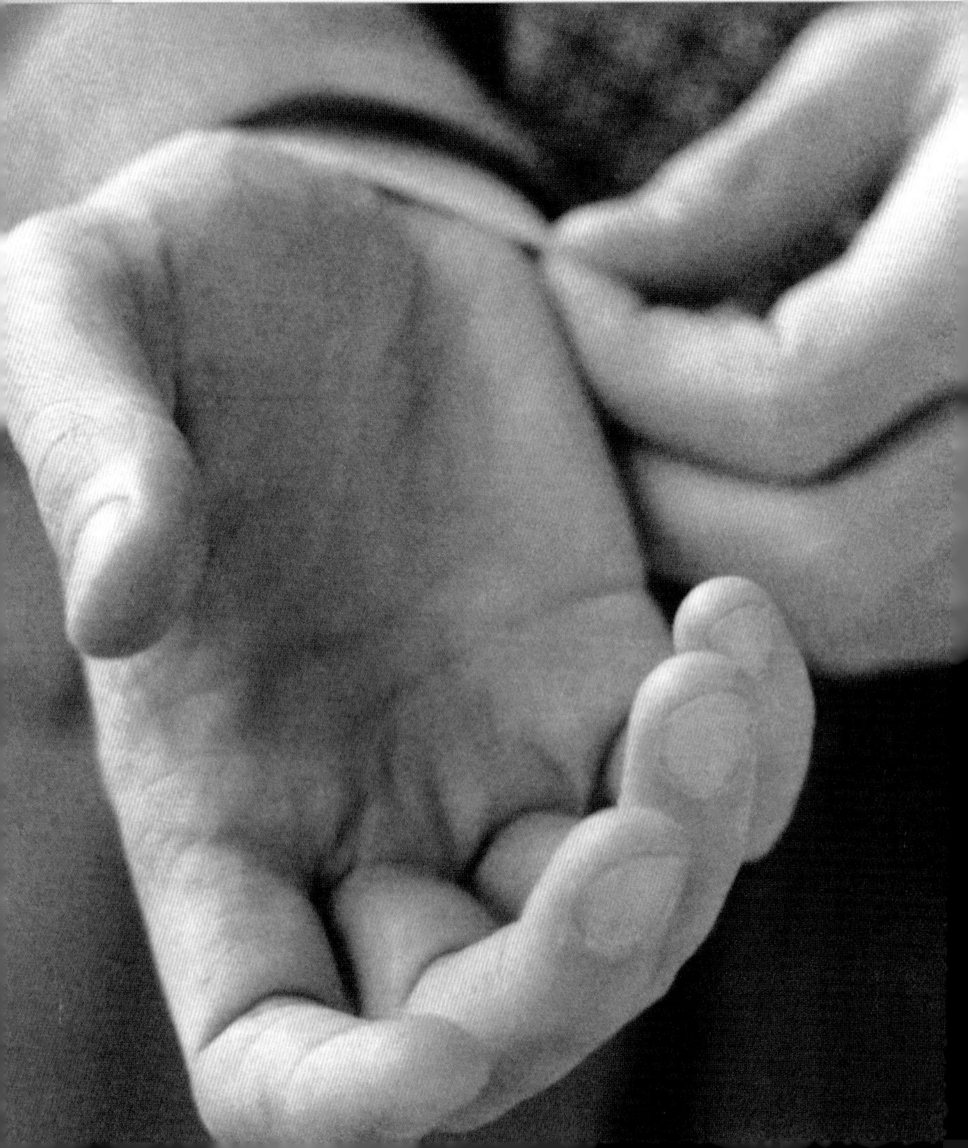

LES LIGNES DE LA MAIN

Vous pouvez penser que vos mains sont identiques, mais c'est faux. Même si elles présentent une forme et des doigts de longueur égale, une fois que vous étudiez attentivement les lignes de chaque paume vous réaliserez à quel point vos mains sont différentes. Vous découvrirez parfois que vos mains ne s'accordent pas, comme si elles appartenaient à deux personnes distinctes. Pas étonnant que la chiromancie est si fascinante : vous ne savez jamais ce que vous allez découvrir.

La manière dont les lignes apparaissent sur la main varie énormément. Chez certaines personnes, les lignes sont profondément marquées, chez d'autres, à peine visibles. Vous verrez des mains couvertes d'une multitude de lignes fines pareilles à une toile d'araignée, ou des mains dépourvues de toute autre ligne que les principales. Toutes les informations ainsi obtenues sont précieuses. Vous les interpréterez à l'aide de ce livre.

QUE DISENT LES LIGNES ?

Pourquoi y a-t-il des lignes sur vos paumes ? Au début, il semble logique de croire qu'en pliant la main les lignes apparaissent. Effectivement, certaines donnent l'impression de suivre les plis formés en serrant le poing. Est-ce toujours le cas ?

EXPLORER VOS MAINS

Observez bien vos paumes, en les pliant et les dépliant pour voir ce qui arrive aux lignes. Toutes les lignes correspondent-elles à la manière dont vos mains se plient ? Vous réaliserez rapidement que certaines lignes ne

Les plis sombres sur cette paume apparaissent quand la main est repliée. Les autres lignes n'ont rien à voir avec le mouvement de la main.

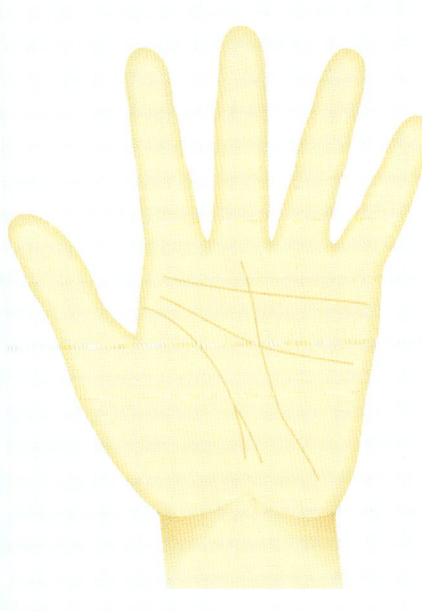

Les lignes de destin, de cœur et de tête de cette paume sont nettes, la ligne de vie fourchue.

sont pas affectées par aucun des mouvements que vous faites, sauf si seules les lignes principales sont présentes sur vos mains. C'est particulièrement valable pour les lignes apparaissant sur le mont de la Lune et le mont de Vénus, tout à fait indépendantes de la façon dont vos mains bougent. Certaines de ces minuscules lignes fusionnent pour créer des motifs pareils à des étoiles, des croix, des carrés ou des grilles, souvent à des endroits invariables de la paume. Comment est-ce possible ?

Vous noterez que certaines lignes principales de la main sont fortes et nettes, alors que d'autres sont traversées ou longées par de petites lignes. Répétons-le, ces lignes n'ont pas de rapport avec la façon dont la main s'ouvre et se ferme. Pourquoi leur aspect est-il tellement varié ? D'autres lignes sont interrompues, phénomène qui semble se produire spontanément ou sur une seule main, apparemment indépendamment des mouvements naturels des mains. La chiromancie explique ces anomalies.

142 LES LIGNES DE LA MAIN

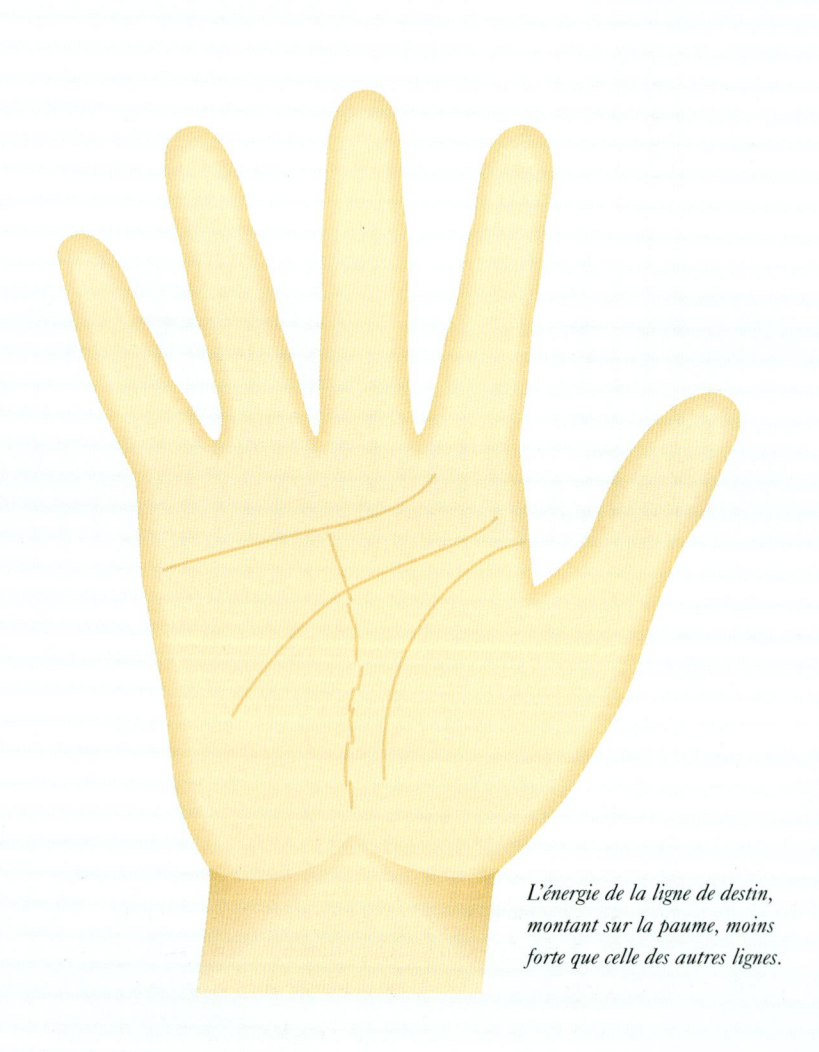

L'énergie de la ligne de destin, montant sur la paume, moins forte que celle des autres lignes.

LIGNES D'ÉNERGIE

Chaque ligne décrit la qualité de l'énergie qu'elle régit. Plus la ligne est forte, plus son énergie circule intensément. Plus la ligne est faible, plus elle est traversée par de petites lignes, plus son énergie est faible. Cette règle simple vous aidera à interpréter les lignes lors de vos débuts, quand leur nombre risque de vous désorienter.

Par exemple, la ligne de cœur décrit la capacité de s'aimer soi-même et d'aimer les autres. Quand vous voyez une ligne de cœur faible ou en épi, la personne concernée a des difficultés émotionnelles. Vous devez examiner la main plus en détail pour déterminer précisément la cause de ces problèmes. Cependant, un coup d'œil à la ligne suffit pour savoir qu'ils existent. Inversement, une forte ligne de cœur montre une personne très sûre de ses émotions et qui n'a aucun problème à les exprimer.

Une forte ligne de cœur, non affectée par de petites lignes ou des marques, annonce une personne dont les émotions ne sont pas affectées par les autres ou les circonstances, et qui est donc plutôt égocentrique et insensible, qui reste sourde aux sentiments des gens.

INTERPRÉTER LES LIGNES

Commencez par interpréter vos propres mains. Après tout, vous vous connaissez bien et êtes capable de voir si les interprétations des lignes correspondent à votre vie et à votre personnalité. Soyez honnête si vous découvrez dans votre main des caractéristiques gênantes. Ne soyez pas tenté de les ignorer ou de les réinterpréter. Si vous vous mentez à propos de votre caractère ou négligez les aspects désagréables, vous n'apprendrez pas beaucoup de chiromancie et vous ne saurez pas grand-chose sur vous-même.

LIGNES ABSENTES

Chaque main est unique. Certaines mains sont couvertes de lignes principales et mineures, d'autres ne présentent que les lignes principales, comme si la personne s'intéressait uniquement à l'essentiel, en excluant tout le reste. Sur d'autres mains encore, des lignes sont absentes.

LIGNES PRINCIPALES ABSENTES

L'absence de l'une des lignes principales est un phénomène très rare.

Pour commencer, vérifiez si cette absence est réelle, si la ligne n'a pas fusionné avec une autre ou si elle est si faible que vous l'avez confondue avec une ligne mineure. Les lignes de cœur et de tête peuvent fusionner en une "ligne simienne" – sujet expliqué en détail aux pages 214 et 215.

Quand vous avez acquis la certitude qu'une ligne est absente, vérifiez si elle manque sur les deux mains ou juste sur une seule, pour en savoir. davantage sur la signification de cette

Les lignes de cœur et de tête ont fusionné sur cette paume. La ligne de cœur est à gauche, la ligne de tête, à droite.

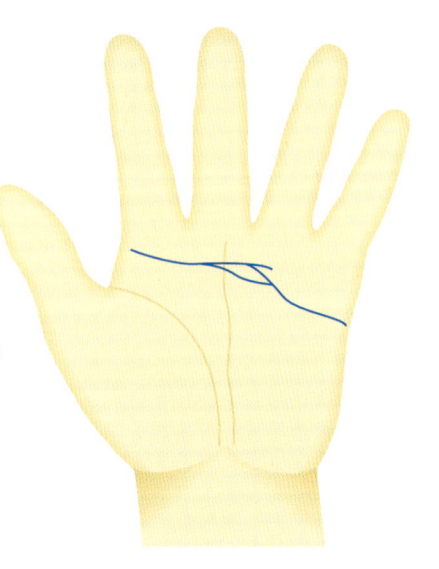

C'est inhabituel, mais possible, que la ligne de destin manque, comme dans cet exemple.

carence. Par exemple, si la personne est gauchère et que la ligne de destin est absente sur sa main droite, elle travaille dur pour réaliser ses ambitions et tend à vivre dans le moment présent sans rien planifier d'avance. Si elle est gauchère et que la ligne de destin est absente sur cette main-là, cette personne rêve beaucoup sur ce qu'elle fera, mais agit rarement. Si la ligne de destin est absente sur les deux mains, la personne aime prendre chaque jour comme il vient, préférant ne pas être bloquée dans une routine limitative.

LIGNES MINEURES ABSENTES

Si des lignes mineures sont absentes sur l'une de vos mains, notez s'il s'agit de la main dominante ou non dominante. Vous saurez si la personne exprime activement les énergies de la ligne respective (main dominante) ou si elle le fait uniquement dans son imagination (main non dominante). La ligne manque-t-elle sur les deux mains ?

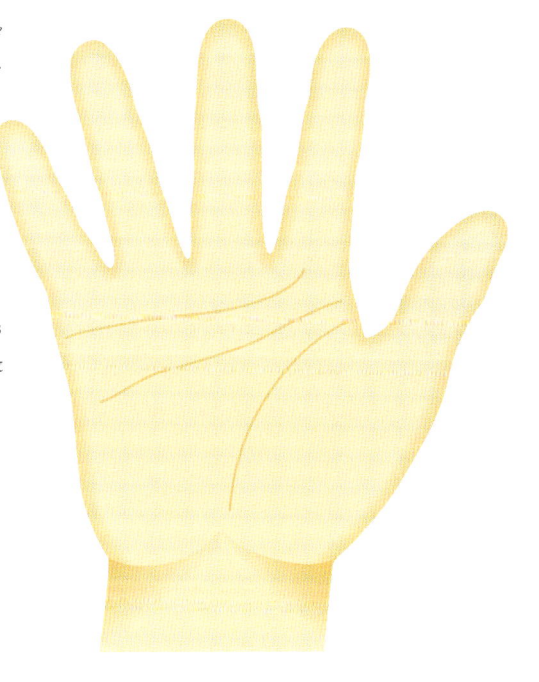

LIGNES DOUBLES

De temps à autre, vous rencontrerez une main présentant une ligne double – la ligne principale est longée d'une autre, que les chiromanciens appellent "ligne sœur". Parfois, cette ligne sœur s'étend sur toute la longueur de la ligne principale, d'autres fois, elle est visible uniquement sur un bref segment de celle-ci.

EST-ELLE RÉELLEMENT DOUBLE ?

Avant de décider que la paume de quelqu'un présente une ligne double, assurez-vous de ne pas l'avoir confondue avec une autre suivant cette même trajectoire. Par exemple, pour ce qui vous semble être une double ligne de vie, soyez certain qu'il ne s'agit pas d'une ligne de vie accompagnée par une ligne de Mars (ligne mineure descendant du mont de Vénus entre le pouce et la ligne de vie).

D'habitude, les lignes doubles sont très proches de la ligne principale – cela permet de les distinguer des autres lignes mineures.

LIGNES FASTES

Traditionnellement, les lignes doubles sont tenues pour très fastes, vu qu'elles consolident l'énergie de la ligne concernée. La double ligne de vie est un exemple classique : selon certains, un ange gardien veille sur la personne qui la présente. Une double ligne de cœur montre énormément d'énergie émotionnelle et une vie affective qui compte beaucoup.

Les lignes doubles protègent en quelque sorte la ligne principale. En regardant attentivement, la seconde ligne devient souvent visible juste avant que la ligne principale soit endommagée ou présente un défaut : interruption brève ou longue, ligne apparaissant à angle droit par rapport à elle, marque indiquant une période de stress. La ligne double intensifie la force de la ligne principale, la soutenait pratiquement pendant une période difficile.

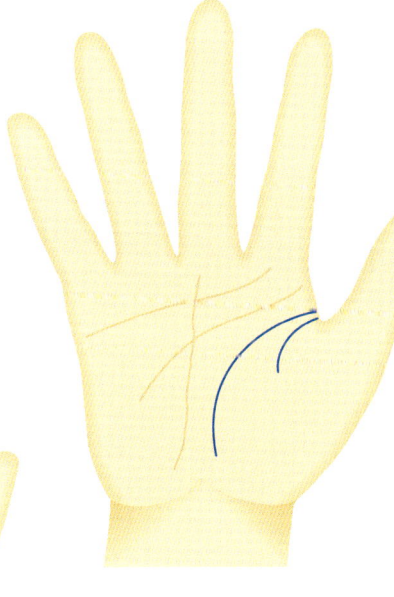

La ligne la plus courte est la ligne de Mars, et non une double ligne de vie. Il y a toujours un espace visible entre la ligne de Mars et la ligne de vie.

Voilà un exemple classique de double ligne de vie. La ligne sœur accompagne de près la ligne de vie pendant une partie de sa trajectoire.

LES LIGNES PRINCIPALES

Pour beaucoup, interpréter les lignes de la main est l'un des aspects les plus intéressants de la chiromancie, car il n'y a pas deux mains semblables. Au début, la pratique s'avère difficile, car il y a de nombreuses notions à retenir. Prenez le temps d'assimiler ces connaissances pour maîtriser progressivement la signification de chaque ligne.

Le reste de ce chapitre est consacré aux lignes majeures et mineures de la main. Vous devez apprendre à reconnaître l'aspect de chaque ligne. Ce chapitre décrit aussi l'origine et la terminaison de chacune. Ainsi, vous saurez quelle extrémité de la ligne se réfère à l'enfance et laquelle à la fin de la vie.

LES QUATRE LIGNES PRINCIPALES
a *Ligne de cœur*
b *Ligne de tête*
c *Ligne de vie*
d *Ligne de destin*

LES LIGNES PRINCIPALES 149

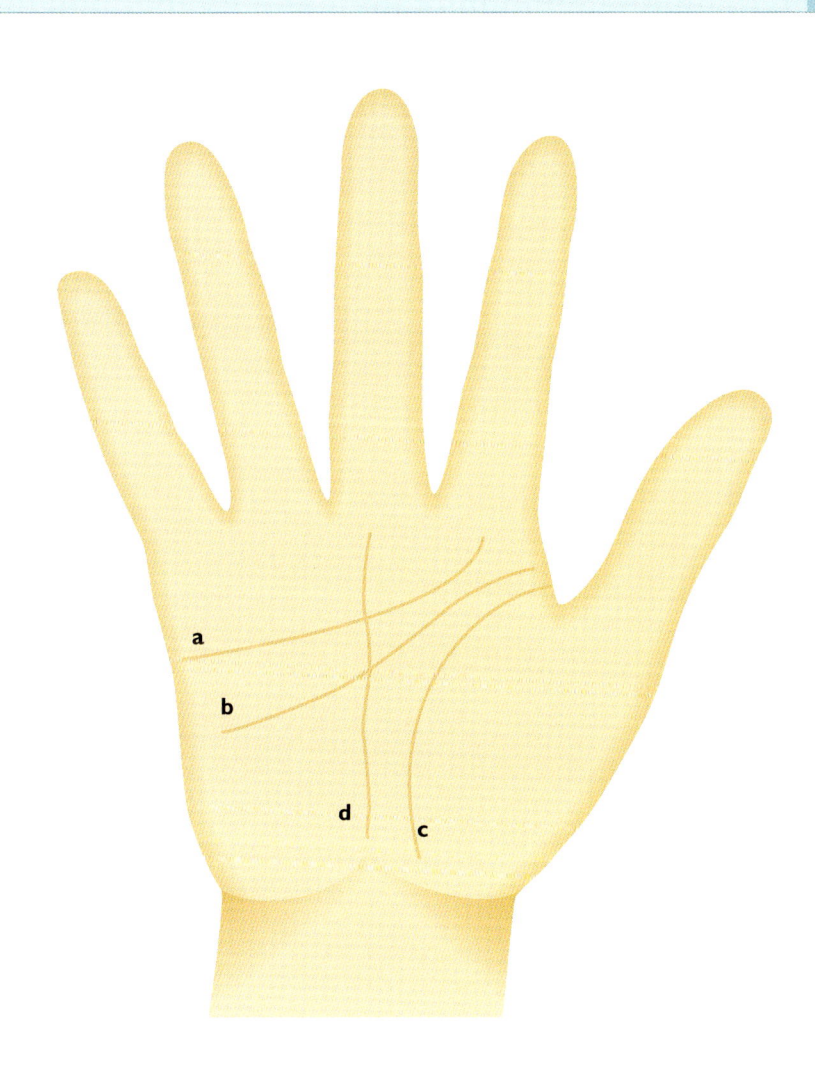

LA LIGNE DE VIE

POSITION : Entre le pouce et le doigt de Jupiter.

TERMINAISON : À la base du mont de Vénus.

INDICATION : Les principaux événements de la vie.

La ligne de vie vous apprend énormément sur une personne. Elle montre les événements marquants et les périodes difficiles de sa vie, ainsi que le volume et la qualité de son énergie physique. Le début de la ligne décrit son enfance, sa terminaison, ce qui lui arrivera à la fin de sa vie.

L'ORIGINE DE LA LIGNE

La ligne de vie commence sur la paume quelque part entre la base du doigt de Jupiter (index) et la base du pouce. La première chose à faire est de trouver son point de départ précis, qui vous donnera bon nombre d'informations sur le caractère et le début de la vie de la personne concernée.

Normal

Le point de départ habituel de la ligne de vie se situe à mi-chemin entre le doigt de Jupiter et la base du pouce. Cette personne a une attitude équilibrée envers ses ambitions, elle n'est ni absolument décidée à avancer ni ne manque totalement de motivation. Ses buts sont importants, mais ne l'obsèdent pas.

LA LIGNE DE VIE   151

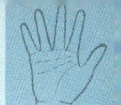

Haut

Si la ligne de vie commence sur le mont de Jupiter ou près de celui-ci, la personne est extrêmement ambitieuse et a su dès l'enfance ce qu'elle voulait faire de sa vie. Riche en énergie, elle ne canalise pas toujours celle-ci dans une direction physique et a de nombreux intérêts intellectuels.

POINTS D'ORIGINE POSSIBLES
a *Sur le mont de Jupiter ou près de celui-ci*
b *À mi-chemin entre l'index et la base du pouce*
c *Près de la base du pouce*

Bas

Si la ligne de vie commence près de la base du pouce, la personne n'a pas beaucoup d'ambition. Elle est très pratique et dans l'ensemble plus portée sur les activités physiques que sur les poursuites mentales.

La qualité de la ligne

Examinez de près le départ de la ligne pour connaître sa force. Est-elle bien marquée, en épi et fragile, ou est-elle traversée par de petites lignes ? La qualité de la ligne révèle la qualité de l'enfance et du début de la vie.

Une ligne forte et bien marquée, qu'aucune petite ligne ne traverse ni n'interfère avec son énergie, indique une enfance facile, qui n'a pas été perturbée par des crises graves.

Un départ en épi de la ligne de vie signale une enfance difficile, peut-être dans des circonstances qui ont désorienté l'enfant ou l'ont fait se sentir inadapté. La ligne commence-t-elle de la même façon sur les deux mains ? Dans ce cas, ces cicatrices d'enfance sont plus profondes que si une seule main est affectée.

Si de nombreuses petites lignes traversent le point d'origine de la ligne de vie, l'enfance de cette personne a été affectée par bon nombre de gens ayant interféré avec son bien-être ou lui ayant imposé plein d'obstacles à surmonter. D'autres marques affectant le départ de la ligne de vie – croix, étoiles, grilles – sont décrites aux pages 234 à 239.

Faites preuve de tact lorsque vous mentionnez des incidents parfois douloureux pour la personne concernée. Ne soyez pas trop direct quant à son enfance très malheureuse. Approchez le sujet en douceur et soyez prêt à passer à autre chose si la personne montre clairement qu'elle n'a pas envie d'en parler.

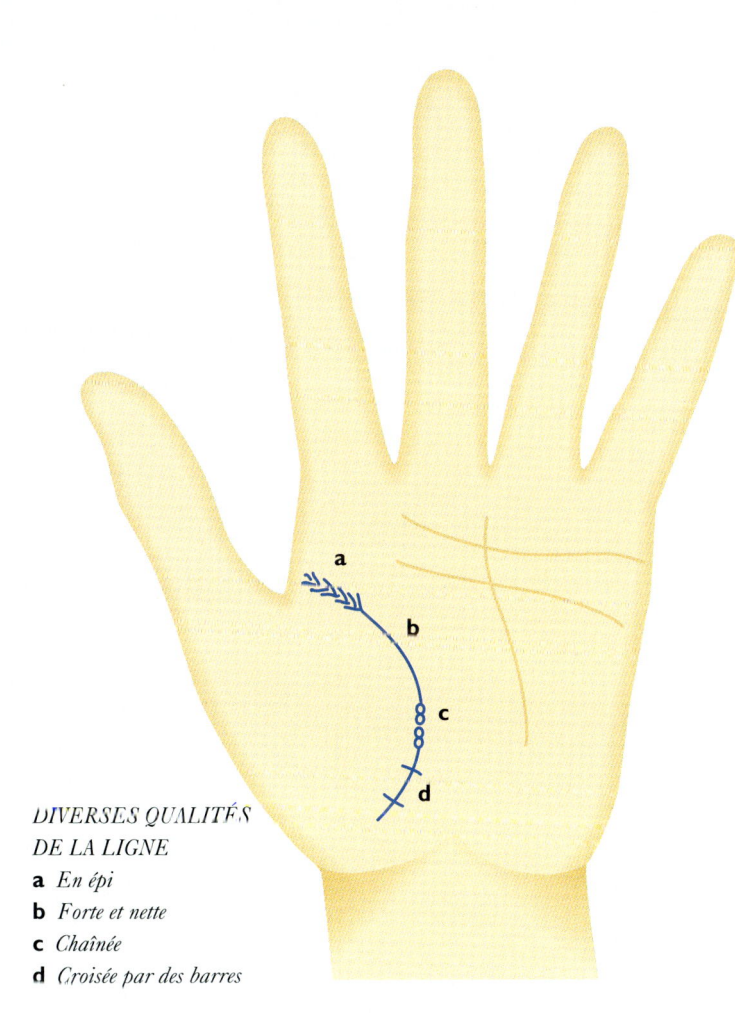

LA LIGNE DE VIE 153

DIVERSES QUALITÉS
DE LA LIGNE
a *En épi*
b *Forte et nette*
c *Chaînée*
d *Croisée par des barres*

154 LES LIGNES DE LA MAIN

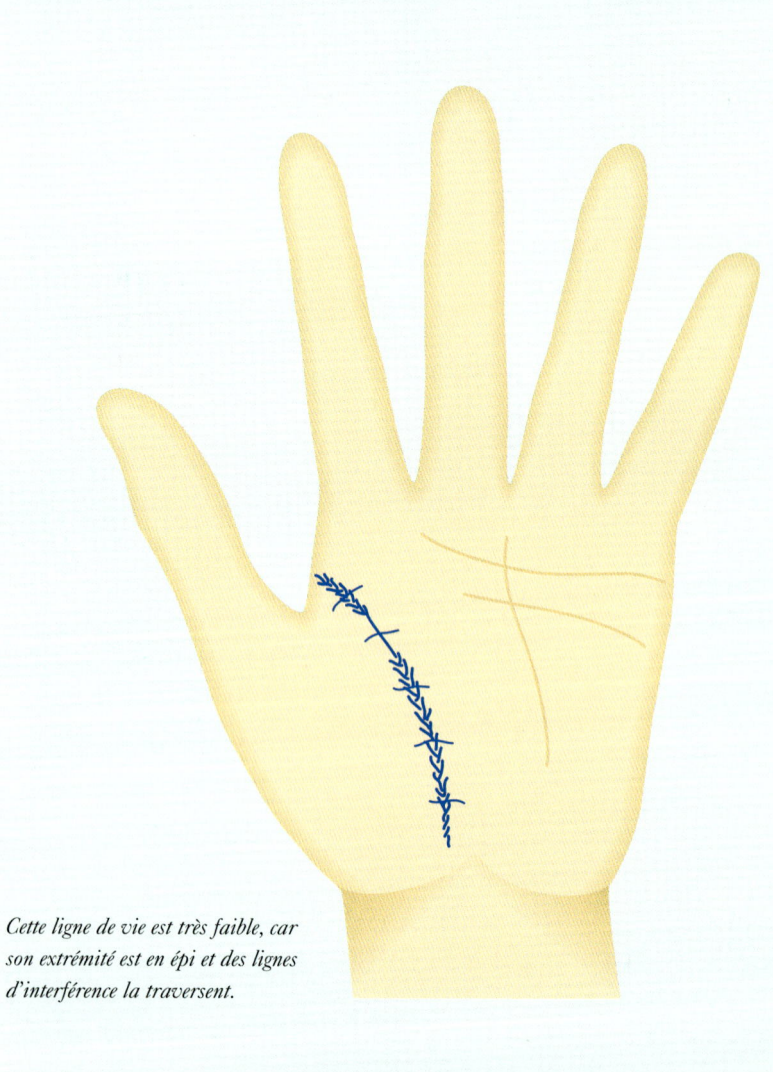

Cette ligne de vie est très faible, car son extrémité est en épi et des lignes d'interférence la traversent.

Lignes de tête et de vie jointes

Parfois, la ligne de vie commence si haut sur la main que son origine est jointe au départ de la ligne de tête. Dans ce cas, la personne manque d'assurance lorsqu'il s'agit de prendre des décisions. Elle sait souvent ce qu'elle veut, mais pour une raison quelconque préfère consulter les autres avant de prendre une décision définitive (par exemple, demande l'avis de son partenaire).

Les lignes de tête et de cœur fusionnées annoncent une personne qui doit gérer les restrictions et les revers du début de sa vie : situation difficile des parents, manque d'argent, divorce, école très stricte. Les techniques d'évaluation du temps présentées aux pages 246 à 249 vous aideront à déterminer la durée des restrictions.

Espace entre les lignes de tête et de vie

Si les lignes de tête et de vie commencent séparément, la dimension de l'espace entre elles décrit le degré d'indépendance de la personne. Plus cet espace est grand, plus l'indépendance est accrue. Un espace très large entre le départ des deux lignes suggère quelqu'un de tellement déterminé à faire ce qu'il veut qu'il en devient obstiné et même insensé, refusant d'écouter le conseil de quiconque.

TERMINAISON DE LA LIGNE

Où et comment la ligne de vie se termine-t-elle sur la paume ? Sa terminaison vous donnera une idée de la façon dont la vie de la personne respective s'achèvera (gardez toujours à l'esprit que la formation des lignes peut changer, modifiant par là l'avenir), ainsi qu'une idée de son caractère. Dans la plupart des cas, la

156 LES LIGNES DE LA MAIN

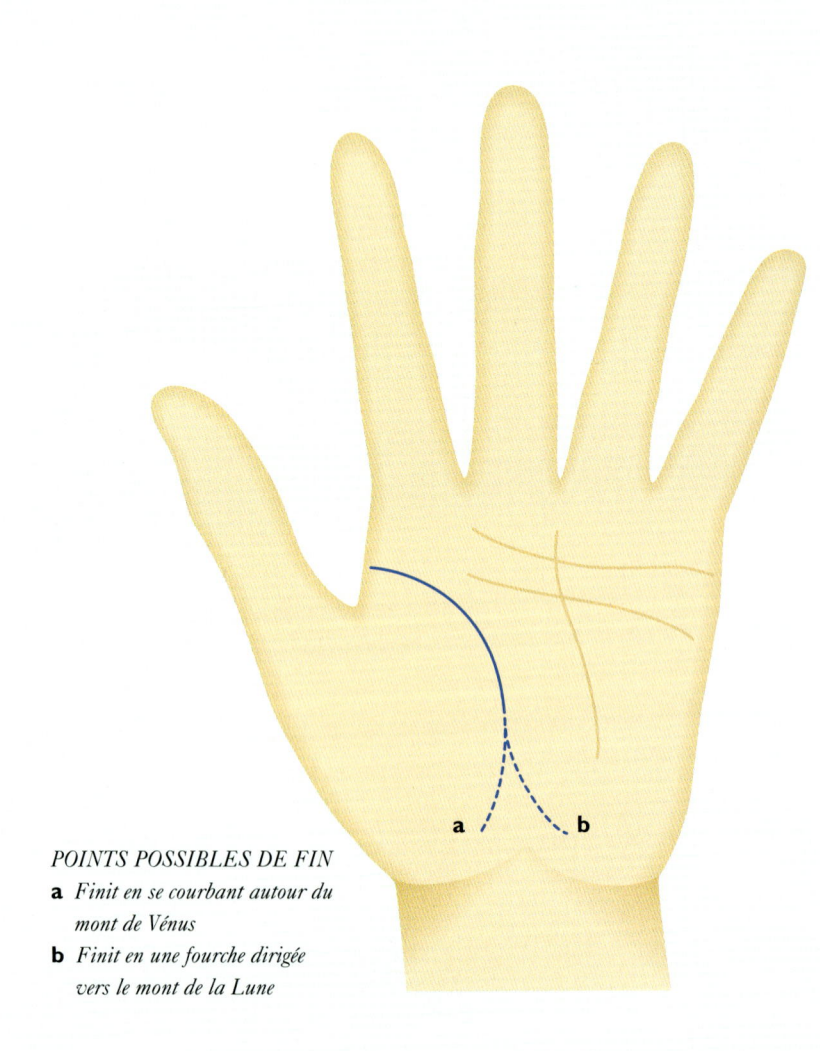

POINTS POSSIBLES DE FIN
a *Finit en se courbant autour du mont de Vénus*
b *Finit en une fourche dirigée vers le mont de la Lune*

ligne finit soit en s'enroulant autour de la base du mont de Vénus, soit en formant une fourche dont une branche est dirigée vers le mont de la Lune, l'autre vers le mont de Vénus.

La position de la terminaison

Quand la terminaison de la ligne de vie entoure le mont de Vénus, la personne aime sa maison et la tient pratiquement pour un refuge sacré contre le reste du monde. Si la ligne de vie est fourchue et l'une de ses branches va vers le mont de la Lune, la personne aime voyager, mais se réjouit tout autant de revenir chez elle. Elle n'aime pas la routine, un mode de vie plus spontané où elle est son propre patron lui convenant mieux. Toutefois, si la branche de la fourche qui va vers le mont de la Lune est plus forte que celle allant vers le mont de Vénus, elle a le voyage dans le sang. Si le voyage réel ne l'intéresse pas, à la fin de sa vie elle se sera beaucoup éloignée des circonstances présentes au début de sa vie.

La qualité de la ligne

Examinez la terminaison de la ligne de vie pour voir quelle sera la fin de la vie de la personne concernée. Soyez très prudent à propos de ce sujet et ne prédisez rien. Regardez simplement si l'énergie de la personne s'estompera progressivement ou si elle restera forte jusqu'à sa disparition. Si la ligne s'estompe vers sa terminaison, la personne s'affaiblira aussi vers la fin de sa vie. Si la terminaison de la ligne est forte, la personne restera en bonne santé jusqu'à la mort. Si la ligne devient plus forte en approchant de son extrémité, la vie deviendra plus mouvementée et animée à mesure que la personne vieillit.

Une fourche à la terminaison de la ligne est signe de chance et de réussite au cours de la vie, plutôt qu'à sa fin.

158   LES LIGNES DE LA MAIN

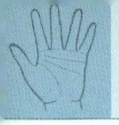

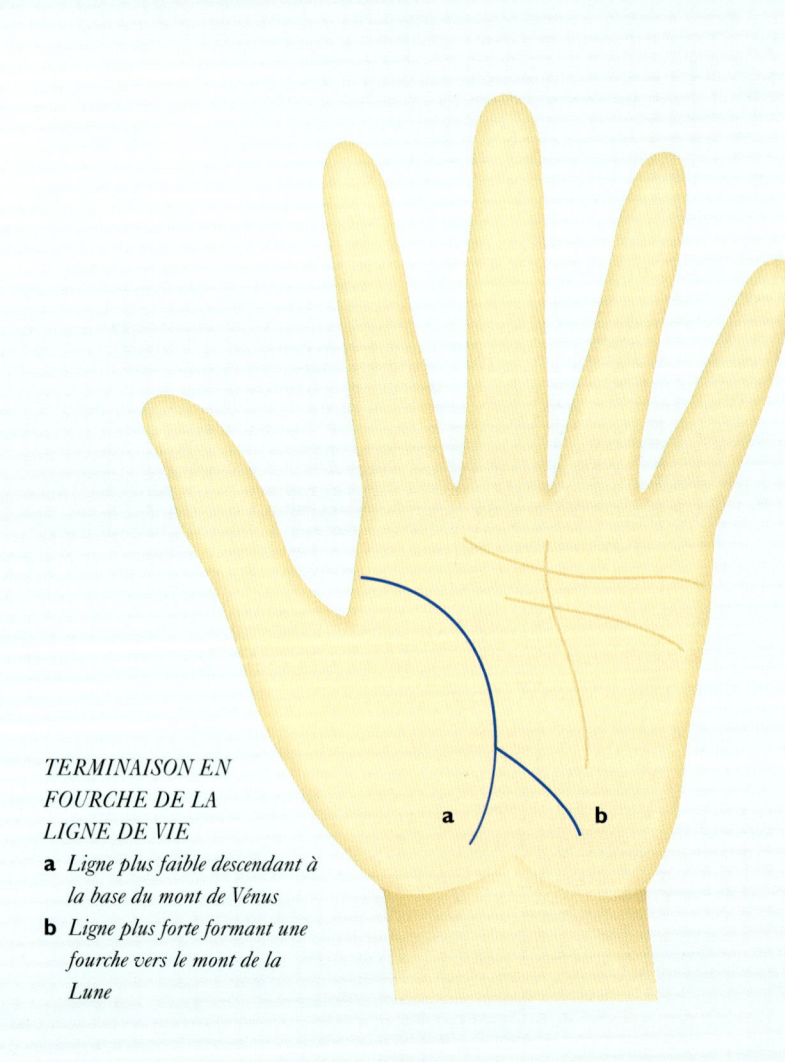

*TERMINAISON EN
FOURCHE DE LA
LIGNE DE VIE*
a *Ligne plus faible descendant à la base du mont de Vénus*
b *Ligne plus forte formant une fourche vers le mont de la Lune*

N'oubliez pas que l'idée de réussite de cette personne peut être très différente de la vôtre. Néanmoins, ses ambitions et ses buts seront réalisés, quels qu'ils soient.

LA LONGUEUR DE LA LIGNE

Beaucoup pensent qu'une ligne de vie prolongée signifie une existence longue et sont donc très inquiets si leur ligne de vie est courte. Cela veut-il dire qu'ils mourront jeunes ?

En fait, la ligne même n'influence nullement la durée de leur vie. C'est la qualité de la ligne qui est importante – une ligne de vie pâle, fine ou ponctuée d'interruptions indique une personne dont l'énergie et la vitalité sont faibles. malgré sa brièveté, une ligne de vie courte mais forte, avec peu (ou pas) d'interruptions est signe de bon niveau d'énergie, donc de chance de longévité.

LA COURBURE DE LA LIGNE

Évaluez ensuite la courbure de la ligne de vie, autre indication de vitalité, révélant par ailleurs l'enjouement que la personne éprouve envers la vie et son degré de générosité émotionnelle. La ligne suit un large arc depuis son point de départ avant de se recourber de nouveau, ou contourne-t-elle le mont de Vénus au point qu'elle paraît presque droite en descendant la paume ?

Très courbée

Plus la courbure de la ligne est accentuée, plus la personne est généreuse, enthousiaste et vive. On dirait que sa ligne de vie veut aller vers le monde pour faire autant d'expériences que possible. Cette personne est de bonne compagnie et ses intérêts sont nombreux. Vérifiez toujours les deux mains pour voir si la ligne a une courbure identique ou si elle n'est présente que sur une main.

Si la courbure existe uniquement sur la main dominante, cette personne a vaincu sa réserve émotionnelle naturelle et ses limites physiques pour tirer le maximum de sa vie. Si la courbure est présente seulement sur la main non dominante, cette personne est susceptible de se sentir frustrée parce que les circonstances ne lui permettent pas de faire ce qu'elle voudrait de sa vie.

Légèrement courbée

Quand la ligne ne montre qu'une courbure très légère sans être cependant parfaitement droite, la personne est assez réservée, timide et peu assurée. Il faut du temps pour la connaître. Si vous la rencontrez pour la première fois, vous aurez du mal à la faire s'ouvrir, surtout si un grand espace sépare ses doigts d'Apollon et de Mercure et si de plus elle garde les pouces près des paumes.

Droite

Si la ligne de vie est pratiquement droite, traversant le mont de Vénus au lieu de le contourner, la personne est dépourvue de générosité émotionnelle, saisit toutes les occasions de blâmer les autres et n'est intéressée que par elle-même. La description de cet aspect de son caractère mettra fortement à l'épreuve vos talents diplomatiques.

LE RESTE DE LA LIGNE

Bien entendu, vous devez aussi prêter attention au reste de la ligne, pas seulement à son début et à sa fin. Varie-t-elle en force ou en couleur ? Certaines zones sont-elles dépourvues de petites marques et d'autres très affectées par celles-ci ? La ligne est-elle continue depuis le début jusqu'à la fin, sans aucune interruption (même mineure) ou y a-t-il une cassure visible dans la ligne ? La signification des

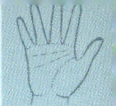

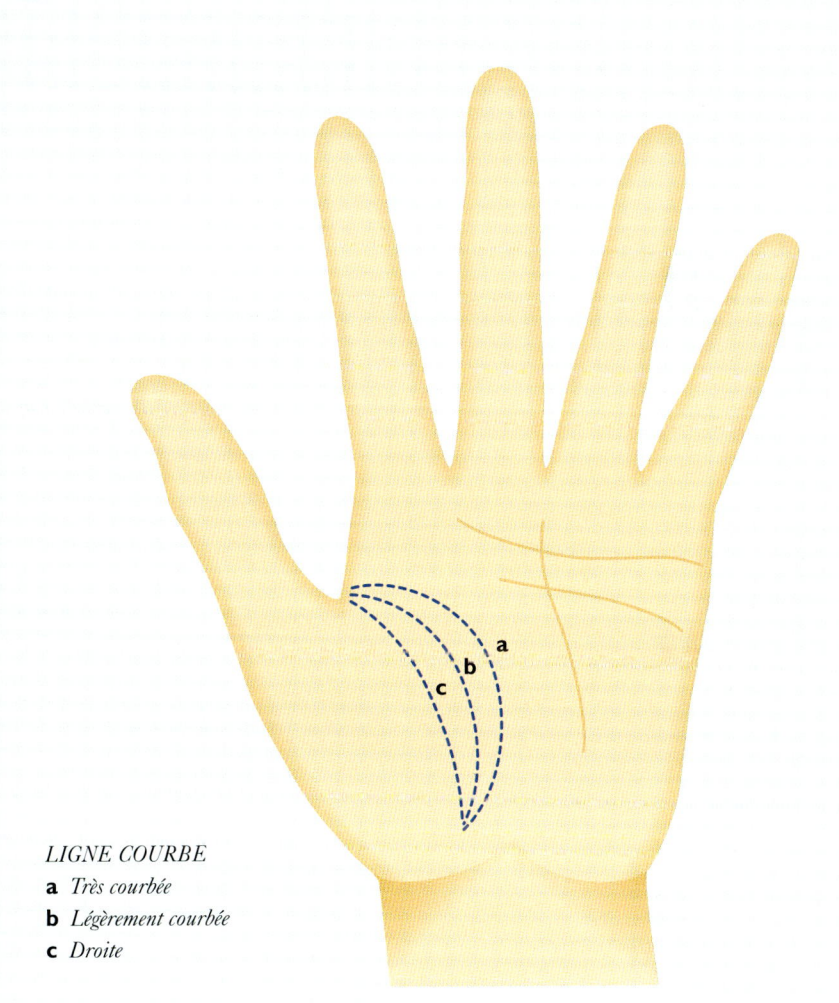

LA LIGNE DE VIE   161

LIGNE COURBE
a *Très courbée*
b *Légèrement courbée*
c *Droite*

interruptions dans la ligne est présentée aux pages 240 à 245.

Variations en force et en couleur

Si la ligne est parfois pâle et parfois plus colorée, ou si la couleur varie sur toute sa longueur, vous saurez que l'énergie de cette personne oscille au cours de sa vie. Les zones où la ligne de vie est très marquée indiquent les moments où son énergie circulera bien. De même, les zones où la ligne de vie est pâle ou devient plus mince signalant des périodes de sa vie

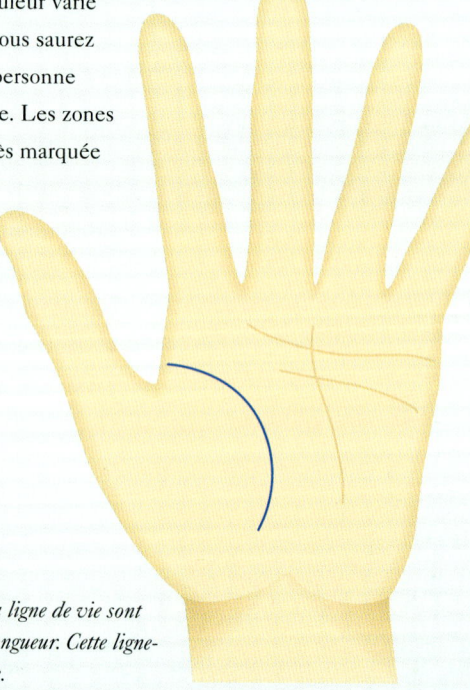

La force et la qualité de la ligne de vie sont plus importantes que sa longueur. Cette ligne-ci est courte mais très forte.

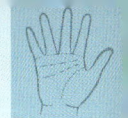

où elle est malade ou handicapée d'une quelconque manière. Les techniques d'évaluation du moment des événements sont présentées à la fin de ce chapitre (voir pages 246 à 249).

Examinez attentivement ces segments de la ligne de vie pour déterminer s'ils sont affectés par ce que les chiromanciens appellent "lignes d'interférence", infimes lignes horizontales traversant la ligne principale et bloquant de ce fait le mouvement de son énergie. La présence de ces lignes sur une partie de la ligne de vie manquant par ailleurs de couleur ou de définition montre que la personne traverse là une période réellement dure. Elle ne sera peut-être pas physiquement malade, mais s'efforcera de gérer les épreuves que la vie lui impose. La plénitude de la courbure de sa ligne de vie montre à quel degré elle est capable de se débrouiller – une courbure large signale un plus grand ressort face aux obstacles de la vie qu'une ligne modérément courbée ou droite.

La couleur de la ligne

Examinez la couleur de la ligne de vie. Dans l'idéal, la ligne doit être d'un rose tendre, signe de bon niveau de force et de santé. Une ligne très pâle est indice de manque de vigueur physique. Elle ne suggère pas que la personne sera toujours malade, simplement que ses réserves d'énergie sont limitées et s'épuisent rapidement. Pour se recharger, elle a besoin de fréquentes périodes de récupération. Toutefois, une ligne pâle qui est aussi très faible et en épi sur toute sa trajectoire indique une personne souvent malade. Cependant, une ligne de vie écarlate n'indique pas une personne au mieux de sa forme, comme on pourrait le croire, mais suggère des problèmes de santé, surtout si les doigts sont très bouffis, la peau étirée et luisante. Résistez néanmoins à l'envie de poser un diagnostic.

Lignes montantes

Une lignes monte-t-elle depuis la ligne de vie vers l'un des monts ? Dans ce cas, la personne fait un énorme effort pour exprimer les caractéristiques positives du mont respectif. Les techniques d'évaluation du moment d'un événement préciseront quand cet effort a pris place.

Une ligne montant vers le mont de Jupiter signale une forte envie d'améliorer sa situation dans la vie. Une ligne montant vers le mont de Saturne annonce un sens accru de la responsabilité, peut-être en raison de l'obligation de supporter un travail stressant ou de prendre soin de quelqu'un. Quand une ligne monte vers le mont d'Apollon, c'est là un signe de réussite dans le domaine artistique ou créatif. Une ligne montant vers le

LIGNES MONTANTES POSSIBLES
a *Monte vers le mont de Jupiter*
b *Monte vers le mont de Saturne*

mont de Mercure indique une entreprise couronnée de succès, spécialement si elle concerne la communication. Ne confondez pas une ligne montant vers le mont de Mercure avec la ligne de Mercure, ligne mineure expliquée aux pages 218 et 219).

LIGNE DE VIE ABSENTE

Très inhabituel, mais possible. Disposant de peu de vitalité et de vigueur, cette personne a besoin de beaucoup de repos entre des périodes épuisantes. Si d'autres indications sur la main le suggèrent, elle s'efforcera de gérer les problèmes quotidiens, car elle est rêveuse et peu ancrée. Très influençable, elle est facilement manipulée par ceux qui n'ont pas à cœur ses intérêts.

RAPPEL RAPIDE

Chaque ligne symbolise la qualité de l'énergie qu'elle véhicule. Plus la ligne est nette et forte, mieux son énergie circulera. Une ligne brisée, faible ou traversée par de nombreuses lignes fines annonce une personne dont l'énergie subit une interruption.

> ## Quoi chercher
> - *Où la ligne commence.*
> - *Comment la ligne commence.*
> - *La courbure de la ligne.*
> - *La qualité de la ligne.*
> - *La couleur de la ligne.*
> - *Interruptions ou marques sur la ligne.*
> - *Où la ligne finit.*
> - *Comment la ligne finit.*

LA LIGNE DE CŒUR

ORIGINE : Sous le mont de Mercure.

TERMINAISON : Près du mont de Saturne ou du mont de Jupiter.

INDICATION : Émotions, capacité à aimer et à être aimé.

La ligne de cœur est toujours très intéressante, car elle décrit l'intensité émotionnelle d'une personne et sa capacité à aimer les autres. Elle montre par ailleurs si les expériences émotionnelles de cette personne ont été heureuses ou si ses relations connaissent de graves problèmes.

L'ORIGINE DE LA LIGNE

Les chiromanciens ne s'accordent pas quand au point de départ de la ligne de cœur. Certains pensent qu'elle part du tranchant de la main, en dessous du mont de Mercure, alors que pour d'autres elle commence sur le bord de la paume, près des monts de Jupiter ou de Saturne. Comme ces deux écoles sont à l'opposé, faites un essai pour décider par vous-même quelle théorie vous convient le mieux.

Ce livre considère que la ligne de cœur commence sur le tranchant de la main, autrement dit que son origine ne varie jamais. En étudiant la qualité de la ligne de cœur sur cette partie de la main on peut toutefois apprendre beaucoup à propos des émotions de la personne concernée

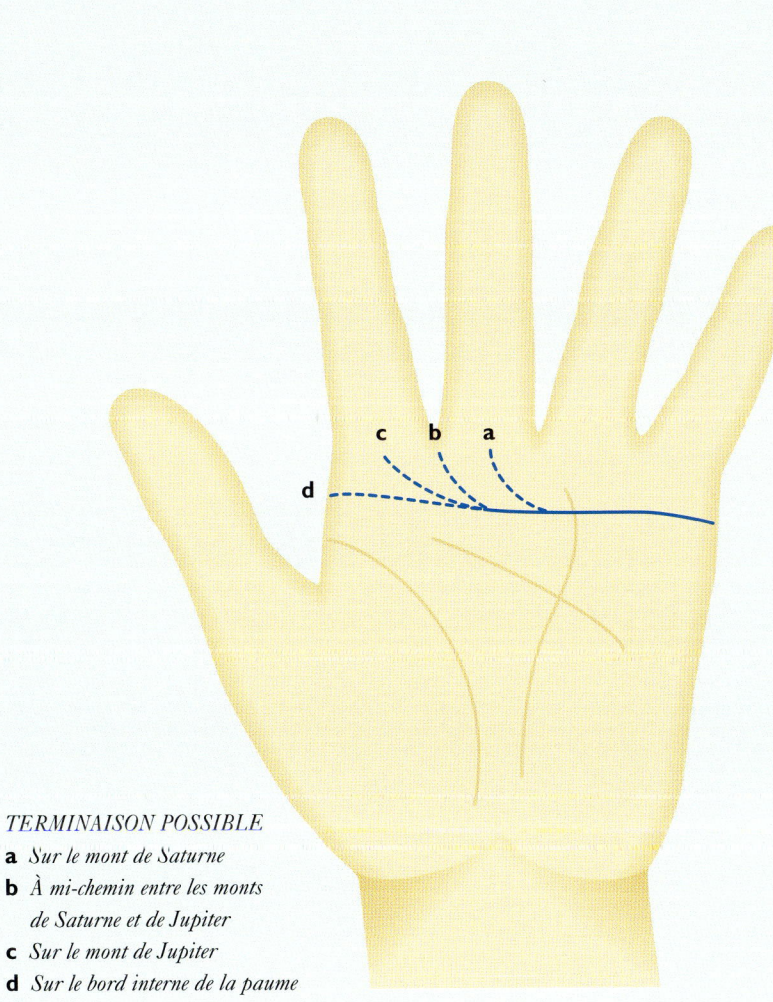

LA LIGNE DE CŒUR   167

TERMINAISON POSSIBLE
a *Sur le mont de Saturne*
b *À mi-chemin entre les monts de Saturne et de Jupiter*
c *Sur le mont de Jupiter*
d *Sur le bord interne de la paume*

168   LES LIGNES DE LA MAIN

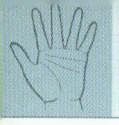

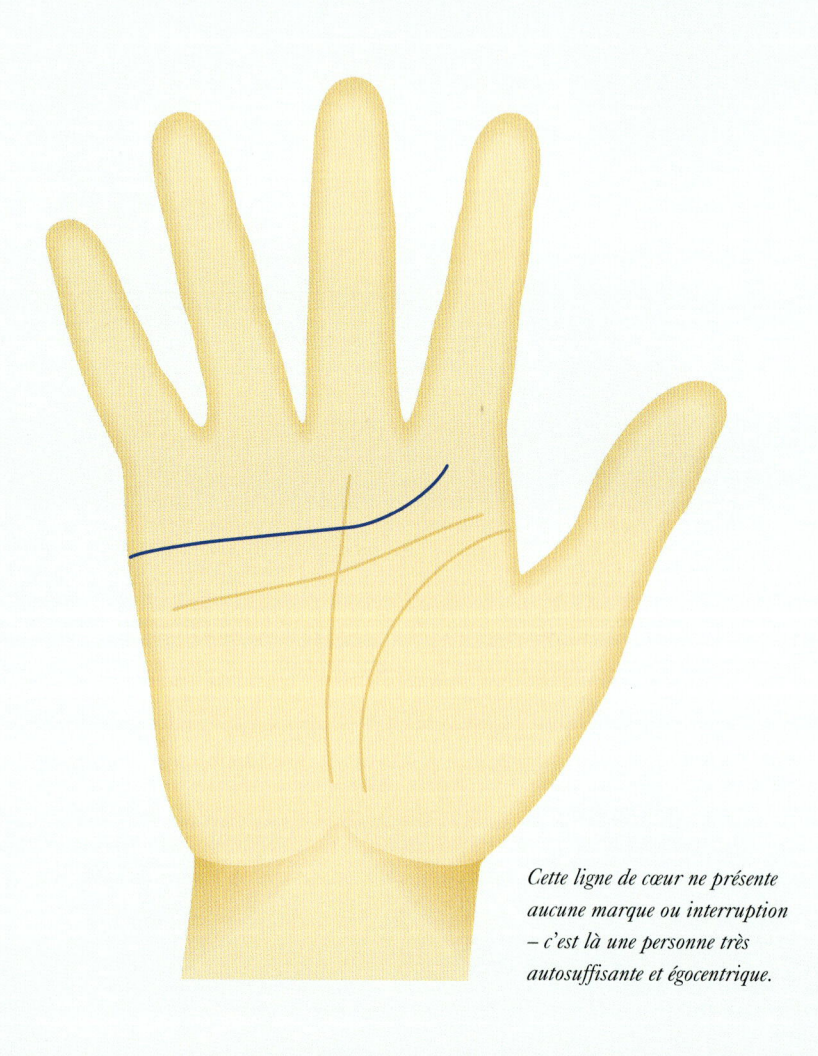

Cette ligne de cœur ne présente aucune marque ou interruption – c'est là une personne très autosuffisante et égocentrique.

pendant son enfance. La couleur et la force de la ligne offrent aussi des informations précieuses.

Nette et bien marquée

Si le début de la ligne de cœur est nettement marqué, s'il n'est pas traversé par des lignes de stress ou d'autres indications de problèmes émotionnels, la personne concernée a eu une enfance heureuse et peu compliquée. Vérifiez l'origine des autres lignes principales – lignes de vie, de tête et de destin – pour voir si elles montrent à leur tour un départ heureux dans la vie. L'examen du reste de la ligne de cœur permettra de vérifier si cet état idyllique se poursuivra pendant toute sa vie. N'assumez cependant pas d'emblée que cette enfance heureuse a été le résultat d'une vie familiale presque trop parfaite pour être vraie. Il est tout à fait possible que cet état résulte de la distance prise par rapport aux exigences et aux inquiétudes des autres. Cette personne n'a été affectée que par ses propres besoins, autrement dit elle est extrêmement égocentrique. Évitez de porter un jugement à cette étape.

Le départ de la ligne de cœur est-il net sur les deux mains ? Si oui, soit cette personne a eu une enfance incroyablement heureuse, soit elle est totalement renfermée sur elle-même. Si la ligne est nette seulement sur la main dominante et comporte des lignes de stress sur la main non dominante, la personne a dépassé ses difficultés de la première heure et les a bannies de sa conscience. Si la ligne est nette seulement sur la main non dominante, la personne se souvient d'une enfance idéale, assez différente de ce qu'elle a réellement été.

En épi

Si le commencement de la ligne de cœur est un épi d'où partent d'innombrables petites lignes, l'enfance a été émotionnellement difficile : problèmes parentaux, événements traumatisants ayant bouleversé la famille. Vérifiez le départ de la ligne de cœur sur les deux mains pour déterminer le degré d'influence des épis. S'ils sont présents au départ de la ligne sur les deux mains, le début de la vie a été très perturbé. Les épis indiquent aussi une nature agitée, toujours en

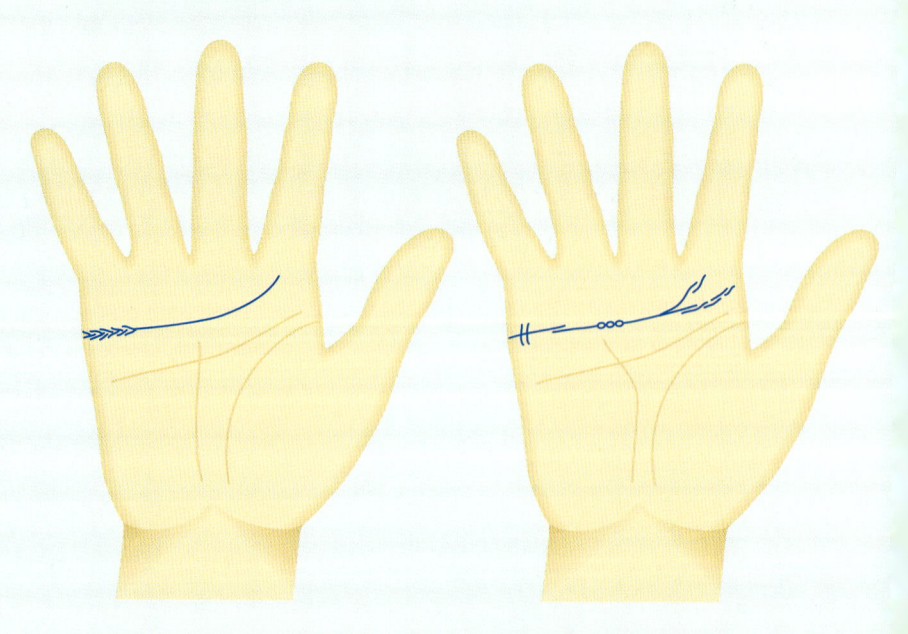

Cette ligne de cœur commence en épi, puis est continue.

L'énergie de cette ligne de cœur est perturbée sur toute sa trajectoire.

quête de nouveaux projets et de nouvelles relations pour la tenir occupée.

Examinez le reste de la ligne pour évaluer la longueur de l'épi. Nous reviendrons plus en détail sur le reste de la ligne. Il est toujours utile d'avoir une image globale de son état à l'époque très importante de l'enfance.

TERMINAISON DE LA LIGNE

Bien que la ligne de cœur ait un point de départ très net sous le mont de Mercure, elle peut présenter une diversité de terminaisons. Chacune vous offrira d'importantes indications sur l'état émotionnel de la personne : jalouse, idéaliste, passionnée, réservée.

Sur le bord de la paume

Quand une ligne de cœur traverse toute la largeur de la paume, la personne est avare de ses émotions. Elle est décidée de tout obtenir de son partenaire. Lorsque vous avez envie de vous lier à quelqu'un, regardez d'abord sa ligne de cœur. Comme ce type de ligne de cœur est très long, la personne éprouvera bien des émotions différentes dans sa vie.

Vérifiez si cette ligne très longue de cœur apparaît sur les deux mains ou sur une seule. Quand les deux mains en font montre, la personne est l'esclave de ses fortes émotions. Si elle se trouve uniquement sur la main non dominante, ces tendances existent mais sont généralement contrôlées. Si la ligne de cœur longue est présente seulement sur la main dominante, la jalousie émerge parmi les fortes émotions signalées par sa ligne de cœur sur sa main non dominante.

Sous le mont de Jupiter

Une ligne de cœur finissant sous le mont de Jupiter appartient à une personne ayant tendance à voir ses relations à travers des lunettes roses. Elle idéalisera les gens, négligera leurs aspects négatifs et, quand elle finira par ouvrir les yeux, se sentira amèrement déçue en découvrant que son partenaire est après tout humain. C'est toujours une blessure portée à sa fierté, de même qu'à son cœur. Quoi qu'il en soit, de par la longueur de sa ligne de cœur cette personne

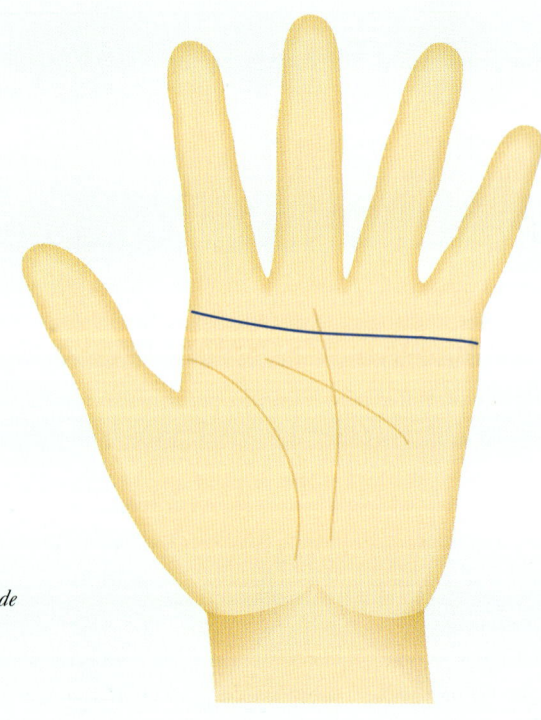

Voici un exemple de ligne de cœur très longue. Elle traverse la paume et finit sur son bord.

est douée d'une grande profondeur émotionnelle. Elle est loyale, fidèle et son amour pour le partenaire, les amis et la famille subsiste pendant des années – parfois longtemps après la fin de la relation.

Entre les monts de Jupiter et de Saturne

Quand la ligne de cœur finit ici, la personne concernée possède les qualités émotionnelles de ces deux monts – l'intensité émotionnelle et la loyauté du mont de Jupiter combinées avec la passion et la sensualité du mont de Saturne. Elle fait aussi montre de l'esprit pratique et du bon sens de Saturne – son cœur risque moins d'être brisé en découvrant que ses idoles bien-aimés ont des pieds d'argile.

Sur le mont de Saturne

Le mont de Saturne montre toujours que les choses sont prises au sérieux.

Quand la ligne de cœur finit là, la personne accorde une grande importance à sa vie amoureuse et fait de son mieux pour assurer sa réussite. Passionnée et très portée sur le sexe, ses besoins sexuels déborderont parfois les parties plus rationnelles de sa personnalité. Cette ligne de cœur courte signale que la personne n'a pas éprouvé autant d'émotions distinctes que quelqu'un dont la ligne de cœur est longue.

De même, elle réagit toujours pareillement à une situation donnée, au lieu de tirer la leçon d'une expérience difficile et éviter de répéter à l'avenir les mêmes erreurs.

LA COURBURE DE LA LIGNE

La ligne de cœur est-elle relativement droite, légèrement courbée ou très courbée ? Sa forme renseigne sur la sensibilité de la personne concernée à l'égard des besoins d'autrui.

Normal

Une ligne de cœur normale est doucement arquée. C'est là une personne capable de satisfaire les besoins des autres, mais aussi les siens, si nécessaire. Autrement dit, elle n'est pas parfaitement altruiste, mais son monde ne tourne pas non plus seulement autour d'elle-même.

Très courbée

Si la ligne de cœur est très courbée – presque comme un croissant de lune – la personne est très à l'écoute des besoins et des sentiments de ses semblables. Si d'autres facteurs de sa main confirment cette tendance, on peut la comparer à un baromètre humain

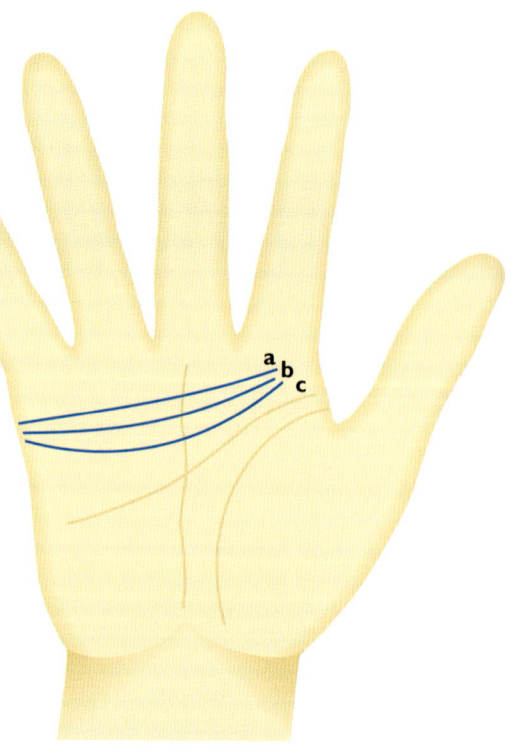

COURBURE DE LA LIGNE
a *Presque droite*
b *Normale*
c *Très courbée*

signalant les humeurs des gens qui l'entourent.

Si une telle ligne de cœur n'est pratiquement pas traversée de petites lignes (généralement signes d'égocentrisme), sa forte courbure compensera l'absence de marques.

Presque droite

Parfois, la ligne de cœur est pratiquement droite, signe d'absence de sensibilité envers les sentiments d'autrui et de tendance à supprimer ses propres émotions. Intérieurement, cette personne est un bouillonnement d'émotions, mais déteste le montrer. C'est le type "fort et silencieux" classique. Vérifiez si la ligne de cœur est droite sur les deux mains. Dans ce cas, la personne a une attitude pleine de bon sens à l'égard de l'amour, spécialement si la ligne est par ailleurs courte. On a l'impression que son répertoire d'émotions est limité et qu'elle est incapable d'en éprouver certaines.

LA POSITION DE LA LIGNE DE CŒUR

Examinez la position de la ligne de cœur sur la paume. Se trouve-t-elle très près de la base des doigts, à mi-chemin entre les doigts et la ligne de tête, plus près de la ligne de tête que des doigts ?

Normal

Normalement, la ligne de cœur se trouve à mi-chemin entre la base des doigts et la ligne de tête, signe d'une expérience de l'amour moyenne : rien du conte de fées, rien d'exceptionnel.

Position haute

Si la ligne de cœur est plus proche de la base des doigts que de la ligne de tête, elle est en position haute. Aucun mal à s'entendre avec les autres, grâce

176 LES LIGNES DE LA MAIN

Ligne de cœur très haut positionnée. Elle est bien plus proche de la base des doigts que de la ligne de tête.

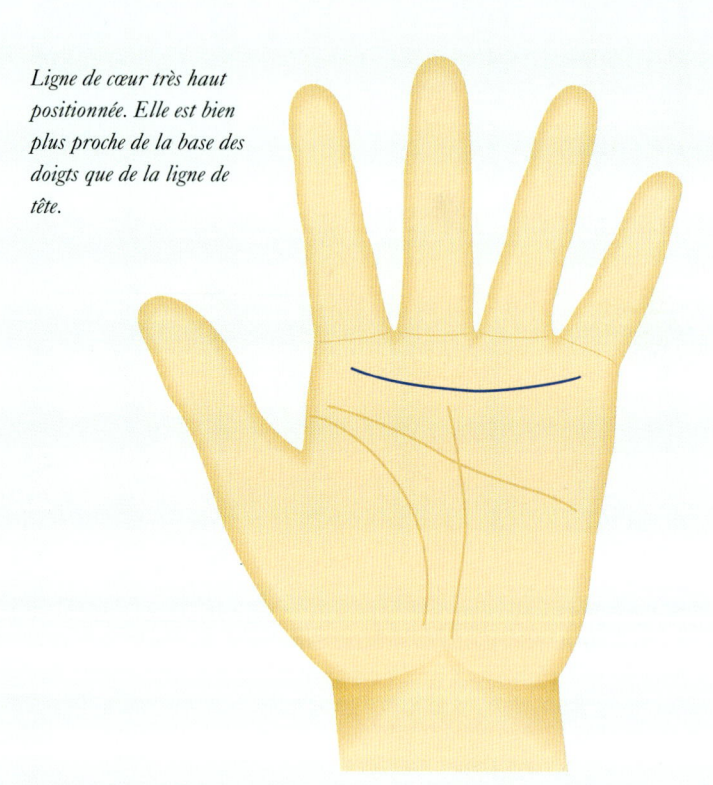

à une personnalité affectueuse et ouverte. Très idéaliste à propos des relations, cette personne tend à placer son partenaire sur un piédestal.

Position basse

Une ligne de cœur en position basse est plus proche de la ligne de tête. Cette personne a tendance à contenir

Ligne de cœur en position très basse. Elle touche pratiquement la ligne de tête.

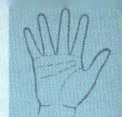

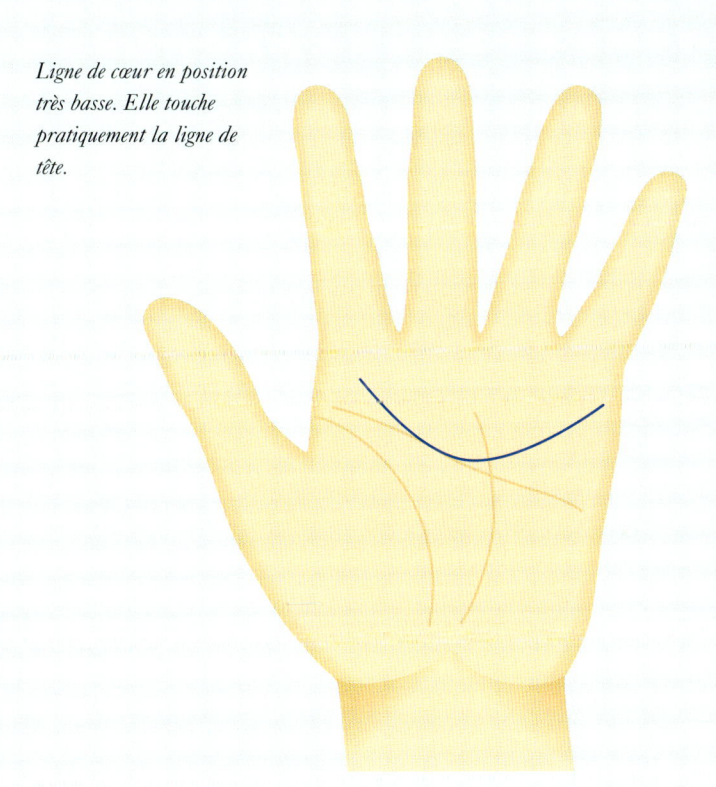

ses sentiments. Réfléchie et prévenante envers ses proches, elle doit faire un effort presque surhumain pour se montrer aussi démonstrative qu'ils aimeraient qu'elle soit. Souvent très passionnée quand on en vient au sexe.

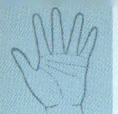

LE RESTE DE LA LIGNE

Souvent, la première question de la personne dont vous interprétez la ligne de cœur est : "Est-ce que j'ai de la chance en amour ?" Nous avons déjà présenté un certain nombre de moyens de le vérifier, mais examinez aussi ce qui arrive à la ligne lors de son parcours. Y a-t-il plusieurs interruptions, indiquant des ruptures émotionnelles, ou est-elle lisse sur toute sa longueur ?

Interruptions de la ligne

La ligne de cœur de la plupart des gens présente quelques marques, telles que lignes brèves la traversant à angle droit, signes de perturbation relationnelle. Les interruptions dans la ligne de cœur annoncent une rupture spectaculaire ou une séparation. De telles interruptions sont analysées plus en détail aux pages 240 à 245.

Petites lignes

Si d'innombrables petites lignes partent de la ligne de cœur, la personne est très affectueuse et capable d'établir un fort contact émotionnel avec les autres. La tradition dit que ces relations sont heureuses si la ligne monte, malheureuses si elle se dirige vers le bas. Toutefois, c'est là une évaluation simpliste. Vous aurez à décider s'il est plus juste de dire que les petites lignes descendant vers la ligne de tête signalent surtout la quête d'un lien intellectuel avec les autres (spécialement si les petites lignes se connectent à la ligne de tête). Les fines lignes montantes montrent l'envie d'un lien émotionnel.

Lignes jointes

La ligne de cœur touche-t-elle soit la ligne de tête, soit la ligne de vie ? Si la ligne de cœur descend au milieu de la main au point de toucher la ligne

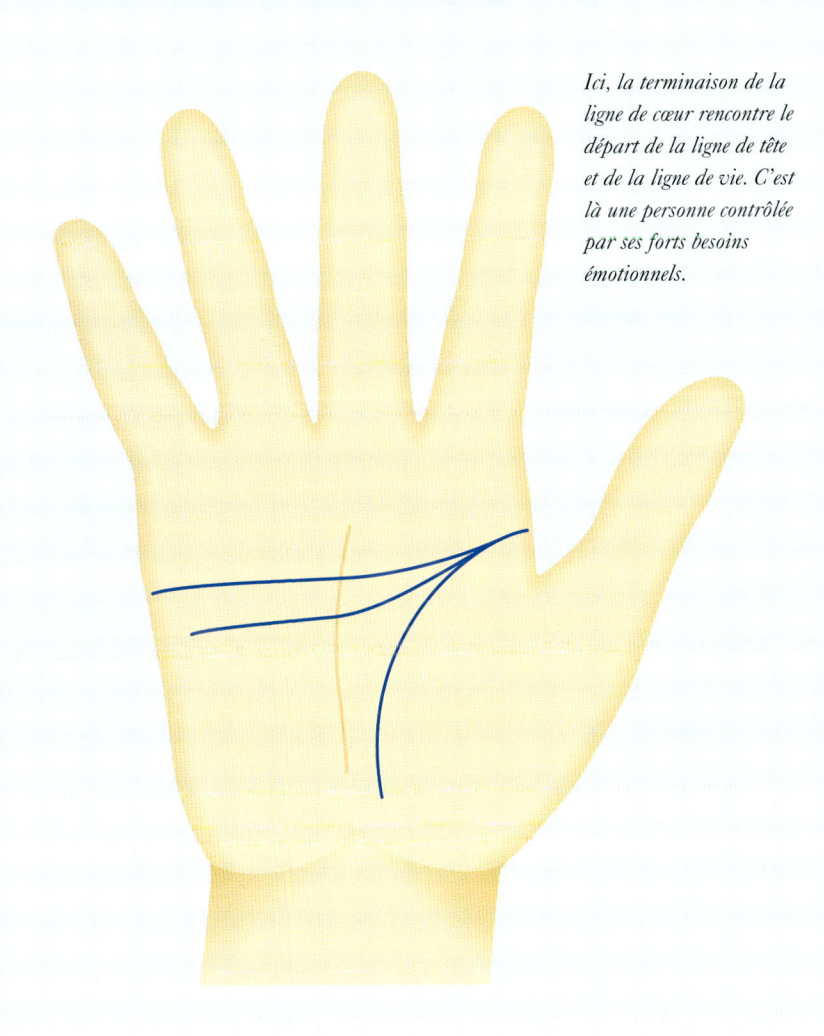

LA LIGNE DE CŒUR 179

Ici, la terminaison de la ligne de cœur rencontre le départ de la ligne de tête et de la ligne de vie. C'est là une personne contrôlée par ses forts besoins émotionnels.

de vie, le besoin de contact physique et émotionnel est tel que la personne fera pratiquement n'importe quoi pour le satisfaire. Réfléchissez-y à deux fois avant de vous lier à ce genre de personne, car l'engagement risque de s'avérer lourd de conséquences.

Si la terminaison de la ligne de cœur rejoint le départ des lignes de tête et de vie près du pouce, tenez-vous à distance respectueuse de cette personne. Elle trouve très difficile de séparer ses émotions de ses pensées et de ses actions. Rien ne l'empêche de faire exactement ce qu'elle veut, spécialement si son pouce est faible.

La couleur de la ligne

Vérifiez toujours la couleur de la ligne de cœur – elle doit s'accorder à la couleur du reste de la main. Une ligne de cœur pâle sur une paume foncée signale une personne dont les émotions circulent mal ou sont réprimées. Une ligne de cœur très rouge sur une paume pâle indique une personne éprouvant d'intenses émotions échappant parfois à son contrôle.

LIGNE DE CŒUR ABSENTE

Les gens survivent sans problème si leur ligne de cœur est absente, bien qu'ils puissent ne pas éprouver des

---

Quoi chercher

- *Comment la ligne commence.*
- *La courbure de la ligne.*
- *La qualité de la ligne.*
- *La couleur de la ligne.*
- *Interruptions ou marques sur la ligne.*
- *Où la ligne finit.*
- *Comment la ligne finit.*

émotions très fortes. Parfois, la ligne de cœur n'est pas vraiment absente, mais a fusionné sur toute sa longueur avec la ligne de tête. C'est là une ligne simienne, analysée en détail aux pages 214 et 215.

Y a-t-il une fourche ou non ?

Par moments, il est difficile de voir si la ligne de cœur finit par une fourche ou si elle est traversée par une ligne mineure. Parfois, vous suivez la fourche apparente et découvrez qu'elle est connectée à une petite ligne – il ne s'agit donc pas d'une fourche, mais bien d'une ligne. Un examen attentif (avec une loupe) révèle parfois que les deux lignes ne sont pas jointes, auquel cas il s'agit bien d'une fourche. Quand la ligne de cœur finit par une fourche, examinez chacune de ses branches. Si l'une finit sur le mont de Jupiter et l'autre sur le mont de Saturne, le tempérament émotionnel de la personne montrera un mélange de l'optimisme et de l'idéalisme du mont de Jupiter et du sérieux du mont de Saturne.

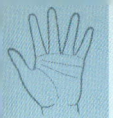

LA LIGNE DE TÊTE

ORIGINE : Près le pouce, entre les lignes de cœur et de tête.

TERMINAISON : En dessous de la ligne de cœur sous le mont de Mercure.

INDICATION : Intellect et capacité à réfléchir clairement.

Pour beaucoup de chiromanciens, la ligne de tête est la plus importante, car elle décrit le degré d'intelligence, la manière de penser et la capacité à transmettre ses idées. Après tout, la communication est une partie essentielle de la vie. Il est difficile de se frayer un chemin dans le monde si on ne peut pas se connecter avec les autres.

L'ORIGINE DE LA LIGNE

La ligne de tête commence toujours sur le bord de la paume près du pouce, origine présentant trois positions possibles. Le point de départ offre nombre d'informations à propos des processus mentaux et de la voie suivie par les pensées d'une personne – étudiez-le attentivement. Comme pour toutes les lignes, comparez l'origine de la ligne de tête sur la main droite et sur la main gauche. Sont-elles différentes ? L'une est-elle plus forte que l'autre ? Commencent-elles à des endroits distincts, y a-t-il d'autres différences notables dans leur position de départ ? Par exemple, la ligne de tête sur la main non dominante est-elle plus proche de la ligne de cœur qu'elle ne l'est sur la main

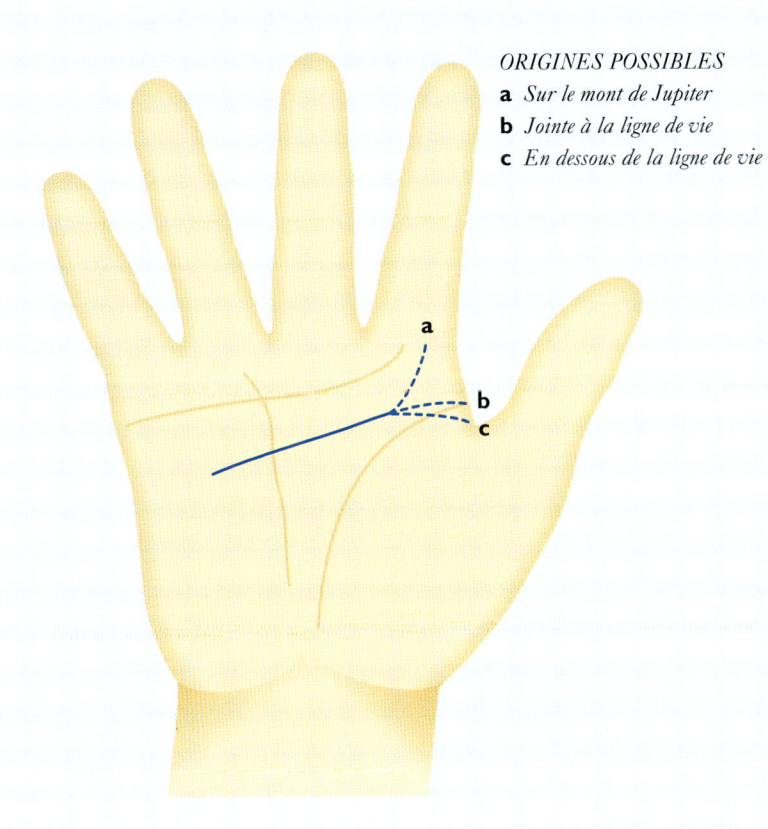

LA LIGNE DE TÊTE   183

ORIGINES POSSIBLES
a *Sur le mont de Jupiter*
b *Jointe à la ligne de vie*
c *En dessous de la ligne de vie*

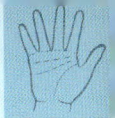

dominante ? Le cas échéant, la personne a appris à faire bonne figure pour masquer ses déceptions émotionnelles.

Il n'y a pas de position "normale" pour le départ de la ligne de tête. Elle peut commencer sur le mont de Jupiter, jointe à la ligne de vie, en dessous de la ligne de vie. Vous trouverez aussi d'autres variantes.

Sur le mont de Jupiter

Quand la ligne de tête commence là, elle annonce une personne confiante et ambitieuse, très consciente de ses capacités et s'enorgueillissant d'un travail bien fait. Si la ligne commence très haut sur le mont de Jupiter (en touchant presque ce doigt), la personne est digne de confiance jusqu'à l'excès.

Examinez la taille de l'espace entre le départ des lignes de tête et de vie. Plus cet espace est grand, plus la personne est impatiente et impulsive – depuis son jeune âge, elle a toujours préféré agir à sa propre idée.

Jointe à la ligne de vie

Quand les lignes de tête et de vie sont jointes à leur point de départ, la personne ne se fie pas à sa capacité de prendre des décisions importantes et préfère avoir toujours une seconde opinion avant de s'engager. Peu étonnant donc qu'elle est prudente, pas très indépendante et fortement influencée par sa famille. Vérifiez la longueur de la fusion de ces deux lignes, qui précisera la durée de l'influence. Vous saurez ainsi dans combien de temps cette personne sera capable de se détacher de sa famille ou si elle lui restera liée pour la majeure partie de sa vie.

En dessous de la ligne de vie

Quand la ligne de tête commence en dessous de la ligne de vie, sur le mont de Vénus, la personne est très peu sûre de sa place dans le monde, a besoin d'être constamment rassurée quant à sa voie et craint de prendre des risques. Timide, elle préfère garder profil bas.

LA FIN DE LA LIGNE

La terminaison de la ligne est juste

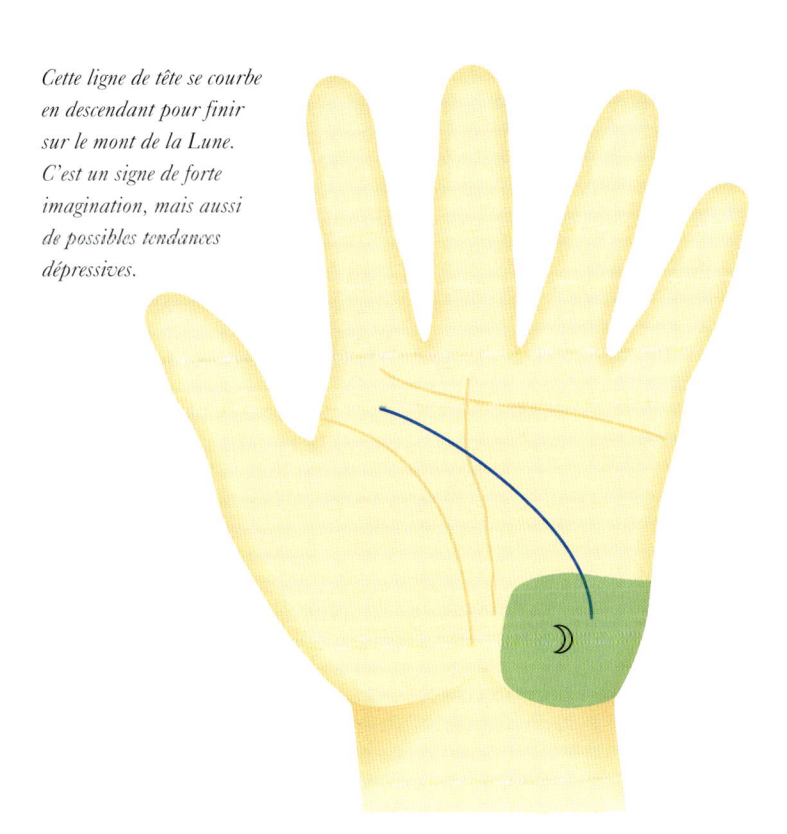

Cette ligne de tête se courbe en descendant pour finir sur le mont de la Lune. C'est un signe de forte imagination, mais aussi de possibles tendances dépressives.

aussi riche en informations que son origine. La ligne de tête peut finir en tout point du tranchant de la main jusqu'au mont de la Lune. Examinez soigneusement son extrémité. Finit-elle par une fourche ou un pompon ? Se courbe-t-elle vers le haut ou vers le bas, se dirige-t-elle ailleurs ? Si la

186 LES LIGNES DE LA MAIN

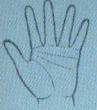

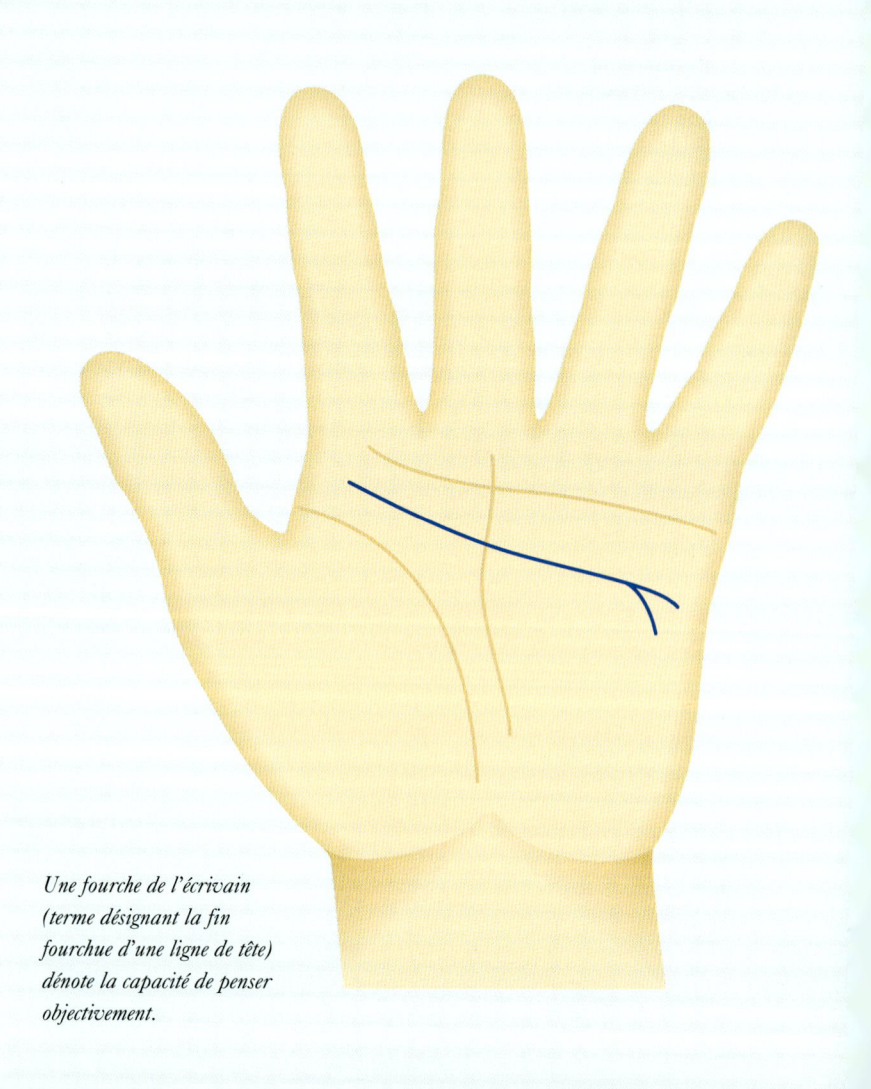

*Une fourche de l'écrivain
(terme désignant la fin
fourchue d'une ligne de tête)
dénote la capacité de penser
objectivement.*

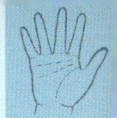

main de cette personne est couverte de petites lignes utilisez la loupe pour bien distinguer la fin de la ligne de tête.

La fourche de l'écrivain

Si la ligne de tête finit par une "fourche de l'écrivain", cette terminaison signale que la personne a la capacité de saisir plusieurs points de vue, qualité très utile pour un écrivain. Toutefois, les écrivains ne sont pas les seuls à présenter une telle fourche. La capacité d'apprécier tous les aspects d'une question est un talent utile dans de nombreuses situations.

Grande fourche

Parfois, la ligne de tête finit en une fourche prononcée – l'une des extrémités de la ligne s'étire vers la courbe d'énergie du tranchant de la main, l'autre descend vers le mont de la Lune. Cette personne est capable de combiner l'esprit pratique (montré par la ligne allant vers la courbe d'énergie) avec l'imagination (montrée par la ligne s'étirant vers le mont de la Lune). Vérifiez si les deux branches de la fourche sont également fortes ou si l'une est plus prononcée que l'autre. Par exemple, si l'extrémité de la fourche dirigée vers le mont de la Lune est la plus forte, l'imagination domine, au détriment de l'esprit pratique.

Pompon

Une ligne qui finit par un pompon montre une personne ayant plusieurs intérêts vers la fin de sa vie. Vérifiez si une ligne en pompon est plus forte. Le cas échéant, observez la direction prise, qui vous dira quel intérêt prendra le pas sur les autres.

Courbure montante

La ligne finit-elle dans un arc montant, pratiquement un petit crochet, dirigé vers l'un des doigts ? Dans ce cas, le mental est influencé par le domaine de vie régi par le doigt respectif. Par exemple, si la courbure pointe vers le doigt de Mercure, la personne est influencée par ses liens avec les autres, dont les idées et les mots comptent beaucoup pour elle. Si la courbure est dirigée vers le doigt d'Apollon, ce sont ses propres capacités créatives qui influencent sa réflexion. Vérifiez si cette courbure est présente sur les deux mains et, le cas échéant, si elle finit sous le même doigt.

LA QUALITÉ DE LA LIGNE

La ligne de tête semble-t-elle forte ou faible ? Est-elle très marquée ou très fine ? En l'examinant, il faut se rappeler une règle simple : plus la ligne est nette, plus les pensées de la personne sont claires, directes et logiques. Bonne oratrice, n'ayant aucun mal à s'exprimer, ses discours font mouche.

Toute cassure, chaîne ou île apparaissant sur la ligne agit comme une interruption des processus cognitifs. Si la ligne de tête est très chaînée, les pensées tendent à tourner en rond et la personne a du mal à penser clairement. Quand on lui parle, son discours est si décousu qu'on se demande parfois si elle n'a pas oublié le sujet principal. Si des chaînes apparaissent uniquement sur une brève portion de la ligne, une étape de désorientation et de réflexion confuse prend place pendant la période indiquée par la position des chaînes sur la ligne. Vous apprendrez comment déterminer le moment des événements montrés sur les lignes aux pages 246 à 249.

LA DISTANCE ENTRE LES LIGNES DE TÊTE ET DE CŒUR

Examinez l'espace séparant les lignes de tête et du cœur sur toute leur longueur. Même si les lignes sont

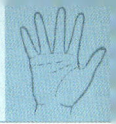

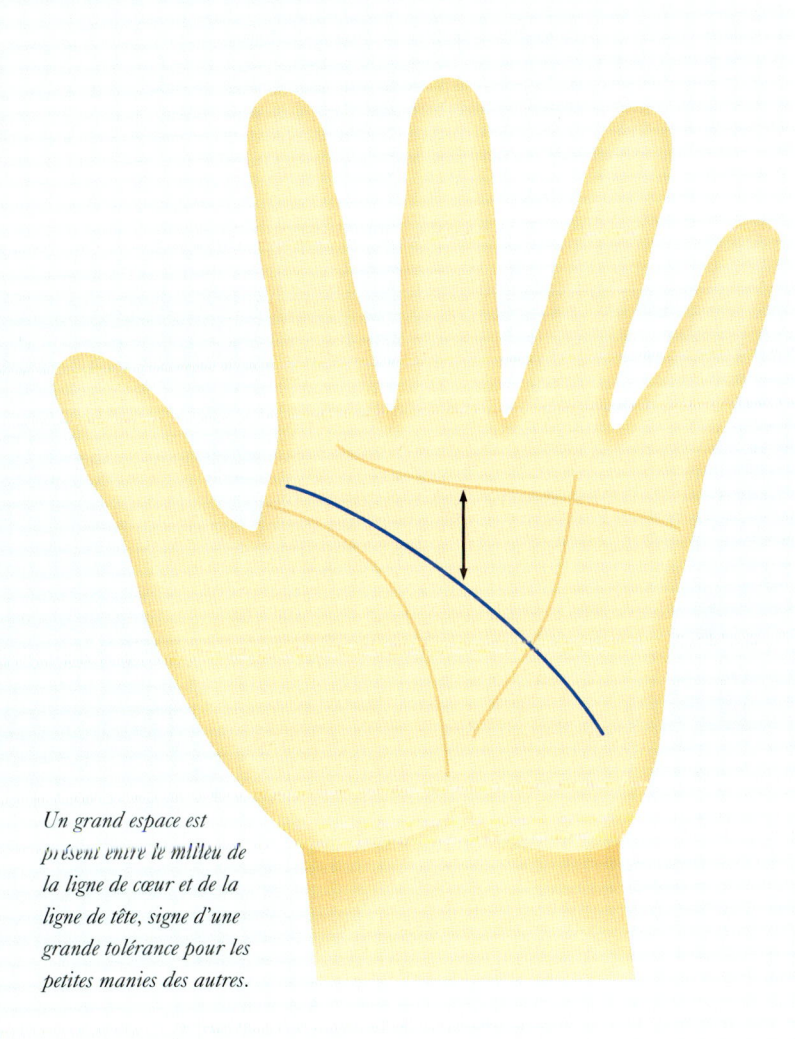

LA LIGNE DE TÊTE 189

Un grand espace est présent entre le milieu de la ligne de cœur et de la ligne de tête, signe d'une grande tolérance pour les petites manies des autres.

190 LES LIGNES DE LA MAIN

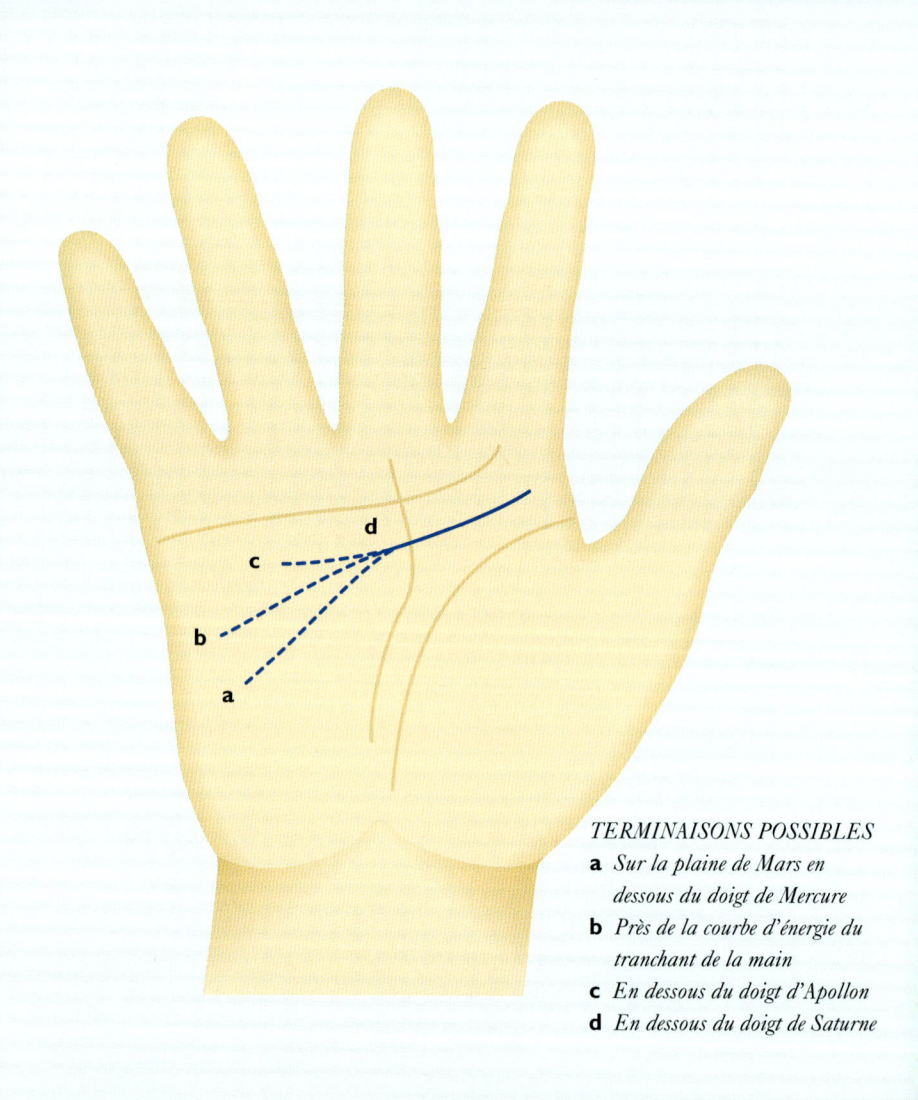

TERMINAISONS POSSIBLES
a *Sur la plaine de Mars en dessous du doigt de Mercure*
b *Près de la courbe d'énergie du tranchant de la main*
c *En dessous du doigt d'Apollon*
d *En dessous du doigt de Saturne*

proches à leur origine, elles s'écarteront peu à peu à un certain degré (sauf si une ligne simienne se forme, voir pages 214 et 215). Évaluez leur écartement.

Si un espace très réduit sépare les lignes de tête et de cœur, la personne est prudente, réservée et introvertie. Elle préserve sa vie privée et il lui faut du temps pour se fier aux autres, car elle préfère se tenir à l'écart. Si ces lignes sont jointes à leur point de départ, ces caractéristiques sont très visibles.

Un grand espace entre les lignes de tête et de cœur dénote une personne large d'esprit et peu conventionnelle. Il en faut beaucoup pour la choquer, car elle a une attitude très tolérante à l'égard de la vie.

LA LONGUEUR DE LA LIGNE

Quelle est la longueur de la ligne de tête sur chaque paume ? L'une est-elle plus courte que l'autre ? Cette longueur offre davantage d'informations sur ce que la personne pense et sur sa façon de s'exprimer. Quoi qu'il en soit, une ligne de tête brève ne symbolise pas un pouvoir cérébral faible ou une intelligence en dessous de la moyenne. Une longue ligne de tête ne veut pas non plus dire que vous regardez la main d'un génie.

Normal

La ligne de tête finit d'habitude en un point de la plaine de Mars, sous le doigt de Mercure (auriculaire). Les processus cognitifs exigent du temps : cette personne ne saute pas aux conclusions, mais ne tourne pas non plus les choses pendant des heures. Son imagination ne tombe pas dans les excès.

Longue

Quand la ligne de tête finit près de la courbe d'énergie du tranchant de la main, la personne est très minutieuse.

Elle aime prendre son temps pour réfléchir aux problèmes, évaluer ses options et préfère ne pas tirer de conclusions avant d'avoir considéré tous les angles. Son imagination vive peut interférer avec ses processus cognitifs en introduisant de nombreux autres facteurs auxquels elle réfléchira le moment opportun.

Courte

Une ligne de tête qui finit sous le doigt d'Apollon annonce une personne qui se décide en un clin d'œil. Elle réagit rapidement et approche toujours les situations d'un point de vue pratique. En fait, les gens dont le cerveau fonctionne moins vite que le sien ou à qui il faut du temps pour prendre des décisions sont susceptibles de l'irriter.

Parfois, la ligne de tête est très courte et finit sous le doigt de Saturne. Rappelez-vous, cela n'indique pas un manque d'intelligence, mais plutôt d'imagination. Dépourvue de patience et de bon sens, cette personne a du mal à comprendre que les autres ne pensent pas de la même façon.

LA FORME DE LA LIGNE

L'une des caractéristiques les plus parlantes de la ligne de tête est la forme qu'elle assume en traversant la paume. Est-elle si droite qu'elle donne l'impression d'avoir été tracée avec une règle ? Est-elle ondulée, avec de nombreux hauts et bas ? Est-elle courbée ? Chacune de ces formes vous précisera comment fonctionne le mental de cette personne.

Droite

Quand la ligne de tête est très droite et traverse en entier la paume, la personne pense de la même façon. Elle a beaucoup de bon sens et d'esprit pratique, ainsi qu'une vision objective de la vie.

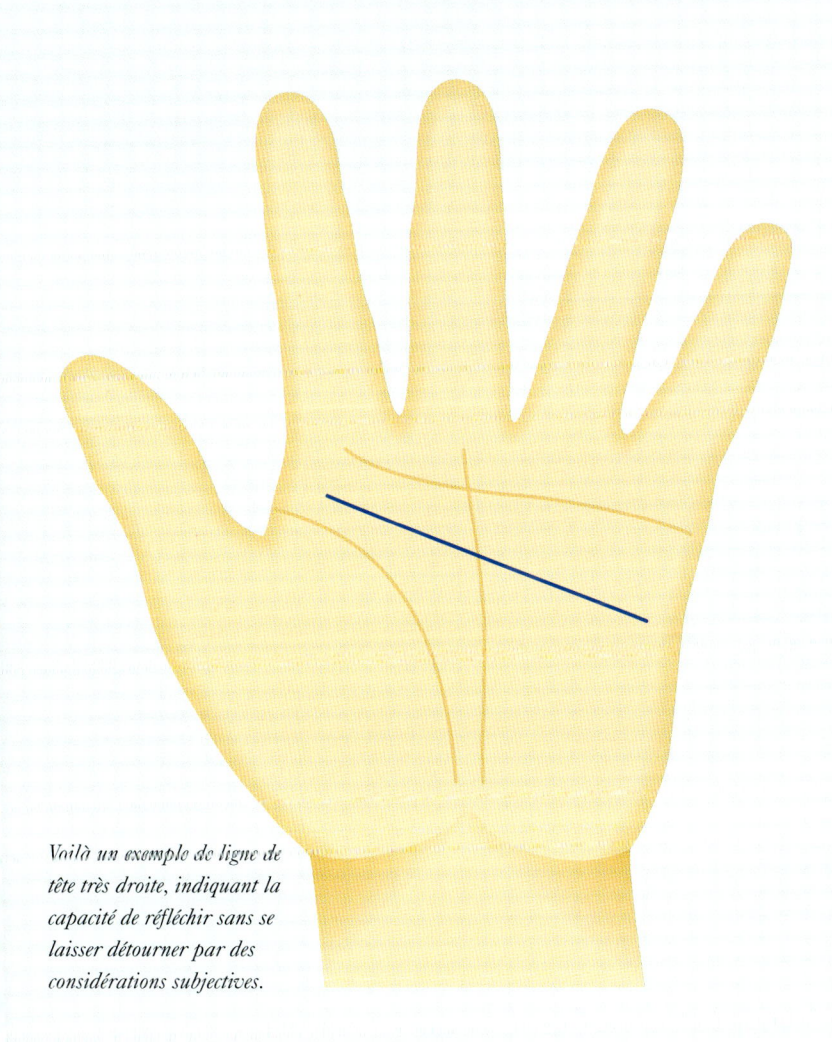

LA LIGNE DE TÊTE 193

Voilà un exemple de ligne de tête très droite, indiquant la capacité de réfléchir sans se laisser détourner par des considérations subjectives.

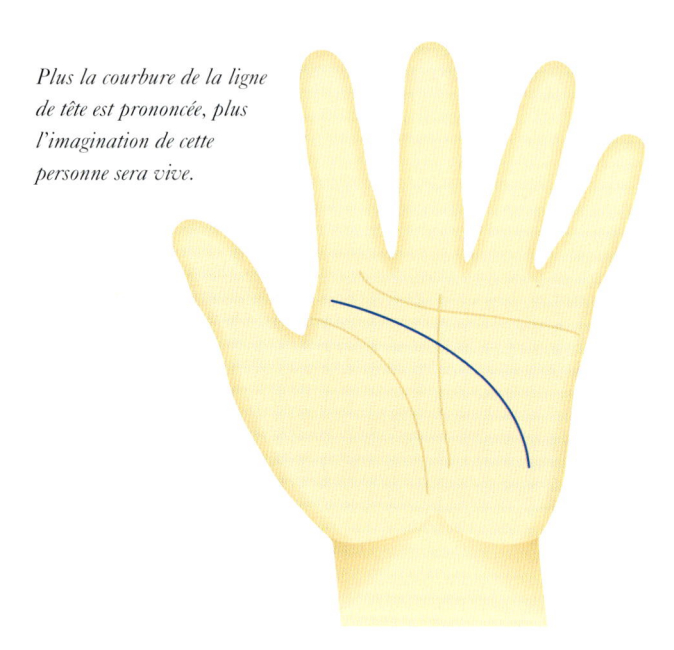

Plus la courbure de la ligne de tête est prononcée, plus l'imagination de cette personne sera vive.

Ondulée

Si la ligne de tête monte et descend, presque comme si elle ne savait pas quelle direction prendre, le mental est très inventif et inhabituel. Peu conventionnelle et originale, cette personne peut avoir du mal à choisir entre les nombreuses options distinctes.

Courbée

Une ligne de tête courbée annonce une personne très imaginative. Vérifiez si la courbure est présente sur les deux mains. Si la ligne est courbée sur la main non dominante et droite sur la main dominante, la personne s'efforce de maîtriser son imagination, peut-être parce que son travail exige de l'esprit pratique ou parce que son éducation lui a appris à freiner son inventivité. Quand la ligne est courbée sur la main dominante, l'imagination a été activement développée.

Tombante

Une ligne de tête descendante est une autre indication d'imagination. Quand la descente est très visible, la personne possède une forte imagination. Si la ligne arrive au mont de la Lune, elle a tendance à laisser libre cours à son imagination, suscitant des pensées pessimistes et des craintes à propos des pires choses susceptibles de lui arriver. Cette attitude est particulièrement présente si d'autres caractéristiques de ses mains confirment ce penchant.

LE RESTE DE LA LIGNE

Examinez l'ensemble de la ligne de tête, toute sa longueur, pour voir si des changements de couleur ou de force apparaissent, mettant en évidence des périodes de stress et de pression mentale.

Lignes d'interférence

Y a-t-il des lignes traversant la ligne de tête ? De telles lignes sont appelées "lignes d'interférence", car elles bloquent l'énergie représentée par la ligne principale. Elles mettent en lumière des périodes où les idées de la personne sont influencées par les gens ou les situations extérieures.

Flou

La ligne est-elle nette ou brouillée et floue ? Si elle donne l'impression d'avoir été barbouillée, la personne est facilement distraite et a du mal à se concentrer longtemps sur un sujet. Si la ligne est brièvement floue, la personne traversera une phase où elle manquera de concentration ; si elle est floue sur toute sa longueur, la personne s'efforcera toujours d'empêcher son mental d'errer lorsqu'elle s'ennuie.

Ramifications

La ligne de tête présente-t-elle des ramifications ? Nous avons déjà parlé des fourches à la terminaison de la ligne, mais y en a-t-il d'autres avant celle-ci ? Le cas échéant, où mènent-elles et quelle est leur force ? Toute ramification partant de la ligne indique des domaines d'intérêt que la personne a exploré. Selon son état, vous saurez si ces intérêts ont été poursuivis ou abandonnés. Par exemple, les ramifications conduisant de la ligne de tête à la ligne de cœur

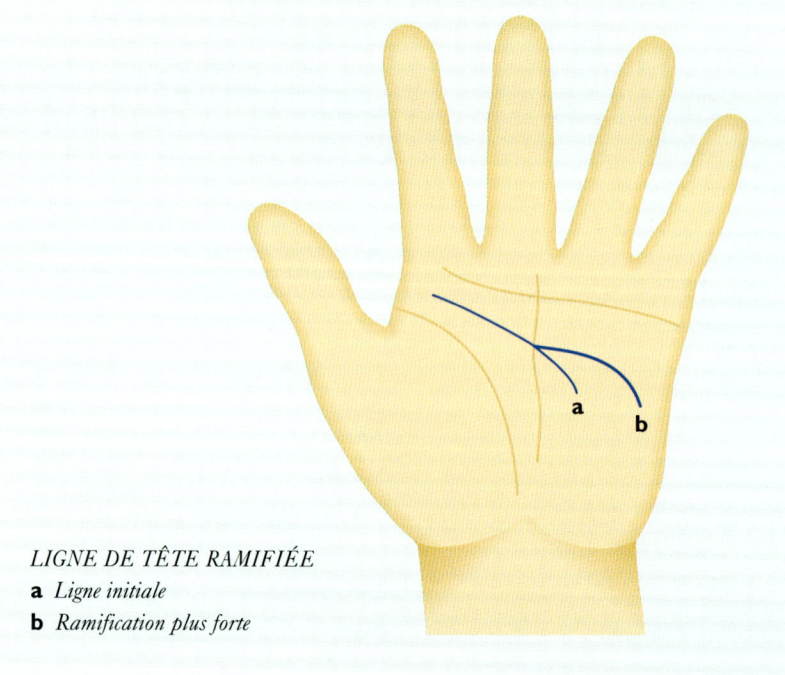

LIGNE DE TÊTE RAMIFIÉE
a *Ligne initiale*
b *Ramification plus forte*

montrent des intérêts qui ont entièrement captivé son imagination et son cœur. Si la ramification devient plus forte que la ligne de tête, les idées et convictions initiales seront supplantées par de nouvelles manières de réfléchir au moment de sa vie indiqué par le début de la branche.

LIGNE DE TÊTE ABSENTE

De temps à autre, vous verrez une main traversée par une seule ligne. Vous n'avez pas la certitude que ce soit la ligne de tête ou de cœur. Dans ce cas, les lignes ont fusionné en formant une ligne simienne. La signification de cette ligne est expliquée en détail aux pages 214 et 215.

LIGNE DE TÊTE CONTRE LIGNE DE VIE

Comparez l'état de la ligne de tête et de la ligne de vie. L'une est-elle plus forte ou plus marquée que l'autre ? Si la ligne de tête est la plus forte, la vie intérieure de cette personne, ses pensées et ses idées auront toujours plus d'importance pour elle que les circonstances extérieures.

Quoi chercher
- *Où la ligne commence.*
- *La qualité de la ligne.*
- *La distance entre les lignes de tête et de cœur.*
- *La longueur de la ligne.*
- *La forme de la ligne.*
- *Où la ligne finit.*
- *Comment la ligne finit.*

LA LIGNE DE DESTIN

ORIGINE : À la base de la paume.

TERMINAISON : Près du doigt de Saturne.

INDICATION : Affaires matérielles, carrière, direction de vie.

La ligne de destin est l'une des plus fascinantes lignes de la main, car elle annonce la voie de la vie, avec ses hauts et ses bas, ainsi que l'influence que les autres exercent sur l'individu. Elle renseigne aussi grandement sur la direction que prendra la vie, sur la durée des intérêts ou de l'emploi, sur les changements qui interviendront éventuellement dans ces domaines au fil du temps.

L'ORIGINE DE LA LIGNE

Il n'y a pas de départ "normal" de la ligne de destin, qui commence généralement à l'un de ces trois endroits : sur le mont de Vénus, entre le mont de Vénus et le mont de la Lune, sur le mont de la Lune. La position d'origine peut varier et la ligne de destin commencer à la base du poignet ou un peu plus haut. Chacune de ces positions a sa propre signification.

Sur le mont de Vénus

Si la ligne de destin commence sur le mont de Vénus, soit à côté de la ligne de vie, soit derrière elle, la personne a été fortement influencée par son milieu familial et ses premières années de vie. Il est tout à fait possible

LA LIGNE DE DESTIN 199

ORIGINES POSSIBLES
- **a** *À l'interieur de la ligne de vie*
- **b** *Près de la ligne de vie*
- **c** *Entre la ligne de vie et le mont de la Lune*
- **d** *Sur le mont de la Lune*
- **e** *Haut sur la paume*

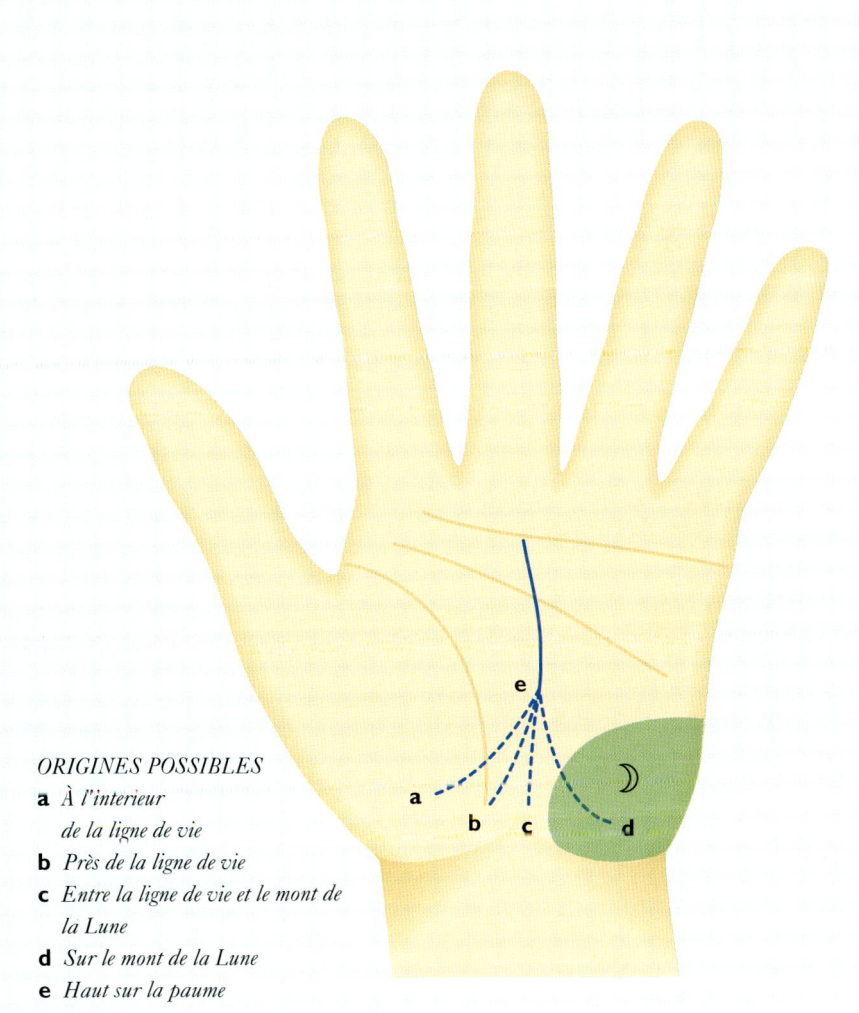

qu'elle ait exaucé les vœux de sa famille, peut-être parce qu'on lui a inculqué l'idée qu'il fallait suivre les traces de l'un de ses parents. Vous verrez ce genre de ligne de destin chez quelqu'un qui travaille dans l'entreprise familiale ou qui est devenu médecin pour plaire à ses parents. Cet individu est prudent et conventionnel, surtout si la ligne de destin commence à côté de la ligne de vie. Il arrivera à s'écarter de la puissante influence familiale uniquement quand la ligne de destin s'éloigne de la ligne de vie.

Entre les monts de Vénus et de la Lune

Quand la ligne de destin commence au centre de la paume, entre les monts de Vénus et de la Lune, un bon équilibre entre la forte influence familiale et la détermination de quelqu'un de faire ce qu'il désire. Si sa profession est une tradition dans sa famille, il l'a choisie parce qu'elle l'intéresse, à l'exclusion de toute autre raison. Il a trouvé un terrain d'entente entre le conventionnalisme porté à l'extrême et l'absence totale de celui-ci.

Sur le mont de la Lune

Quand la ligne de destin commence là, cette personne a toujours pris ses propres décisions dans la vie, sans se laisser influencer par les autres. Son choix de carrière, la voie qu'elle suit dans la vie, lui appartient, souvent avec une tendance créative capable d'assumer de nombreuses formes. Elle a besoin de travailler en équipe plutôt que de se retrouver complètement indépendante, pour pouvoir confronter ses idées avec ses collègues. Si son emploi est ennuyeux, il est essentiel pour cette personne de disposer d'un passe-temps intéressant qui lui apportera la satisfaction créative et émotionnelle que sa vie professionnelle ne lui offre pas. Sinon, elle éprouvera un grand manque dans sa vie.

La position de l'origine

La ligne de destin commence-t-elle à la base de la paume ou plus haut ? Plus l'origine de la ligne est proche du poignet, plus tôt les ambitions de cette personne se manifesteront. Si sa ligne de destin commence à la base du mont de la Lune, la personne poursuit ses ambitions créatives depuis son enfance. Par exemple, si un peintre présente cette marque, il a commencé dès qu'il a su tenir un pinceau et a toujours désiré s'adonner à son art. Cette direction de vie est une vocation, même s'il doit gagner sa vie par ailleurs.

Si une distance existe entre la base du poignet et le départ de la ligne de destin, la personne a mis du temps à découvrir son objectif. Certaines raisons expliquent cet état des choses, depuis la confusion aux restrictions familiales.

La qualité et la direction de cette ligne de destin vous diront si la personne a trouvé la niche lui convenant.

LA TERMINAISON DE LA LIGNE

Regardez où finit la ligne de destin pour savoir comment finira la carrière ou la vocation de la personne. Son travail durera-t-il jusqu'à la fin de sa vie ? S'arrêtera-t-il à la retraite ou quelque chose d'autre arrivera ? La terminaison de la ligne de destin vous donnera bon nombre d'informations à ce sujet.

Sur la ligne de cœur

La ligne de cœur est l'endroit classique d'arrêt pour une personne dont le travail s'achève lors de la retraite et qui n'a pas d'autres intérêts. Son idée de la félicité est peut-être de bricoler dans son jardin, en évitant toute activité exigeant du temps. Vérifiez que la ligne de destin ne

202 LES LIGNES DE LA MAIN

*TERMINAISONS
POSSIBLES*
a *À la ligne de tête*
b *À la ligne de cœur*
c *Sur le mont de Jupiter*
d *Sur le mont de Saturne*

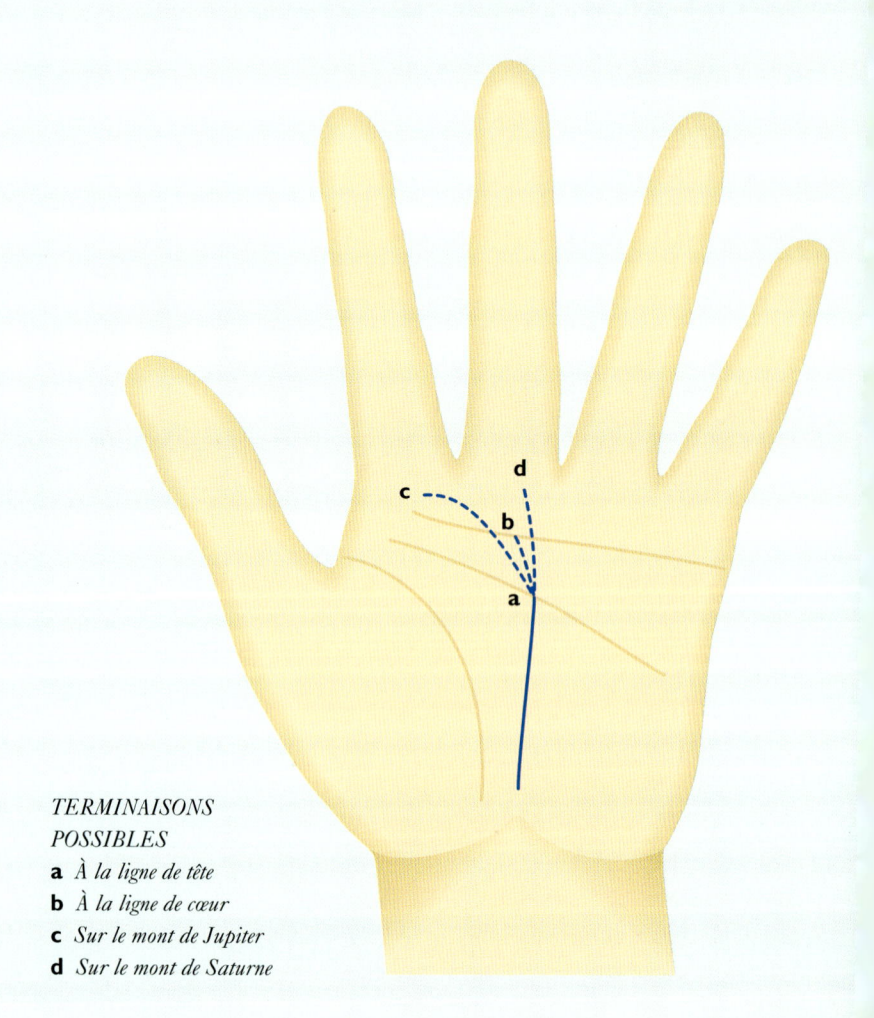

Sur cette main, le départ de la ligne de destin se trouve à l'intérieur de la ligne de vie. Elle finit à la ligne de tête et est donc assez brève.

présente pas dans ce cas de petite ramification, signe que la personne développe un autre intérêt actif après avoir pris sa retraite. Si une nouvelle ligne semble apparaître quand la ligne initiale s'est arrêtée à la ligne de cœur, cette personne trouvera un nouvel intérêt qui la passionne et dans lequel elle s'impliquera à fond. Elle donnera l'impression de vivre uniquement pour cet intérêt si cette nouvelle ligne finit sur le mont de Jupiter.

Sur la ligne de tête

La ligne de destin est considérée comme courte si elle finit là. Dans ce cas, elle montre une personne qui perd sa direction et son but dans la vie à l'âge où la ligne de destin finit, généralement la trentaine ou le début de la quarantaine. Ensuite, cette personne se laissera porter par la vie ou prendra une série d'emplois alimentaires, qui ne lui apporteront aucune satisfaction. Répétons-le, évitez de faire preuve de subjectivité, surtout si vous vous focalisez sur votre propre carrière ou objectif de vie. Il est tout à fait possible que cette personne a exercé un travail très stressant jusqu'au début de la quarantaine (bourse, hôpital) et désire maintenant éviter les responsabilités en pensant qu'elle a gagné le droit au repos. Il se peut aussi qu'elle a échoué à trouver un sentiment de satisfaction dans ce qu'elle fait après la quarantaine. Le pronostic étant dans ce cas sombre, attention à vos paroles. Gardez aussi à l'esprit que les lignes peuvent changer. Si la personne s'efforce de trouver de nouveaux intérêts, ceux-ci apparaîtront alors sur les lignes de sa main.

Sur le mont de Saturne

Quand la ligne de destin finit ici, l'engagement dans le travail ou dans les intérêts durera jusqu'à la mort. Si la ligne de destin commence bas sur le mont de la Lune, vous pouvez affirmer sans crainte d'erreur que cette personne a de forts penchants créatifs, qu'elle exprimera pendant toute sa vie. Pour elle, la retraite n'existe pas, car elle sera toujours activement engagée dans un domaine captivant son intérêt et son imagination.

Sur le mont de Jupiter

Personne très ambitieuse, qui fera de son mieux pour atteindre ses buts, peu importe le temps exigé. Une marque de ce type indique une motivation tellement profonde que la personne deviendra presque certainement une autorité dans le domaine choisi. Toutefois, cette occupation s'avérera si insatiable qu'elle risque de négliger d'autres

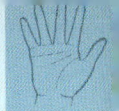

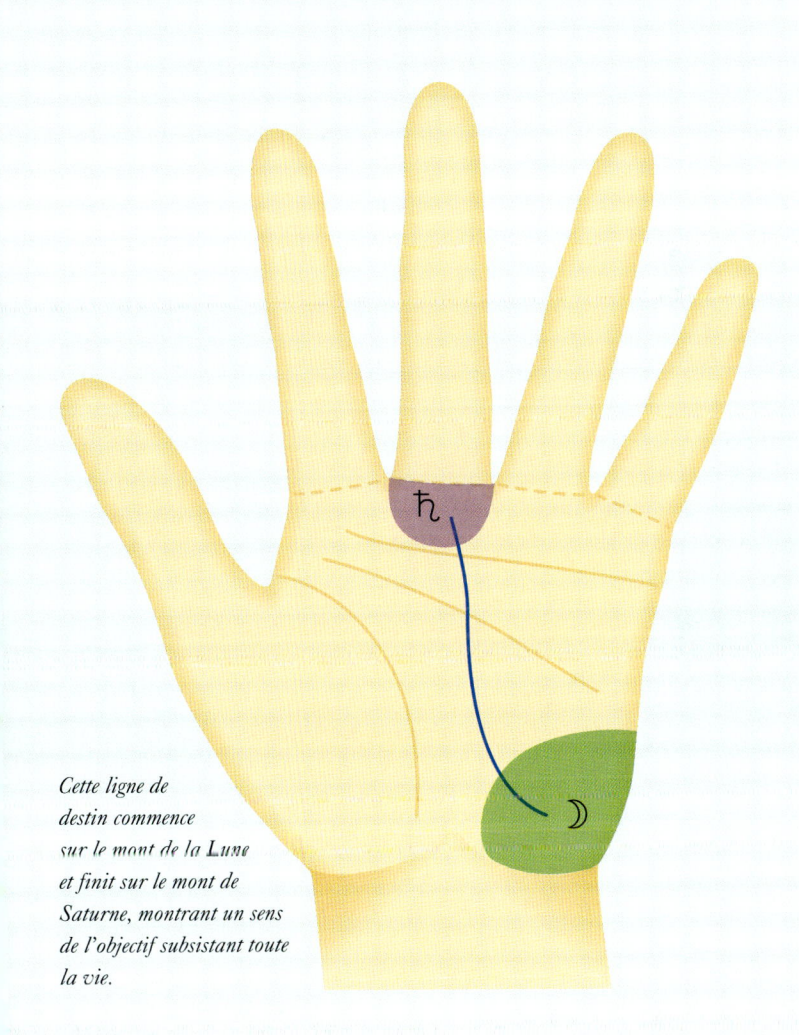

LA LIGNE DE DESTIN 205

Cette ligne de destin commence sur le mont de la Lune et finit sur le mont de Saturne, montrant un sens de l'objectif subsistant toute la vie.

domaines de sa vie par manque de temps.

LA QUALITÉ DE LA LIGNE
À quoi ressemble la ligne de destin ? Rappelez-vous qu'elle décrit le but de la vie, pas seulement en ce qui concerne la profession, mais aussi toutes les autres sphères de sa vie. Bien entendu, c'est très subjectif, car ce qui convient à une personne peut ne pas convenir à une autre. Chacun a son idée de la réussite : pour l'un, c'est une vie de famille heureuse, pour l'autre, c'est gagner son premier million.

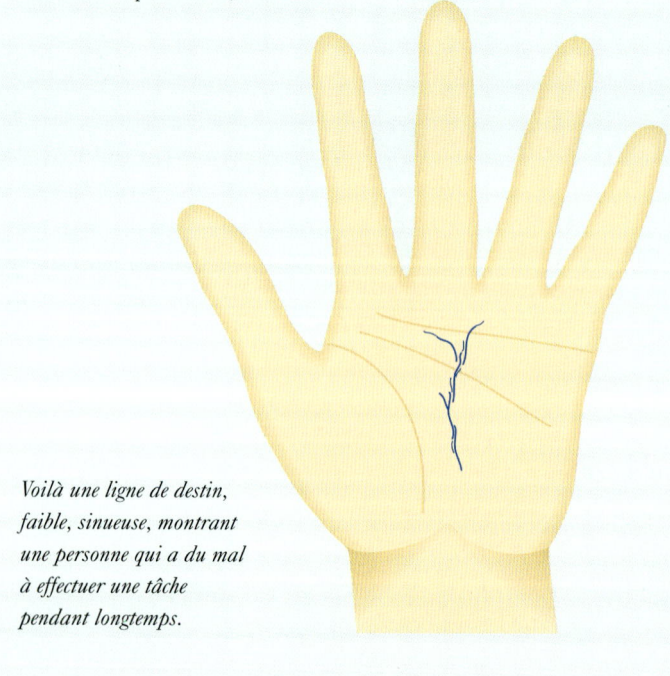

Voilà une ligne de destin, faible, sinueuse, montrant une personne qui a du mal à effectuer une tâche pendant longtemps.

Une règle simple à retenir précise qu'une ligne nette indique une direction déterminée dans la vie. Plus la ligne de destin est bien marquée, plus le sens de direction de cette personne est fort. Si la direction est propice, la personne sera contente. Mais que veut dire une ligne de destin dont l'origine adhère à la ligne de vie et continue en montant tout droit sur la main ? Cette personne passera-t-elle sa vie en pensant qu'elle n'a pas d'autre choix que de suivre l'exemple de sa famille ? Demandez-lui et écoutez attentivement sa réponse, qui accroîtra votre connaissance de la chiromancie.

Une ligne de destin faible, à peine marquée ou fluctuante, signale une personne n'ayant aucune certitude quant à sa direction. Elle tentera de formuler son objectif ou ne le connaîtra jamais. Examinez le reste de sa main pour déterminer les raisons de cette situation.

LA MAIN DROITE ET LA MAIN GAUCHE

Comme pour toute ligne, il est important d'examiner les deux mains pour voir leurs différences. Souvent, la ligne de destin de la main non dominante est bien plus faible que celle de la main dominante. Ceci montre que la personne fait un grand effort pour réaliser ses aspirations et ses rêves, si vagues soient-ils. Si la ligne de destin est plus forte sur la main non dominante, la personne a plein d'idées merveilleuses qui ne sont jamais traduites à la réalité.

Vous trouverez probablement d'autres différences entre la ligne de destin de la main droite et de la main gauche. Par exemple, elles peuvent commencer et finir à des endroits différents ou une ligne présenter plus de fourches et de ramifications que l'autre. Examinez attentivement ces différences pour déterminer leur portée.

FOURCHES ET RAMIFICATIONS

La ligne de destin présente-t-elle une fourche ? Examinez-la soigneusement, surtout sur une main eau couverte de quantité de petites lignes mineures. Analysez toute la longueur de la ligne de destin, pas seulement son début et sa fin, pour ne rien rater. Faites aussi particulièrement attention aux lignes partant de la jonction de la ligne de destin avec la ligne de tête ou de cœur, qui peuvent sembler distinctes à première vue.

Une fourche montre le point où la personne assume plus d'un intérêt ou d'une carrière. Si la ligne de destin finit en une petite fourche, le nombre de ses branches indique le nombre d'intérêts distincts à la fin de la vie. Quatre branches montreront quatre intérêts.

Si la fourche est assez longue pour former une ramification, avec des lignes allant vers divers monts, cette personne connaîtra des expériences influencées par les monts concernés. Par exemple, une ligne de destin dont la ramification atteint les monts de Jupiter et de Saturne annonce une personne qui travaillera jusqu'à la fin de ses jours (ramification conduisant au mont de Saturne) dans une

> ### Faites preuve de tact
> *Choisissez toujours soigneusement vos mots et faites preuve de tact quand vous annoncez ce qui pourra être tenu pour une mauvaise nouvelle. Si la ligne de destin d'une personne est couverte de lignes d'interférence, symbolisant de nombreux blocages sur le chemin de sa vie, prudence. Ne l'effrayez pas, ne projetez pas sur elle vos propres peurs quant à sa situation – il se peut que vous craigniez le genre de défi qui la ravira.*

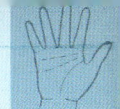

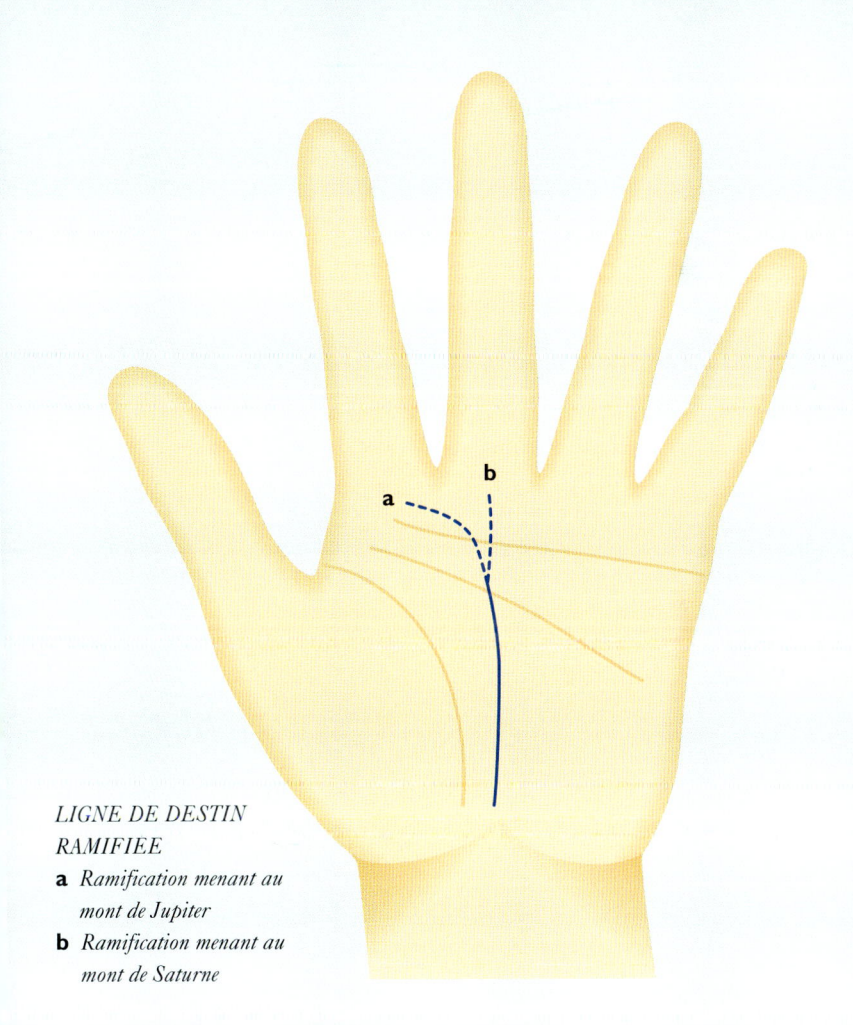

LA LIGNE DE DESTIN 209

LIGNE DE DESTIN RAMIFIEE
a *Ramification menant au mont de Jupiter*
b *Ramification menant au mont de Saturne*

210 LES LIGNES DE LA MAIN

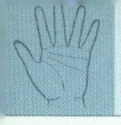

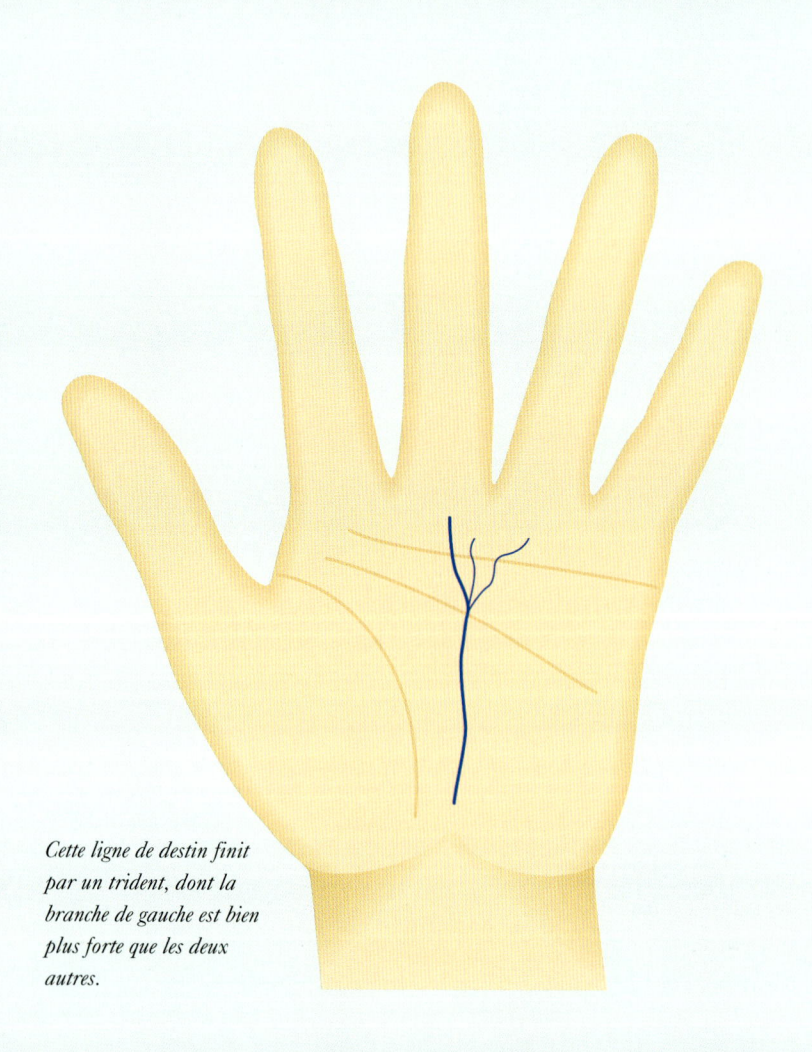

Cette ligne de destin finit par un trident, dont la branche de gauche est bien plus forte que les deux autres.

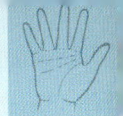

profession ou un hobby qui la met sous la lumière des projecteurs ou lui confère beaucoup de pouvoir (mont de Jupiter). Vous interpréterez les ramifications en tenant compte des significations des monts et en fonction de la vie de cette personne.

LE RESTE DE LA LIGNE

Jetez un regard à la ligne de destin dans son ensemble. Est-elle facile à distinguer, ou devez-vous examiner attentivement la main pour la voir ? Plus la ligne de destin est marquée, plus le dynamisme de la personne est fort.

Lignes d'interférence

Examinez toute ligne d'interférence traversant horizontalement la ligne de destin de chaque main. Ces lignes indiquent des périodes de stress et de difficultés, pendant lesquelles un obstacle semble bloquer sa progression. Utilisez la technique d'évaluation du moment des événements sur les lignes, décrite aux pages 246 à 249, pour déterminer l'époque de l'apparition de ces obstacles. Vérifiez si les lignes se trouvent au même endroit sur les deux mains. Dans ce cas, la personne aura à

Étude de cas

La ligne de destin sur la main dominante de Sarah présente trois sections distinctes, la fin de chacune chevauchant le départ de la suivante. Sa vie professionnelle a donc connu trois étapes distinctes, chacune commençant avant la fin de la précédente. Il paraît assez certain qu'elle s'est adaptée progressivement à chaque nouvelle étape, souvent sans réaliser ce qui lui arrivait.

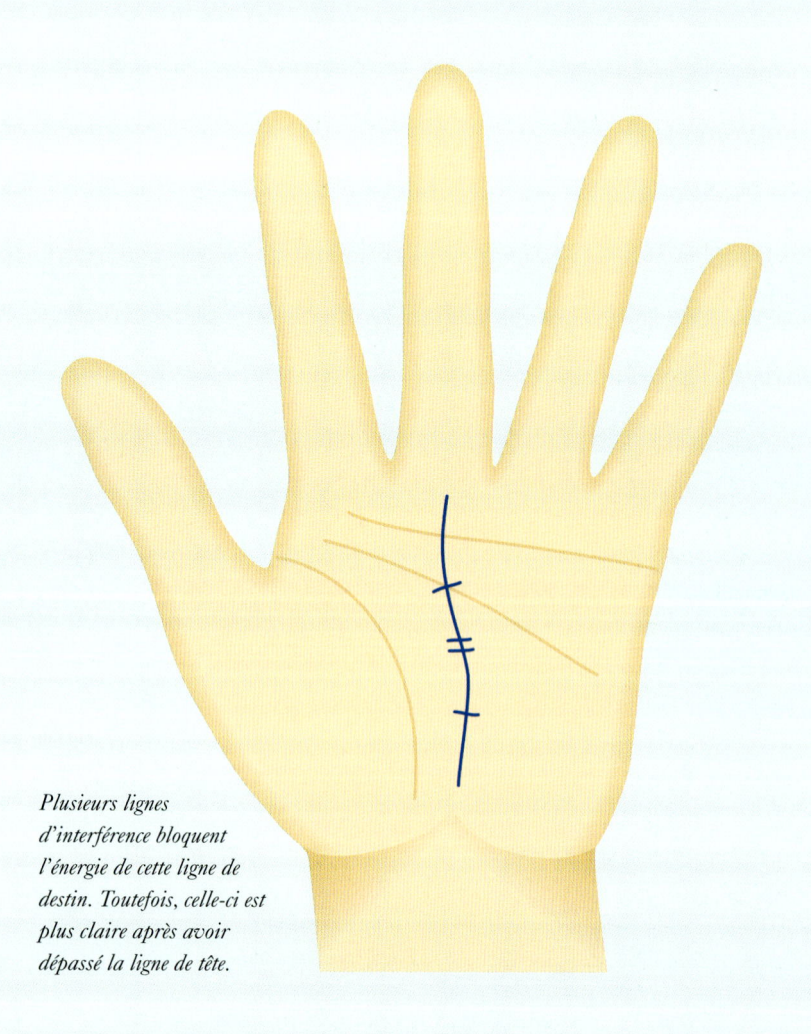

Plusieurs lignes d'interférence bloquent l'énergie de cette ligne de destin. Toutefois, celle-ci est plus claire après avoir dépassé la ligne de tête.

affronter de sérieux obstacles. Une ligne part-elle de la ligne d'interférence, en formant une petite ramification ? Regardez où elle mène pour trouver des indices sur la manière dont cette personne affronte les obstacles.

LIGNE DE DESTIN ABSENTE

Si la ligne de destin est absente sur une main ou sur les deux, cela ne veut pas dire que la personne est dépourvue de destin. La ligne montre que la personne préfère prendre la vie comme elle vient au lieu de la planifier d'avance. Vérifiez soigneusement son absence, car parfois elle est si faible qu'on a du mal à la distinguer ou semble une ligne totalement différente

Parfois, il est difficile de voir la ligne de destin, car celle-ci est interrompue et les segments ne semblent pas liés les uns aux autres.

Quoi chercher
- *Où la ligne commence.*
- *La qualité de la ligne.*
- *La main droite et la main gauche.*
- *Fourches et ramifications.*
- *Où la ligne finit.*
- *Comment la ligne finit.*

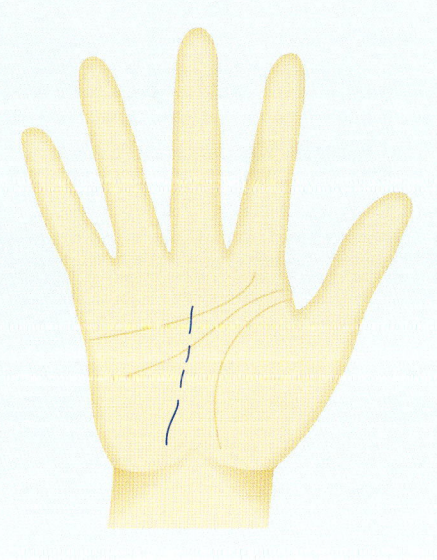

LA LIGNE SIMIENNE

ORIGINE : Entre le pouce et le doigt de Jupiter.

TERMINAISON : Sur le bord de la paume ou près de celui-ci.

INDICATION : Un mélange d'énergie intellectuelle et émotionnelle, si bien qu'il n'y a pas de distinction entre pensées et sentiments.

La ligne simienne est tenue pour une ligne principale, bien qu'elle soit absente sur la plupart des mains. Une ligne simienne traverse directement la paume et apparaît d'habitude à mi-chemin entre la position que les lignes de tête et de cœur auraient dû occuper sur la main. Elle est formée par la fusion des lignes de tête et de cœur, autrement dit les énergies émotionnelles et mentales travaillent de concert et la personne se lance à fond dans la vie. Elle est incapable de faire la différence entre ses pensées et ses émotions.

POSITIONNEMENT

Si la ligne simienne est placée bas sur la main, cette personne subit de fortes compulsions émotionnelles qui passent outre son bon sens ; si la ligne est placée haut sur la main, plus près du doigt de Jupiter que du pouce, la personne sera plus capable de se raisonner et donc de montrer un comportement plus objectif.

UNE MAIN OU LES DEUX ?

Vérifiez si la ligne simienne apparaît sur les deux mains ou sur une seule. Il est très rare de la découvrir sur les deux mains – dans ce cas, elle indique

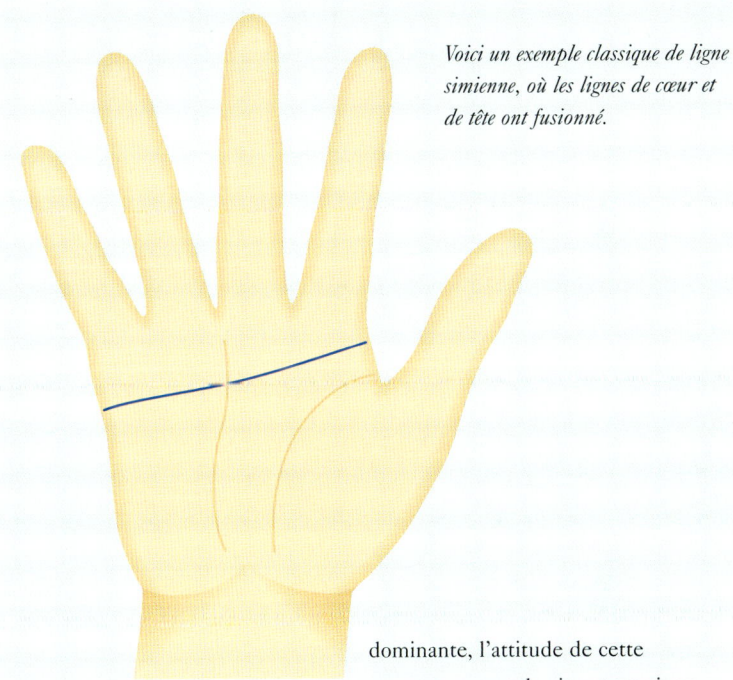

Voici un exemple classique de ligne simienne, où les lignes de cœur et de tête ont fusionné.

une personne dont les émotions et les idées sont indissociables. Cette personne dirigée par ses instincts et ses convictions montre parfois des réactions extrêmes. Elle est souvent exceptionnellement créative.

Quand la ligne simienne apparaît uniquement sur la main non dominante, l'attitude de cette personne envers la vie est erratique. Parfois, elle y canalise toute son énergie, d'autres fois elle se contente de se laisser porter par la vie. Quand la ligne simienne apparaît uniquement sur la main dominante, la personne est consciente de l'effet dynamique (et parfois provocateur ou perturbateur) qu'elle a sur les autres.

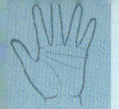

LES LIGNES MINEURES DE LA MAIN

Même si vous connaissiez de nom les lignes principales de la main avant d'avoir ouvert ce livre, les lignes mineures sont probablement inédites pour vous. Toute main ne présente pas ces lignes, qui offrent, elles aussi, des informations intéressantes. Bien que désignées par le terme "mineures" elles contribuent à la description de la personnalité.

Étudiez-les sur vos propres mains (si elles sont présentes) pour vous habituer à leur forme et position.

Examinez votre main gauche et votre main droite. Ce n'est pas toujours facile de distinguer certaines de ces lignes au premier regard, surtout sur une main eau recouverte de multiples lignes fines. Par exemple, une ligne de Mercure ou d'Apollon peut passer pour une ramification de la ligne de destin tant que vous n'avez pas examiné la main de près. Travaillez toujours sous un bon éclairage, pour ne pas rater certaines lignes ou les interpréter de manière erronée.

LES LIGNES MINEURES DE LA MAIN 217

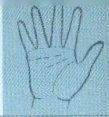

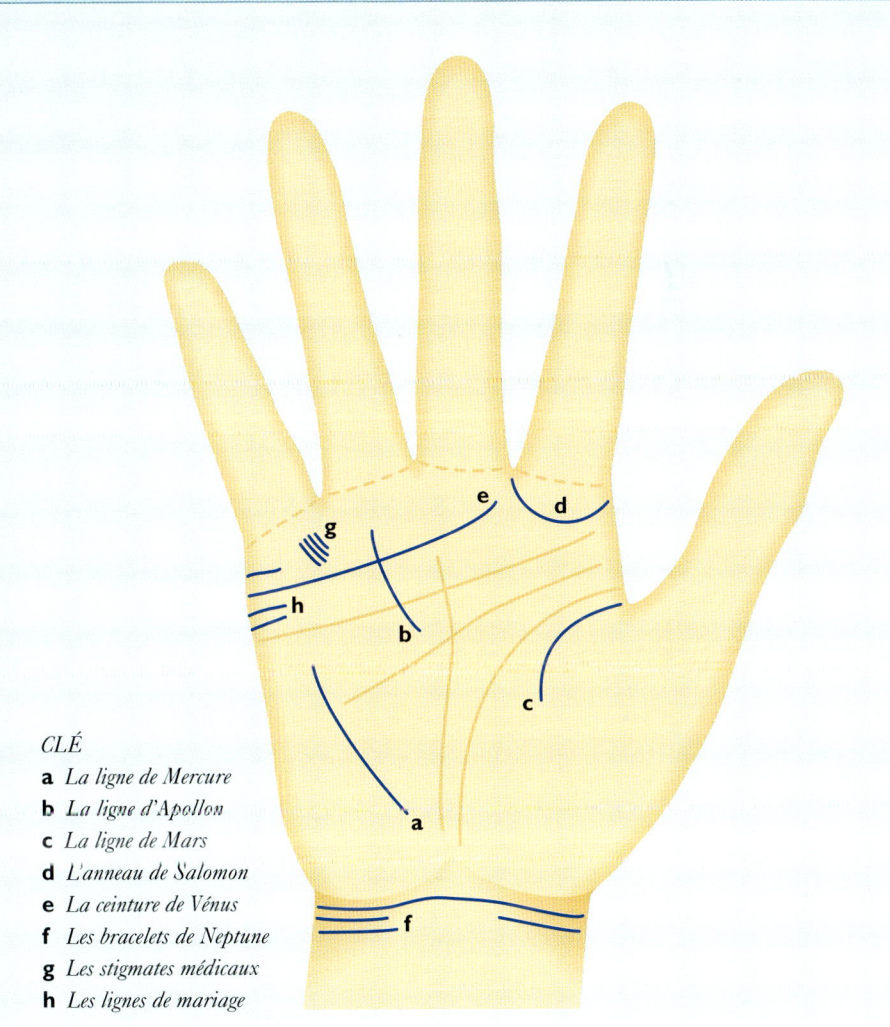

CLÉ

a *La ligne de Mercure*
b *La ligne d'Apollon*
c *La ligne de Mars*
d *L'anneau de Salomon*
e *La ceinture de Vénus*
f *Les bracelets de Neptune*
g *Les stigmates médicaux*
h *Les lignes de mariage*

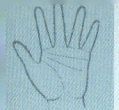

LA LIGNE DE MERCURE

ORIGINE : À la base de la paume.

TERMINAISON : Quelque part sous le mont de Mercure.

INDICATION : Santé et constitution générale.

La chiromancie traditionnelle affirme que la santé est meilleure si cette ligne est absente. Jadis, elle était désignée par le terme "ligne hépatique". Cette ligne décrit l'état de santé général d'une personne au fil de la vie et son attitude envers la maladie.

LIGNE FORTE

Comme pour la plupart des autres lignes, une forte ligne de Mercure, signalant une bonne constitution, est préférable à une ligne faible. Cette personne est capable de gérer la pression sans tomber malade ou s'épuiser.

LIGNE FAIBLE

Une ligne faible, fragmentée, mince ou fluctuante indique une personne dont la santé est moins robuste que la normale, et qui est susceptible de connaître des phases d'hypocondrie. À chaque fois qu'elle est sous pression, son corps le montre en un point particulièrement faible (gorge, estomac) agissant comme premier signal d'alerte d'épuisement. Cette personne doit faire

LA LIGNE DE MERCURE 219

attention à cette partie de son corps et tenter de se relaxer dès qu'un problème menace. Par ailleurs, elle doit réaliser que sa vigueur est moindre et que le besoin de beaucoup de repos et de nourriture saine se fait sentir.

INDICATEUR DE STRESS

Certains prétendent être constamment stressés, mais le sont-ils réellement ? La présence de la ligne de Mercure annonce quelqu'un qui ne gère pas bien le stress.

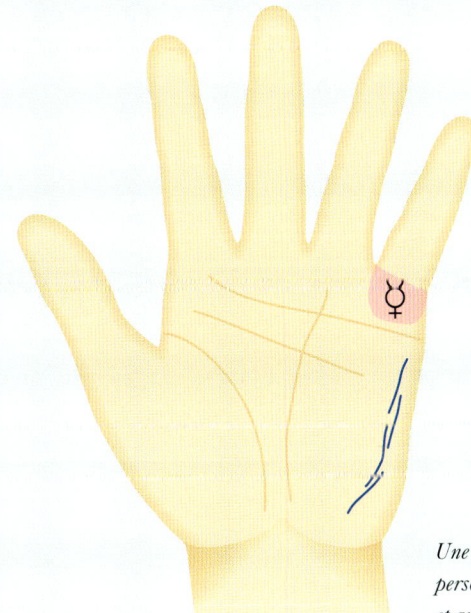

Astuce d'expert

N'effrayez jamais un client en faisant des pronostics sinistres à propos de sa santé. Évitez de poser des diagnostics ou de conseiller des médicaments.

Une ligne de Mercure faible indique une personne qui doit prendre soin de sa santé et qui s'efforce de gérer les crises.

LA LIGNE D'APOLLON

ORIGINE : Près de la base du poignet ou en un point quelconque de la plaine de Mars.

TERMINAISON : Sur le mont d'Apollon.

INDICATION : Dons créatifs, réussite, forte motivation.

Appelée aussi ligne du Soleil, la ligne d'Apollon est traditionnellement tenue pour annoncer la réussite et la reconnaissance publique. En pratique, elle dénote la créativité, outre la capacité d'être heureux et de consacrer beaucoup d'énergie à la vie. C'est assurément là une forme de réussite, car beaucoup de gens

Une forte ligne d'Apollon, montrant la réussite, est toujours un signe propice.

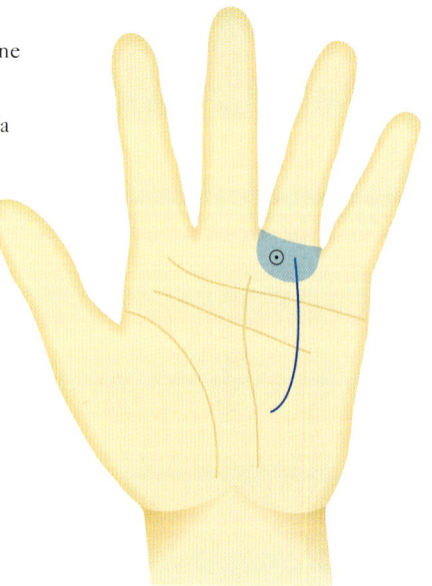

possédant la ligne d'Apollon ne seront jamais célèbres et sont contents de ce qu'ils accomplissent.

TROUVER LA LIGNE

De même qu'il est difficile de trouver des trésors enfouis, la ligne d'Apollon fait elle aussi preuve de discrétion. On la prend souvent pour une autre ligne. Si les lignes d'Apollon et de Mercure sont présentes sur la main, vous ne les confondrez pas. Toutefois, si seule l'une de ces lignes est présente, vous aurez à déterminer de laquelle il s'agit.

POINT D'ORIGINE

Parfois, la ligne d'Apollon commence près de la base du poignet ou sur celle-ci et monte droit sur la paume vers le mont d'Apollon. C'est là une personne qui jouira d'une grande réussite au cours de sa vie mais qui devra faire des efforts pour l'obtenir.

> ### Astuce d'expert
> *Si vous ne trouvez pas la ligne d'Apollon, regardez en premier le mont d'Apollon, terminaison habituelle de la ligne, puis suivez toute ligne descendant sur la main.*

Si la ligne d'Apollon commence sur la ligne de vie ou près de celle-ci, la personne profitera du soutien de gens influents pendant toute sa vie. Quand cette ligne commence sur la ligne de tête ou près de celle-ci, cette personne a très envie de réussir ; quand la ligne commence sur la ligne de cœur ou près de celle-ci, la personne dirigera une considérable énergie émotionnelle vers l'accomplissement de ses buts.

LA LIGNE DE MARS

ORIGINE : Entre la ligne de vie et le pouce.

TERMINAISON : Sur le mont de Vénus.

INDICATION : Santé, énergie et talent.

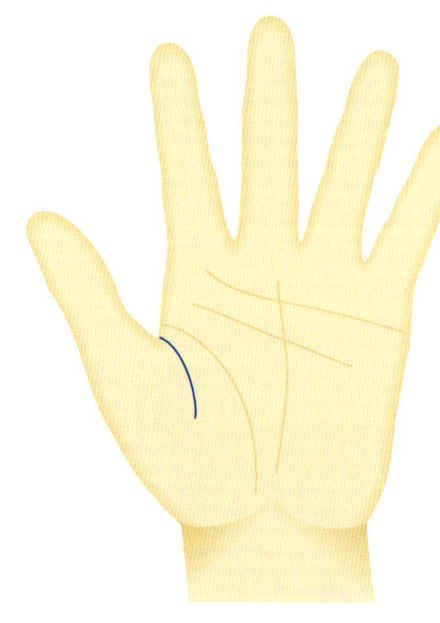

Tout le monde n'a pas cette ligne. Si vous la découvrez sur votre paume, c'est un signe propice de santé, de grands pouvoirs de récupération après une maladie et de beaucoup de vitalité. La chiromancie traditionnelle affirme aussi que cette ligne montre le talent. Sa présence soutient la ligne de vie, spécialement si celle-ci n'est pas très forte et

Voici un bon exemple de ligne de Mars, partant d'en dessous de la ligne de vie et descendant jusqu'à la moitié du mont de Vénus.

compense la vitalité chancelante signalée par une faible ligne de Mercure. Si la ligne de vie est bien développée et forte, la ligne de Mars dénotant une grande vitalité sera un plus. Toutefois, si la ligne de Mars est absente sur les deux mains, cela ne signifie pas forcément que vous manquez de santé et de talent.

TROUVER LA LIGNE

Comme pour la plupart des lignes mineures, il est parfois difficile de voir la ligne de Mars si vous manquez d'expérience. Ne la confondez pas avec une double ligne de vie, qui longe de plus près la ligne de vie que la ligne de Mars. Étudiez la paume sous un bon éclairage et cherchez une ligne courte qui commence à peu près à mi-chemin entre la ligne de vie et la base du pouce. Normalement, cette ligne se courbe en descendant le mont de Vénus sur une brève distance, bien qu'à l'occasion elle peut aller jusqu'à la base de ce mont. Vérifiez si la ligne est plus forte sur une main que sur l'autre.

UNE MAIN OU LES DEUX ?

Regardez les mains pour voir si la ligne de Mars est présente sur les deux. Puisque cette ligne fortifie la ligne de vie, si elle apparaît sur les deux mains le signe est particulièrement favorable.

> **Astuce d'expert**
> *Si vous voulez découvrir la ligne de Mars d'une personne, demandez-lui de mettre doucement la main en coupe, ce qui accentuera les lignes. Si la ligne de Mars est présente, elle deviendra visible sous la forme d'un pli marqué.*

L'ANNEAU DE SALOMON

POSITION : Autour du mont de Jupiter.

INDICATION : Une capacité de s'accorder aux autres, une compréhension instinctive à leur égard, des talents de conseiller.

Pour la chiromancie traditionnelle, l'anneau de Salomon dénote des dons psychiques et télépathiques. Sa présence est donc idéale pour quelqu'un désirant se poser en clairvoyant. L'anneau de Salomon est aussi un signe excellent chez quelqu'un effectuant un travail de proximité auprès des autres, psychothérapeute

Un anneau de Salomon encerclant le mont de Jupiter montre la compassion pour les autres.

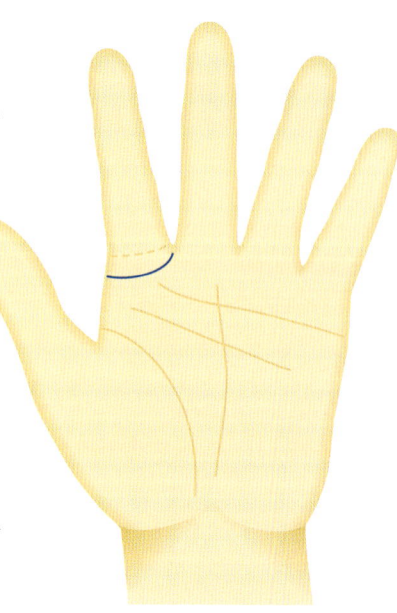

ou conseiller. Il met en évidence la capacité naturelle de l'individu de s'entendre avec les autres et de leur témoigner de la compassion.

TROUVER LA LIGNE

Comme pour toute ligne, il est important de savoir quoi chercher. L'anneau de Salomon encercle la base du doigt de Jupiter ou le mont de Jupiter et ne comporte parfois qu'un demi-cercle. Ne le confondez pas avec la ligne marquant l'attache du doigt de Jupiter à la paume. L'anneau de Salomon se trouve, quant à lui, plus bas sur le mont de Jupiter.

UNE MAIN OU LES DEUX ?

Vérifiez si l'anneau de Salomon est présent sur les deux mains. Dans ce cas, la personne est naturellement chaleureuse et compatissante. Elle reçoit probablement les confidences et les secrets de bon nombre de gens. Si l'anneau est présent uniquement sur la main non dominante, la compassion instinctive et la sensibilité ressentie par cette personne à l'égard des autres est maîtrisée, peut-être à cause d'expériences malheureuses ou des situations où on a profité d'elle. Si l'anneau est présent seulement sur la main dominante, la personne fait un grand effort pour mieux comprendre les autres.

Astuce d'expert

L'anneau de Salomon est une indication de talents d'enseignant. Il montre que cette personne est capable d'établir de forts liens avec les autres.

LA CEINTURE DE VÉNUS

ORIGINE : Sur le mont de Jupiter ou le mont de Saturne.

TERMINAISON : Sur le mont d'Apollon ou de Mercure.

INDICATION : Passion, charme, flirt, humeur changeante, sensibilité émotionnelle.

Cette ligne mineure montre la passion, pas forcément sexuelle, bien que ce soit là une possibilité. Il s'agit plutôt d'une passion pour un hobby ou une activité particulière. Autrement dit, cette personne consacrera quantité d'énergie émotionnelle à ce qui l'intéresse. Elle est par ailleurs nerveuse.

TROUVER LA LIGNE

La ligne, si elle existe, forme une courbe entre la base des doigts et la ligne de cœur. Ne la confondez pas avec une double ligne de cœur, dont la signification est différente. La ceinture de Vénus est parfois si marquée sur toute sa longueur qu'elle ressemble carrément à une ligne principale, et parfois si fragmentée et interrompue qu'elle semble apparaître et disparaître.

LIGNE FORTE

Pour la chiromancie, les lignes fortes sont en règle générale plus positives que les lignes faibles. Toutefois, la ceinture de Vénus fait exception – une ligne forte et continue indique une personne perturbée, facilement

LA CEINTURE DE VÉNUS 227

affectée par les événements extérieurs. Elle aime flirter, ce qui suscite des problèmes dans ses relations. Fait montre de changements d'humeur exagérés, avec des hauts et des bas extrêmes.

LIGNE FAIBLE
Quand la ceinture de Vénus est interrompue ou inégale, la personne contrôle mieux ses réactions émotionnelles. Elle est sensible, mais pas autant qu'une personne présentant une forte ceinture de Vénus.

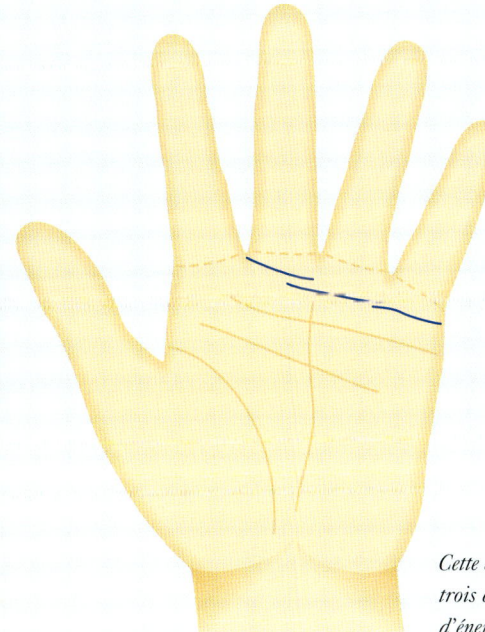

> ### Astuce d'expert
> *Une personne présentant une ceinture de Vénus ainsi que des gouttes d'eau sur le bout de ses doigts (voir page 111) est douée d'un très fort sens esthétique. C'est une personne qui a besoin d'un environnement harmonieux, séduisant.*

Cette ceinture de Vénus est interrompue en trois endroits, signalant une bonne quantité d'énergie émotionnelle.

LES BRACELETS DE NEPTUNE

POSITION : À la jonction de la paume et du poignet.

INDICATION : Chance, santé.

La chiromancie traditionnelle enseigne que les bracelets de Neptune régissent la chance. Plus il y a de bracelets, plus vous êtes chanceux. La chiromancie moderne considère qu'ils montrent l'état de santé. Dans l'idéal, deux ou plusieurs bracelets fortement marqués encerclent le poignet.

TROUVER LES LIGNES

On distingue plus facilement les bracelets quand le poignet est légèrement fléchi vers l'intérieur. Regardez la base de la paume, à sa jonction avec le poignet. Vous y verrez au moins un pli, appelé bracelet de Neptune.

Cherchez le bracelet supérieur de Neptune le plus proche de la paume. Sur certaines mains, il est difficile de voir la différence entre un bracelet segmenté et des lignes courant autour de la base du mont de Vénus. Consacrez du temps à cette partie du poignet.

LE BRACELET SUPÉRIEUR

Le bracelet supérieur de Neptune est le plus important, car il décrit la santé et la vigueur. Un bracelet fort, continu et rectiligne signifie une bonne santé, un bracelet interrompu ou chaîné, une absence de vigueur et la nécessité de s'occuper de la santé. C'est particulièrement vrai si le bracelet monte en arc vers la base du poignet, ce qui suggère des problèmes des organes internes.

LES AUTRES BRACELETS

Si le bracelet supérieur est interrompu ou se courbe vers le haut, il est important de vérifier l'état des autres bracelets. S'ils sont rectilignes et continus, les alertes sanitaires du bracelet supérieur sont moins graves que si les autres bracelets ont la même forme que lui.

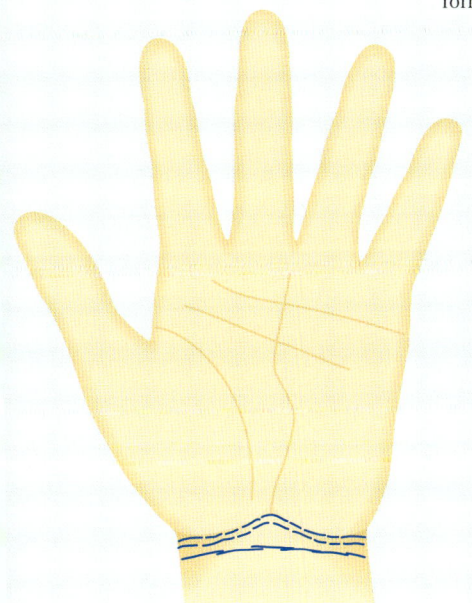

> ### Astuce d'expert
> *Soyez responsable en évaluant la santé d'une personne. Ne l'effrayez pas par des propos sinistres sur son état de santé ou par des diagnostics.*

Le bracelet supérieur de Neptune est interrompu et courbé, signalant des problèmes de santé.

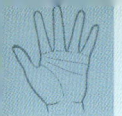

LES STIGMATES MÉDICAUX

POSITION : Sur le mont de Mercure.

INDICATION : La capacité à aider les autres.

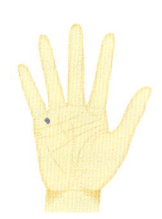

Quand ces lignes apparaissent sur une main, elles annoncent une personne douée d'une capacité instinctive et d'un désir ardent d'aider les autres, spécialement en exerçant une profession de santé. Appelés parfois "stigmates du guérisseur", ils n'ont aucun rapport avec la santé ou l'histoire médicale de la personne concernée.

Les stigmates médicaux sont un petit groupe de brèves lignes verticales sur le mont de Mercure.

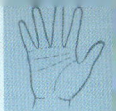

TROUVER LES LIGNES

Examinez la main sous un bon éclairage. Regardez les deux mains au cas où les stigmates sont présents uniquement sur la main non dominante – dans ce cas, cette personne a bloqué son désir d'aider les autres pour une raison quelconque.

Les stigmates médicaux comportent entre trois et sept brèves lignes verticales présentes sur le mont de Mercure, au-dessus de la ligne de cœur. Ne les confondez pas avec les lignes partant de la ligne de cœur ou avec toute autre formation de lignes. Vérifiez aussi sur les autres monts la présence de brèves lignes verticales. Dans ce cas, il est peu probable que les lignes présentes sur le mont de Mercure soient des stigmates médicaux.

Astuce d'expert

Les stigmates médicaux annoncent que la personne concernée possède une capacité naturelle d'aider les autres. Elle le fera soit professionnellement, en choisissant de travailler dans le domaine de la santé (médecine conventionnelle et complémentaire), soit en étant simplement le genre de personne vers laquelle chacun se tourne en cas de besoin. Ceux ayant choisi le domaine médical pour des raisons purement matérielles ne présenteront pas ces marques sur leurs mains.

LES LIGNES DE MARIAGE

POSITION : Sur le tranchant de la main, sous le doigt de Mercure.

INDICATION : Relations durables et importantes.

Lorsque vous interprétez les mains, on vous pose d'habitude de nombreuses questions sur l'amour et les relations. Les lignes de mariage suscitent un grand intérêt quand vous dévoilez leur signification. Si vous ne les distinguez pas clairement, demandez à la personne de mettre la main légèrement en coupe. Les lignes de mariage deviennent ainsi visibles sur le tranchant de sa main, entre la base de son doigt de Mercure et le départ de sa ligne de cœur.

Malgré leur nom, ces lignes ne se rapportent pas uniquement au mariage. Elles signalent aussi les relations sérieuses ayant eu un impact profond sur la personne concernée. Voilà pourquoi le nombre de mariages d'une personne dépasse parfois le nombre des lignes de mariage : toutes ces unions n'ont pas eu un impact émotionnel assez considérable.

LONGUEUR ET PROFONDEUR

Bien entendu, plus la ligne est longue et marquée, plus la relation aura de poids. Parfois, les lignes sont si longues qu'elles sont visibles sur la paume autant que sur le tranchant de

LES LIGNES DE MARIAGE 233

la main. Quand les lignes sont peu marquées, elles indiquent des relations fortes au moment de la lecture, mais dont l'impact s'est affaibli au fil du temps.

LA FORMATION DES LIGNES

Examinez chaque ligne pour tout indice quant à la relation. Si une ligne en heurte une autre, une relation importante s'est achevée juste avant que la suivante commence. Parfois, deux relations prennent place en même temps.

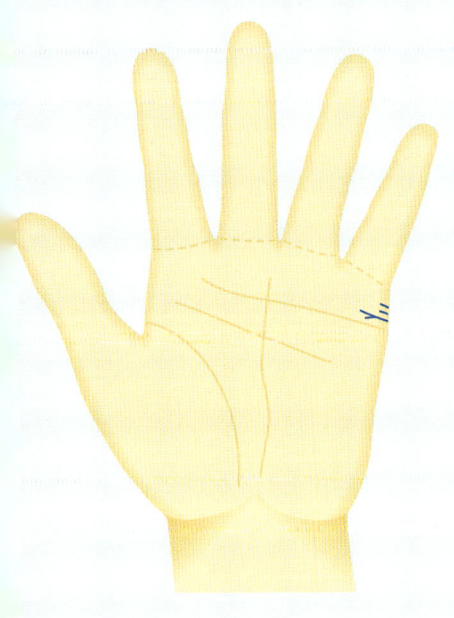

Une ligne de mariage fourchue montre deux relations prenant place en même temps.

Astuce d'expert
Y a-t-il une différence entre les lignes de mariage sur la main dominante et sur la main non dominante ? Les lignes sur la main dominante décrivent des événements qui vont assurément arriver, les lignes sur la main non dominante, des événements possibles.

MARQUES ALÉATOIRES

Outre les lignes principales et mineures, la plupart des mains comportent d'autres marques aléatoires, dont l'étoile, le triangle, la croix, la grille, le carré, l'île, la chaîne. Chacune a une signification particulière.

ÉTOILE

Soyez certain de regarder une étoile et pas une croix, en sachant qu'une étoile a toujours plus de pointes, au moins cinq. L'étoile signale un choc ou une grave difficulté éprouvée dans le domaine de la vie régi par la partie de la main où elle se trouve. Par exemple, une étoile sur le mont de Jupiter montre un choc en rapport avec les ambitions ; sur le mont de Saturne, un choc lié au devoir ou à la responsabilité. La seule exception à la règle affirmant que l'étoile est néfaste, prend place lorsque celle-ci

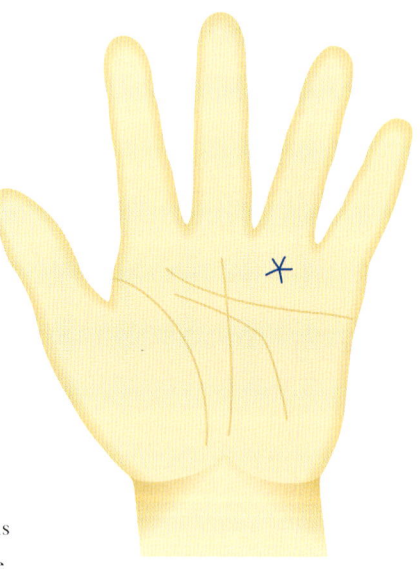

Une étoile est faste seulement si elle apparaît sur le mont d'Apollon. Dans cette position elle signale le succès artistique.

se trouve sur le mont d'Apollon. Dans ce cas, l'étoile indique la réussite dans une carrière en rapport avec les arts.

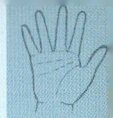

TRIANGLE

Prenez tout votre temps pour trouver les triangles, grands ou petits. Beaucoup sont formés par l'intersection des lignes principales et mineures, comme le triangle créé lorsque les lignes de destin, de tête et d'Apollon se rencontrent sur la plaine de Mars. Concentrez-vous uniquement sur les triangles nettement formés par les lignes fortes et ignorez toute marque vague, floue ou indistincte.

Les triangles annoncent les savoir-faire et les études, spécialement s'ils sont connectés avec la ligne de tête. Immanquablement, ces études signalent une quelconque capacité technique. Par exemple, vous vous attendrez à voir des triangles sur la main d'un médecin, d'un ingénieur ou d'un architecte, qui suivent des études très longues, comme chez les personnes aimant apprendre de nouveaux savoir-faire pendant leurs loisirs, comme réparer une voiture.

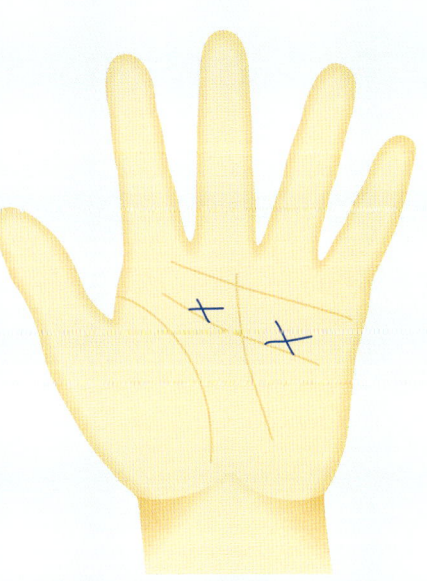

Ces deux triangles sont formés par de petites lignes se connectant à la ligne de tête.

CROIX

Une croix signale des problèmes. Pensez-y comme à un carrefour où la personne doit s'arrêter et décider de ses actions suivantes. Quand une petite ligne croise une ligne principale ou quand deux lignes

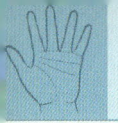

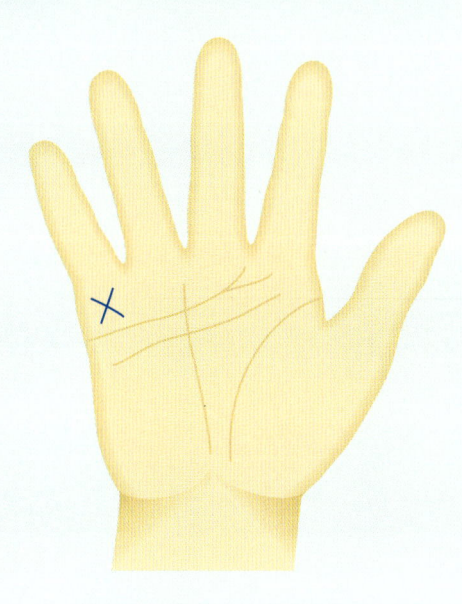

Une croix sur le mont de Mercure met en évidence des problèmes de communication avec les autres.

infimes bifurquent, une croix se forme.

Une croix symbolise des obstacles à surmonter et des difficultés susceptibles de changer la situation d'une personne. La nature du problème est montrée par la position de la croix sur la main – une croix sur le mont de Vénus dénote des problèmes relationnels.

Néanmoins, si une croix apparaît dans l'espace entre les lignes de tête et de cœur, sa signification est différente. C'est là une *croix mystique*, signalant que la personne concernée est attirée par l'occulte et le mysticisme. Si cette croix est proche du mont de Jupiter, la personne est intéressée par l'astrologie, le Tarot et d'autres domaines similaires, sans désir de les pratiquer. Si cette croix touche la ligne de destin, ou si la ligne de destin forme l'un de ses bras, la vie de la personne concernée sera fortement influencée par les sujets mystiques et occultes.

GRILLE

Un réseau de lignes horizontales et verticales annonce des troubles. Il apparaît d'habitude sur les monts, mettant en évidence des problèmes liés à la signification du mont concerné. Par exemple, une grille sur le mont de Saturne est signe de tendance à la déprime, à prendre la vie trop au sérieux ou à s'inquiéter sur le plan professionnel. La grille signale toutefois seulement des problèmes temporaires. Ceux-ci une fois réglés, les grilles disparaissent. Elle constituent en fait un premier système d'alerte prévenant que certains domaines de la vie sont sur le point de devenir stressants.

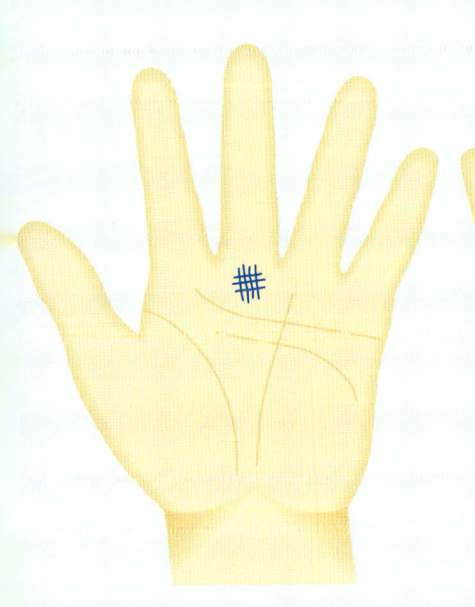

Une grille sur le mont de Saturne indique la tendance à prendre la vie trop au sérieux.

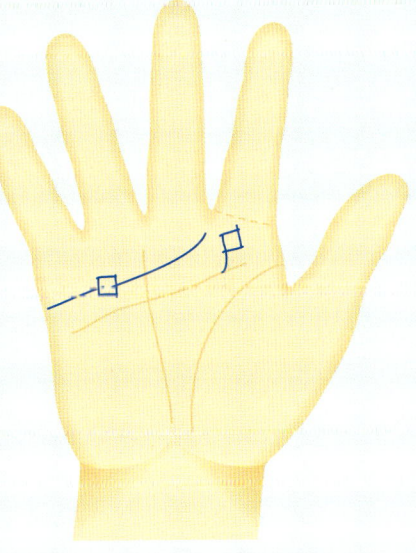

Le carré de l'enseignant sur le mont de Jupiter montre un talent naturel dans ce domaine.

CARRÉ

Qu'il renferme une interruption dans une ligne ou qu'il apparaisse sur un mont, le carré est une marque protectrice, contribuant à neutraliser toute influence négative. Par exemple, un carré sur le mont de Jupiter préserve de la vanité et de l'optimisme excessif. Un carré renfermant une interruption de la ligne de cœur atténue les problèmes d'une relation.

Si vous découvrez un carré sur le mont de Jupiter, examinez-le de près, car il peut parfois s'agir du "carré de l'enseignant" Lié à la ligne de tête par un trait unique, il ressemble plutôt à un fanion. Il annonce un enseignant inné, capable de partager son savoir avec les autres de manière intéressante et instructive.

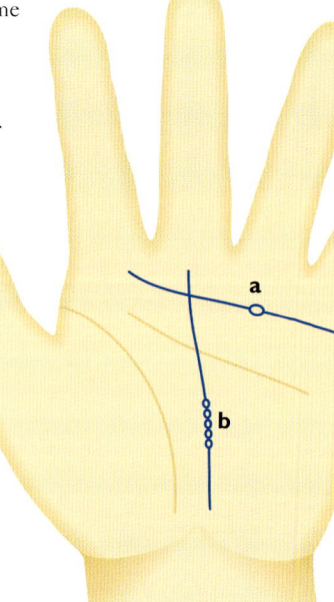

ÎLES ET CHAÎNES
a *Une île sur la ligne de cœur*
b *Une chaîne sur la ligne de destin*

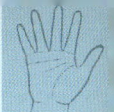

ÎLE

Une île ne peut apparaître que sur une ligne – jamais à part. C'est le point où la ligne se divise en deux avant de fusionner de nouveau. L'île signale une faiblesse dans l'énergie de la ligne. Si elle apparaît sur la ligne de vie, l'île indique un affaiblissement de la santé et de la vitalité à l'âge signalé par sa position. La personne se remettra des faiblesses temporaires, sauf si la ligne devient encore plus faible après l'île.

CHAÎNE

Une chaîne est formée par une série d'îles apparaissant l'une après l'autre sur une ligne. Une ligne présentant une chaîne signale une longue période de faiblesse et de manque de concentration.

Les énergies de cette personne fonctionnent mal et donc le domaine de la vie régi par la ligne respective souffre. Une section de chaînes sur la ligne de cœur signale parfois une période de maladie, qui devra toujours être confirmée par les autres marques de la paume. Si vous n'en trouvez aucune, les chaînes montrent dans ce cas la difficulté à exprimer les émotions et à nouer des relations solides.

> ### Astuce d'expert
> *En cherchant les marques aléatoires, habituez-vous à travailler méthodiquement. Commencez toujours sur le mont de Vénus, allez vers le mont de la Lune, puis vers la plaine de Mars, finissez par l'examen des monts en dessous des doigts. Si vous préférez, effectuez l'analyse dans l'ordre inverse.*

INTERRUPTIONS DANS LES LIGNES

Selon les textes de chiromancie traditionnelle, les marques et les lignes de la main ont une signification sinistre. Nombre de ces prédictions sont inutilement lugubres et négatives. Elles ne rendent pas service à la chiromancie, car les clients craignent ce qu'ils pourraient apprendre. Il est cependant vrai que les interruptions, représentant un décalage de l'énergie de la ligne respective, annoncent toujours des domaines problématiques.

INTERRUPTIONS ET LIBRE ARBITRE

Bien qu'on ne puisse rien faire pour changer les événements déjà passés, on peut prévenir les problèmes futurs signalés par les interruptions dans les lignes. Si l'une des lignes de votre main présente une cassure, ne supposez pas d'emblée que c'est impossible d'échapper au problème annoncé. Un homme averti en vaut deux – vous pouvez atténuer la difficulté à venir, même si vous ne lui échappez pas complètement. Gardez à l'esprit que les lignes de la main changent – ne soyez pas fataliste quant au contenu de votre main. Les gens ont tendance à imaginer que le sort est imposé par des forces supérieures plutôt qu'être le résultat de leurs actions. Comme vous le verrez dans l'étude de cas de la page 245, ce n'est pas toujours vrai.

CHERCHER UNE INTERRUPTION

Examinez attentivement la continuité des lignes principales. Une ligne interrompue peut présenter une infime interruption ou une cassure énorme aux extrémités distantes. Si

INTERRUPTIONS DANS LES LIGNES 241

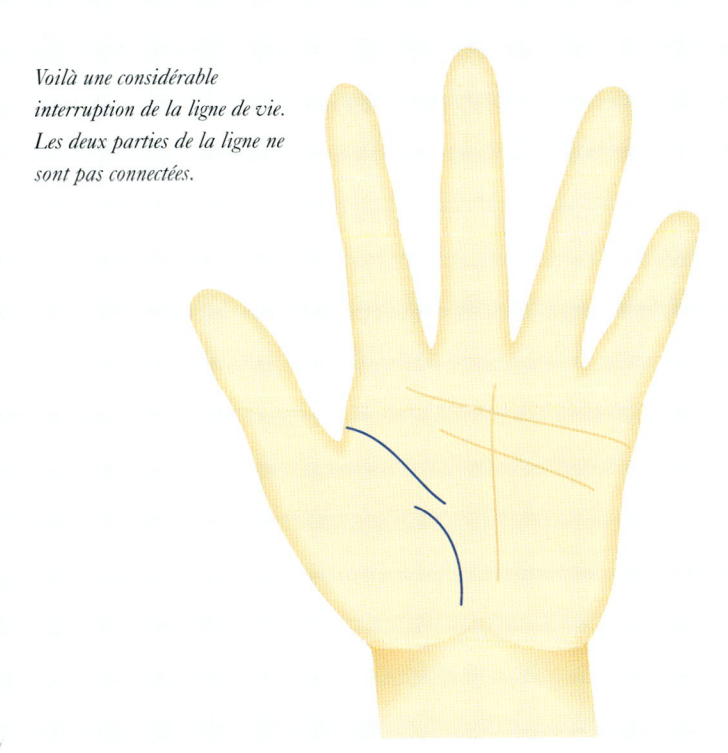

*Voilà une considérable
interruption de la ligne de vie.
Les deux parties de la ligne ne
sont pas connectées.*

vous découvrez une interruption dans une ligne, évaluez son importance pour déterminer le degré de la perturbation causée par l'événement. Serait-elle une gêne temporaire – comme le montre un espace infime – ou un changement total de la situation – comme le montre une cassure longue ? En utilisant les techniques décrites aux pages 246 à 249, déterminez l'âge de la personne lors de l'événement en question.

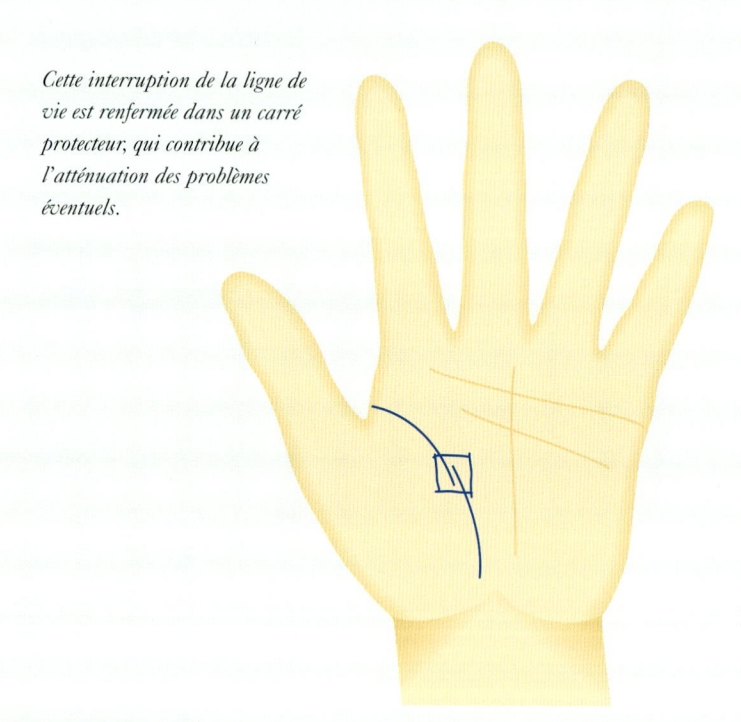

Cette interruption de la ligne de vie est renfermée dans un carré protecteur, qui contribue à l'atténuation des problèmes éventuels.

PROTECTION

Quand vous découvrez une interruption dans la ligne, vérifiez si celle-ci est protégée par d'autres lignes, ce qui diminue son impact. Si un carré entoure l'interruption, il agit comme un rapiéçage sur une vieille paire de jeans, fortifiant la ligne et neutralisant les problèmes potentiels.

S'il n'a pas de carré, examinez attentivement toute petite ligne rattachant les deux morceaux de la ligne interrompue, comme de minuscules points de suture

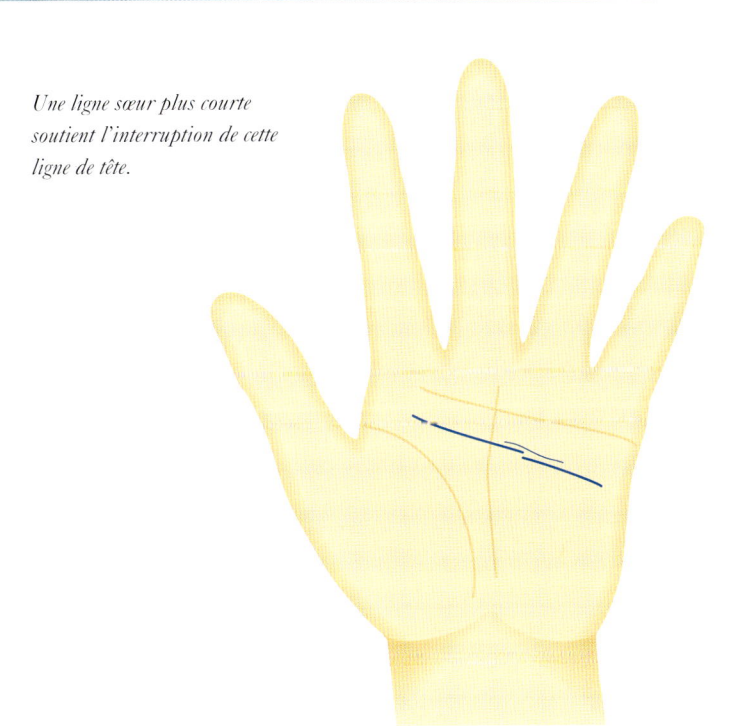

Une ligne sœur plus courte soutient l'interruption de cette ligne de tête.

reconnectant son énergie. Bien que la ligne significative soit fracturée, elle n'est pas totalement déconnectée. Donc, l'événement indiqué par l'interruption sera plus un petit contretemps qu'une énorme perturbation.

Si aucune petite ligne ne rattache les segments de la ligne concernée, vérifiez la présence d'une mince ligne sœur longeant l'interruption. Elle ne touchera pas les lignes brisées, mais les consolidera et les soutiendra pendant l'événement en question.

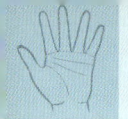

APRÈS L'INTERRUPTION

Examinez l'état de la ligne après l'interruption pour savoir si la personne se remet bien de l'événement subi. Si la ligne est plus forte après l'interruption, tout ce que celle-ci a pu représenter a eu un effet positif. Le domaine de la vie régi par la ligne respective s'améliorera. Par exemple, si la ligne de cœur devient plus forte après une interruption, les relations iront mieux. Si la ligne est plus faible après l'interruption, la personne sera gravement affectée par ce qui lui arrive. Une ligne de cœur faible ou chaînée après une interruption signale que la personne se sentira blessée et triste après l'événement en question.

> ### Évaluer l'interruption
> *Posez-vous les questions suivantes :*
> - *Quelle est la taille de l'interruption ?*
> - *L'interruption est-elle protégée par un carré ou une autre marque positive ?*
> - *Quel est l'état de la ligne après l'interruption ?*
> - *L'interruption apparaît-elle sur la même ligne sur l'autre main ?*
> - *D'autres lignes principales sont-elles interrompues à peu près au même âge ?*

UNE MAIN OU LES DEUX ?

Lorsque vous avez examiné la ligne brisée en détail, observez l'autre main pour vérifier si l'interruption y est aussi présente. Le cas échéant, l'événement aura un plus grand impact sur la vie de la personne concernée que si seule une paume est affectée. Si la cassure est présente uniquement sur la main dominante, la personne n'aura pas la moindre idée de ce qui arrive. Si l'interruption existe seulement sur la main non dominante, l'événement affectera la personne intérieurement, avec peu d'impact extérieur.

VÉRIFIEZ LES AUTRES LIGNES

Examinez les autres lignes de la main pour voir si elles présentent des cassures à l'âge indiqué par la première interruption. Dans ce cas, l'événement représenté par l'interruption aura un grand impact sur la personne dans les domaines de sa vie régis par la ligne concernée.

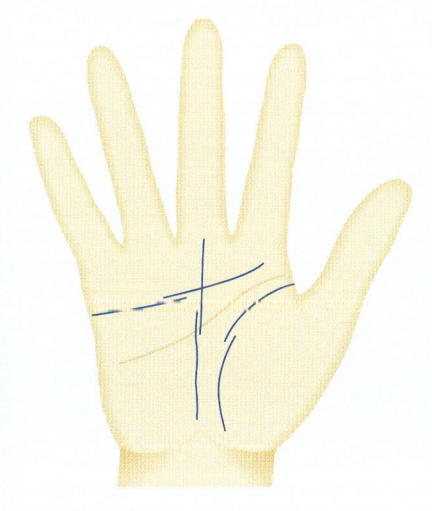

Quand plusieurs lignes sont interrompues à la même époque de la vie, l'événement prédit aura un impact transformateur sur la personne concernée.

Étude de cas

La ligne de vie sur la main gauche et la main droite de Jenny présente de grandes interruptions connectées par de minuscules lignes. Une nuit, en rentrant en voiture, elle s'était endormie au volant, mais avait évité l'accident. S'agissait-il de l'événement indiqué par les interruptions dans sa ligne de vie ? Non. Deux ans plus tard, elle a été emprisonnée pour un détournement de fonds au détriment de ses employeurs. C'était-là l'événement montré par les interruptions dans sa ligne de vie, résultant de ses actions. Jenny avait créé son propre destin.

DÉTERMINER LE MOMENT DES ÉVÉNEMENTS SUR LES LIGNES DE LA MAIN

On vous demande parfois de faire des prédictions lors de la lecture, entre autres de préciser l'âge auquel un événement se produira. Après tout, ce n'est pas sérieux de dire à quelqu'un qu'un changement interviendra dans sa vie au cours des 30 années suivantes. Soyez plus précis !

DIVISER MENTALEMENT LA LIGNE

La meilleure façon de déterminer le moment d'un événement est de diviser mentalement la ligne respective en segments de 10 ans également espacés. L'origine de la ligne représente la naissance de cette personne et sa terminaison, la mort. Ainsi, vous aurez une bonne idée de son âge lors d'un événement. Par exemple, si vous tentez de déterminer le moment de l'événement symbolisé par une croix sur la ligne de destin et découvrez qu'il tombe au milieu du segment de 40 à 50 ans, vous pouvez préciser sans erreur qu'il prendra place lorsque la personne aura environ 45 ans.

Vous devez donc savoir où commence et où finit chaque ligne, pour déterminer correctement ce moment. Le diagramme rafraîchira votre mémoire. Gardez à l'esprit que les lignes de vie et de tête commencent près du pouce, la ligne de cœur sur le tranchant de la main, la ligne de destin, à la base de la main. Pour déterminer le moment des relations montrées par les lignes de mariage sur le tranchant de la main,

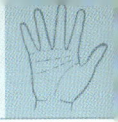

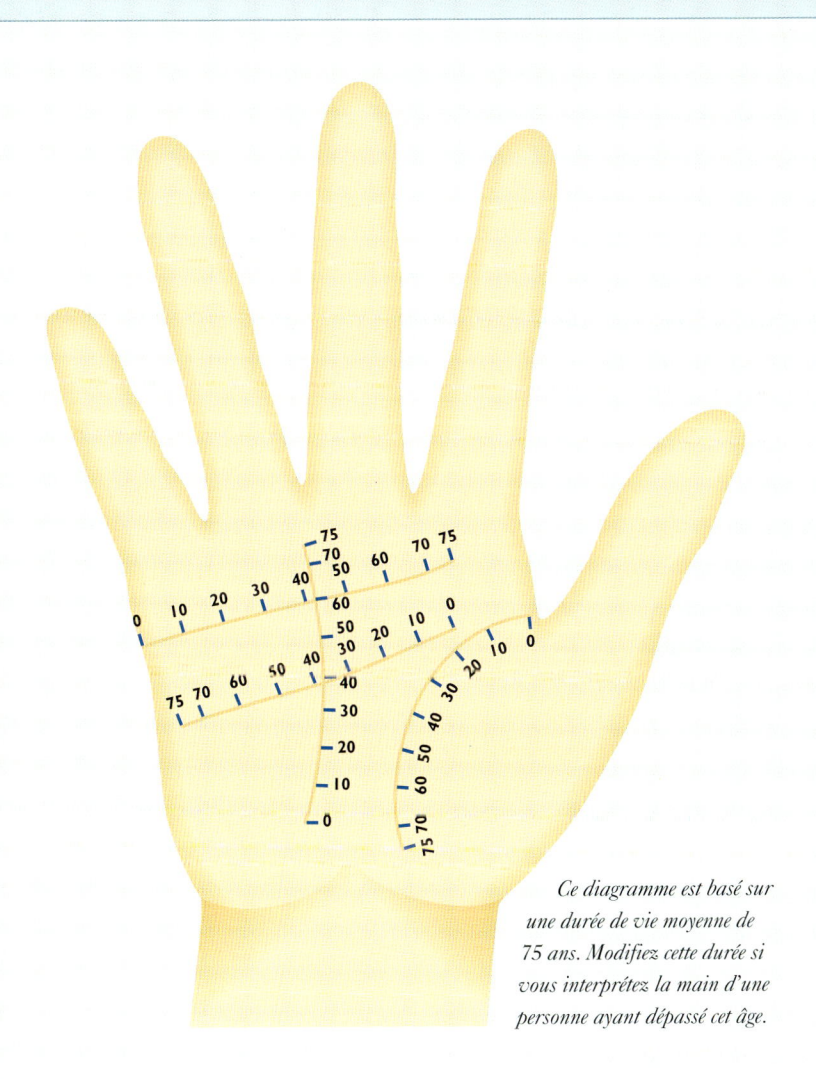

DÉTERMINER LE MOMENT DES ÉVÉNEMENTS 247

Ce diagramme est basé sur une durée de vie moyenne de 75 ans. Modifiez cette durée si vous interprétez la main d'une personne ayant dépassé cet âge.

248 LES LIGNES DE LA MAIN

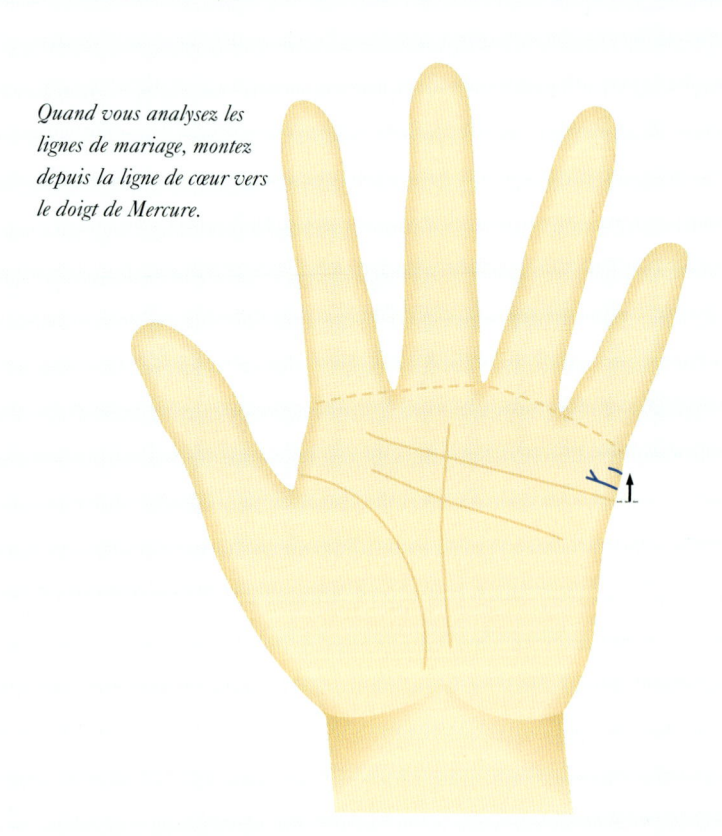

Quand vous analysez les lignes de mariage, montez depuis la ligne de cœur vers le doigt de Mercure.

vous allez de la ligne de cœur vers la base du doigt de Mercure.

DÉTERMINER LE MOMENT D'ÉVÉNEMENTS PASSÉS

Si un événement considérable a déjà pris place dans la vie d'une personne, il vous permettra de vérifier la justesse de vos calculs. Déterminez l'âge au moment de cet événement, puis vérifiez auprès de la personne si votre estimation est correcte. Vos calculs seront ainsi plus précis, attitude particulièrement utile pour les débutants.

Cheiro (voir page 11), l'un des plus célèbres chiromanciens anglais du début du XXe siècle, arrivait à prédire même le mois où des événements allaient se produire. Il est certain qu'en plus de ses connaissances en chiromancie il faisait aussi appel à son intuition.

Si vous éprouvez un besoin similaire de précision quant à un événement à venir, laissez-vous guider par votre intuition.

LA PRATIQUE REND PARFAIT

Pour commencer, mieux vaut vous exercer sur vos mains. Examinez attentivement les lignes de votre main pour déceler toute interruption, île ou carré. Déterminez votre âge à l'époque de leur apparition et réfléchissez à leur signification.

S'il y a peu de marques sur vos mains, examinez les mains d'un ami serviable et demandez-lui de vous aider à les interpréter. Cet exercice vous sera très profitable.

> ### Astuce d'expert
> *Au commencement d'une séance, demandez son âge à la personne qui vous consulte. Cette information est utile pour retrouver cet âge sur chaque ligne de la main. Si vous suspectez qu'elle a triché sur son âge, rappelez-vous que beaucoup de gens oublient généralement quelques années par vanité !*

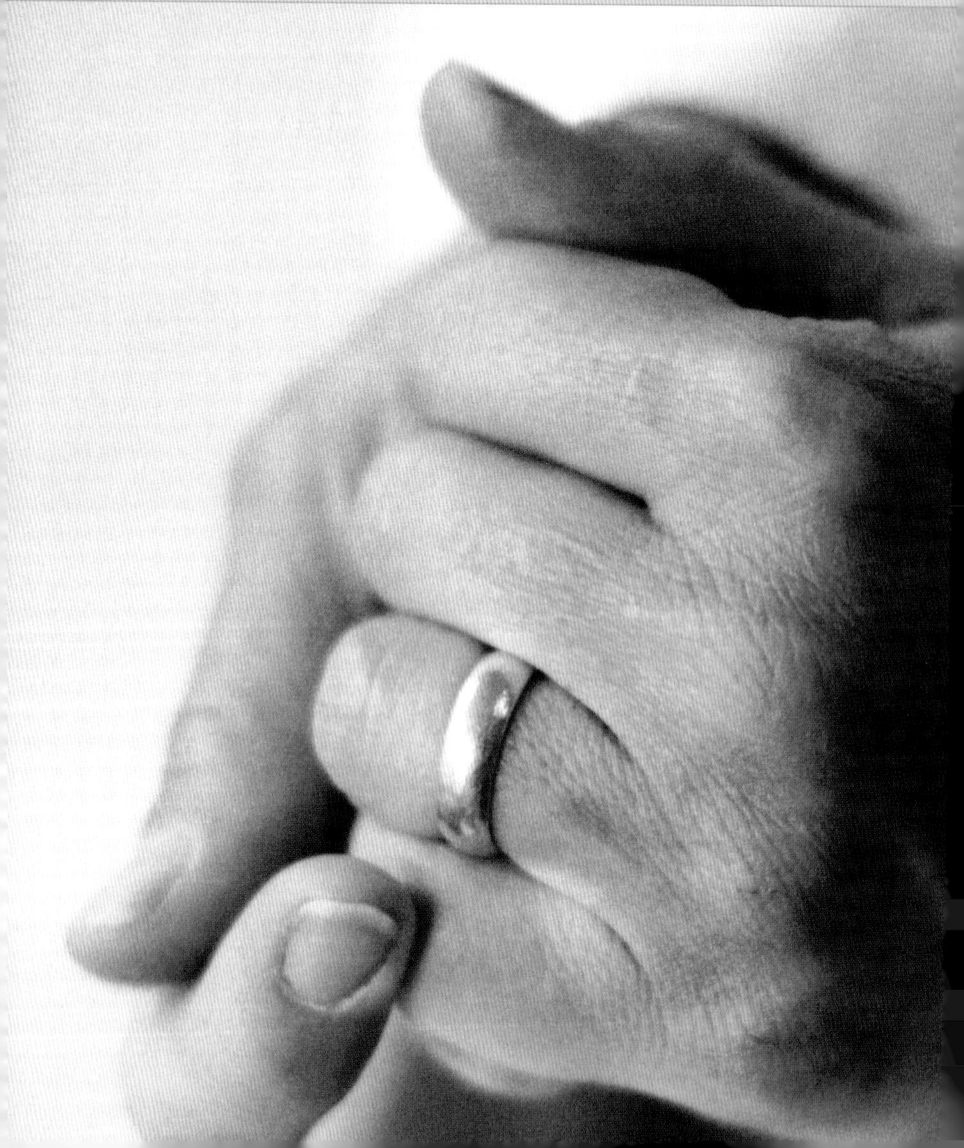

AMOUR ET RELATIONS

L'amour compte parmi les énergies essentielles de notre vie. Sans lui, nous serions totalement appauvris et perdus. Pour se sentir heureux et en bonne santé, tout un chacun a besoin d'une forme quelconque d'amour. Une personne éprouvera le plus grand amour pour son partenaire, une autre se concentrera sur ses enfants, le monde d'une troisième se tournera vers ses animaux de compagnie ou se consacrera corps et âme à une activité ou à une cause. Les chiromanciens ont toujours été consultés par des clients désireux de savoir s'ils allaient rencontrer l'homme ou la femme de leurs rêves ou voulant connaître la durée d'une relation.

Nos mains montrent le genre de relations que nous souhaitons et la manière dont nous agissons en nous attachant à quelqu'un. Sommes-nous fidèles, flirteurs, cruels, romantiques, idéalistes ? Aurons-nous une vie heureuse avec notre amour unique, connaîtrons-nous une série de relations, ou préférerions-nous rester un cœur à prendre ? Nos mains détiennent toutes les réponses – à condition de savoir les lire.

POINTS DE REPÈRE POUR LES RELATIONS

Que devez-vous chercher dans la main lorsque vous voulez évaluer la part que l'amour jouera dans la vie de quelqu'un ? Concentrez-vous sur deux points, la forme et la texture de la main, ainsi que la disposition des lignes sur la paume.

L'amour est un sujet très puissant pour la plupart des gens. Essayez de rester objectif en examinant une main pour découvrir le comportement de la personne concernée dans une relation. C'est particulièrement conseillé si vous êtes directement intéressé par cette information, car il est tentant de se concentrer sur les indications positives en ignorant celles négatives.

Ne portez pas de jugement sur le tempérament émotionnel d'une personne, ne la critiquez pas si vos indices parlent de penchant à d'infidélité ou de réserve.

LA FORME ET LA TEXTURE DE LA MAIN

Commencez toujours par examiner la forme et la texture de la main, porteuses d'informations précieuses sur la personnalité. Voici quelques points à observer :

- La main est-elle feu, terre, air, eau ?
- La texture de la peau est-elle rugueuse ou douce ?
- Les ongles sont-ils étroits ou larges, courts ou longs ?
- Y a-t-il des espaces entre la troisième phalange des doigts ?
- Le mont de Vénus est-il bien développé ou mince ?
- La paume est-elle dure, élastique ou flasque ?

POINTS DE REPÈRE POUR LES RELATIONS 253

Nos mains révèlent un énorme volume d'informations sur nos attitudes, bonnes ou mauvaises, à l'égard des relations.

- Le dos de la première phalange présente-t-il des gouttes d'eau ?
- L'angle entre le pouce et la main est-il petit ou grand ?

LES LIGNES DE LA PAUME

Lorsque vous avez obtenu des informations intéressantes sur cette personne en examinant la forme de sa main, passez aux lignes de sa paume. Voici quelques questions à garder à l'esprit :

- Y a-t-il une ceinture de Vénus ?
- Où finit la ligne de cœur ?
- La ligne de cœur est-elle courbée ou rectiligne ?
- La ligne de vie est-elle courbée ou droite ?
- Combien de lignes de mariage y a-t-il ?

LIGNE DE CŒUR

Lorsque vous examinez une main pour découvrir comment la personne concernée se comportera dans les relations, vous passez beaucoup de temps sur sa ligne de cœur. Vous avez déjà vu où elle finit, si elle est courbée ou rectiligne, et en avez tiré des informations essentielles sur le tempérament émotionnel. Le moment

254 AMOUR ET RELATIONS

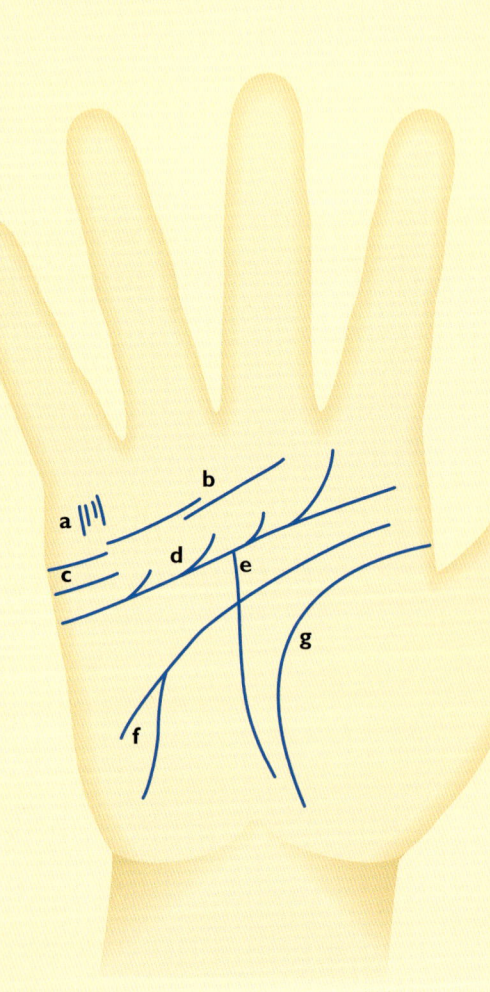

POINTS CLÉS
a *Stigmates médicaux*
b *Ceinture de Vénus brisée*
c *Lignes de mariage*
d *Lignes montant depuis la ligne de cœur*
e *Ligne de destin finissant à la ligne de cœur*
f *Ligne de tête fourchue*
g *Ligne de vie courbée*

est venu d'analyser plus en détail la ligne de cœur.

Vérifiez les questions suivantes :
- Où est placée la ligne ?
- Quelle est sa couleur ?
- Est-elle traversée par une ligne d'interférence ?
- Y a-t-il des lignes d'influence et, si oui, sont-elles au-dessus ou au-dessous de la ligne ?
- La ligne de cœur est-elle interrompue et, si oui, la cassure est-elle considérable ou est-elle protégée par d'autres lignes ?

AUTRES CONSIDÉRATIONS

Prenez aussi en compte tout point de la main indiquant l'attitude générale de la personne envers les autres gens. Par exemple, est-elle surtout intéressée par elle-même, ou s'intéresse-t-elle aussi aux besoins des autres ? Voici quelques questions :
- Y a-t-il une boucle de l'humour ?
- Y a-t-il une boucle du bon sens ?

Les relations importantes, comme les mariages, sont signalées sur les lignes de mariage sur le tranchant de la main.

- Y a-t-il des lignes d'enfants ?
- Y a-t-il un anneau de Salomon sur le mont de Jupiter ?
- Y a-t-il des stigmates médicaux ?

INDICATIONS DE RELATIONS DURABLES

Certains sont persuadés que l'amour durera toujours et font de leur mieux pour la réussite de leur relation, restant avec un partenaire même quand la situation empire. D'autres préfèrent rester libres, sans jamais s'engager dans un partenariat durable et disparaissent au premier signe de problèmes.

Toutefois, seule l'expérience peut dire si la personne aimée sera capable de faire durer cette relation. Heureusement, la chiromancie apporte sans attendre quelques réponses. Si vous êtes fou de quelqu'un sans être certain s'il ira jusqu'au bout ou s'il abandonnera de suite, voici quelques indices à chercher sur sa main. Examinez aussi votre main pour déterminer votre propre attitude envers les relations.

LA FORME ET LA SENSATION DE LA MAIN

Regardez d'abord la forme de la main. Dans l'idéal, ce sera une main terre, montrant une nature pratique, fiable et solide, qui ne s'ennuie pas facilement et qui apprécie les passe-temps romantiques. Cette personne préfère la familiarité et le confort, donc son tempérament convient aux relations durables – elle fera de son mieux pour que le couple soit une réussite.

Quelle sensation vous laisse cette main ? La main devrait être douce et élastique, signe de sensibilité et de compréhension. Cette personne tiendra assurément compte des sentiments de son partenaire et s'en intéressera. Elle voudra maintenir une relation équilibrée, saine et satisfaisante.

INDICATIONS DE RELATIONS DURABLES   257

LIGNES DE MARIAGE

Ces lignes sur le tranchant de la main (voir pages 232 et 233), en dessous du doigt de Mercure, montrent le nombre de relations importantes que la personne concernée aura. Si une, peut-être deux, lignes de mariage très marquées sont présentes, elles signalent des liens émotionnels qui l'ont profondément touchée. Une

Voilà deux lignes de mariage fortement marquées sur cette main, annonçant deux relations très importantes.

Certains sont capables de rester ensemble pour le meilleur ou pour le pire.

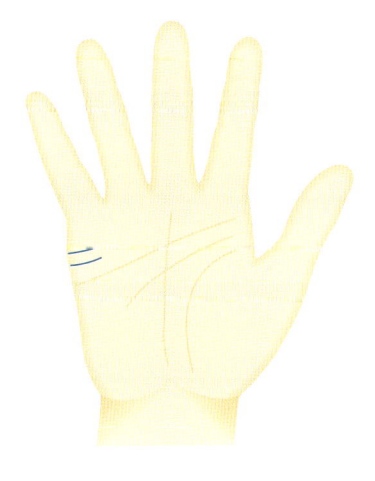

série de lignes faibles signale une succession de relations qu'elle n'a pas prises très au sérieux.

LIGNE DE CŒUR

Faites très attention à sa ligne de cœur, qui met en évidence la façon dont elle exprime ses émotions, de même que le type de relations qu'elle désire trouver. Si elle est intéressée par des partenariats satisfaisants, durables, la ligne de cœur sera

La ligne de cœur est un excellent indice du comportement de son propriétaire dans les relations et de ce qu'il en tire.

généreusement courbée, de préférence sur les deux mains. La courbure révèle sa capacité à montrer ses sentiments.

Vérifiez la présence de nombreuses petites lignes partant de la ligne de cœur. C'est un signe propice, annonçant la capacité d'établir des connexions émotionnelles avec les autres, donc avec le partenaire – absolument nécessaire pour une relation durable.

Si une ligne monte de la ligne de cœur sur le mont d'Apollon, la personne appréciera une relation très épanouie et heureuse. Si la ligne est présente sur votre paume ainsi que sur la main de votre partenaire, vous pouvez espérer qu'elle se réfère à vous.

Où et comment finit la ligne de cœur ? Si elle traverse le mont de Jupiter et s'achève sur le bord de la paume, la personne est très jalouse, ce qui posera des problèmes et suscitera des chagrins. Si la ligne s'achève en éventail sur le mont de Jupiter, la nature de cette personne est merveilleusement affectueuse et chaleureuse. Elle a par ailleurs le don d'établir des relations heureuses.

Quand la ligne de cœur finit par une fourche, avec une branche sur le

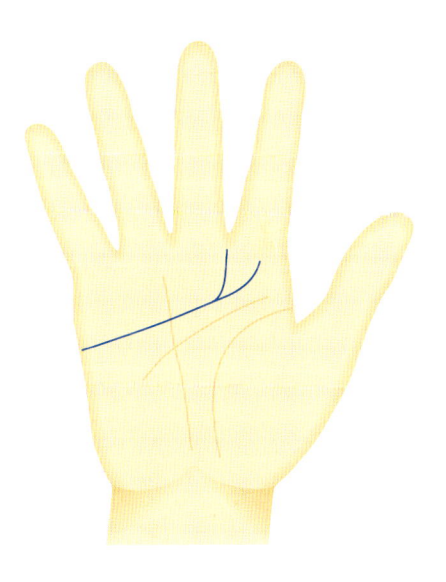

Une ligne de cœur finissant par une fourche dans ces positions est un signe propice.

mont de Jupiter et l'autre entre les doigts de Jupiter et de Saturne, le signe est propice. Cette personne est facile à vivre, drôle, met les autres à l'aise et rencontre probablement moins de problèmes dans ses relations.

INDICATIONS D'ENFANTS

Les enfant occupent un place si importante dans la vie qu'ils apparaissent immanquablement sur la main. Faites toutefois preuve de prudence en évaluant ce qui risque de s'avérer un sujet très délicat et difficile pour certains, spécialement s'ils veulent désespérément des enfants et craignent de ne jamais en avoir. N'oubliez jamais que les mains montrent le potentiel, qui peut ne pas se réaliser pour nombre de raisons. Parfois, vous verrez dans la main des enfants, même si la personne en question n'en a aucun.

Il est aussi important de se rappeler que le terme "enfants" n'a pas forcément le même sens pour tout le monde. Pour certains, un enfant représente leur descendant de chair et de sang. D'autres, n'ayant pas d'enfants, seront des oncles, des tantes ou des parrains dévoués. Ils s'attacheront éventuellement à leurs animaux de compagnie. Les "enfants" de certains sont leurs réalisations, telles que livres, tableaux ou jardins. Lorsque ces "enfants" jouent un rôle très

Les enfants, qu'ils soient naturels ou adoptés, apparaissent sur la main de la même façon.

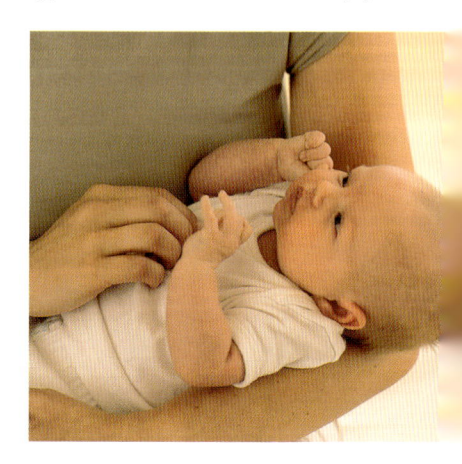

important, ils seront visibles sur les mains de la personne concernée. Ne soyez pas surpris si les deux enfants que vous voyez sur une main s'avèrent être les deux chats de la maison.

MONT DE VÉNUS

Examinez en premier le mont de Vénus. Dans l'idéal, il est bien arrondi et élastique, signe de tendresse et d'affection. La personne présentant un mont très plat ne voudra probablement pas d'enfants, car elle ne dispose pas des ressources émotionnelles pour s'en occuper.

LIGNES D'ENFANTS

Examinez soigneusement les lignes de mariage. Y a-t-il là de fines lignes verticales montant à partir des lignes de mariage, soit en les touchant, soit commençant juste au-dessus d'elles ? Ces lignes fines représentent les enfants potentiels. Il vous faudra une loupe et un bon éclairage pour les étudier correctement, spécialement si vous examinez une main eau couverte d'un réseau de fines lignes.

DEPUIS L'EXTÉRIEUR VERS L'INTÉRIEUR

Les lignes d'enfants se lisent en partant du tranchant de la paume vers

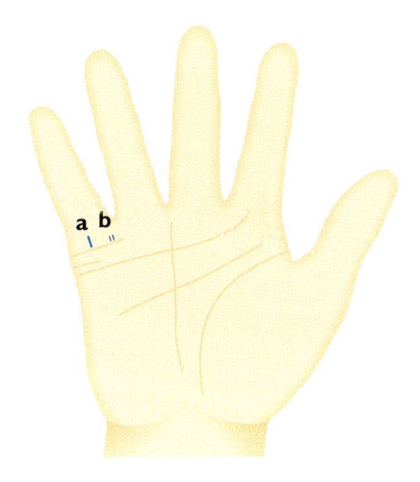

POINTS CLÉS
a *Une ligne épaisse indique un garçon*
b *Une ligne mince indique une fille*

262 AMOUR ET RELATIONS

l'intérieur – l'aîné se trouve sur le tranchant de la main. Le processus est simple si vous étudiez une main terre comportant peu de marques, plus compliqué si cette zone de la main est striée de lignes verticales. Si de nombreuses lignes ne représentant pas d'enfants sont présentes, elles indiquent des animaux de compagnie, des projets ou même des enfants familiers aimés.

Les lignes présentes sur les lignes de mariage décrivent le sexe des enfants.

GARÇONS ET FILLES

Quand vous avez trouvé les lignes, déterminez le sexe des enfants, en sachant que les garçons sont signalés par les lignes longues et larges, les filles, par les lignes étroites et moins marquées.

ENFANTS PRÉFÉRÉS

Examinez toute ligne montante qui soit traverse la ligne de mariage, soit part de celle-ci. Cette ligne représente l'enfant préféré de la personne. Par exemple, s'il y a quatre lignes d'enfants dont la dernière coupe la ligne de mariage, celle-ci représente l'enfant qui reçoit toujours un traitement de faveur. Même si ce favoritisme vous saute aux yeux, la personne concernée peut se défendre avec la dernière énergie de préférer un enfant à un autre, se sentant coupable. Comme toujours, faites preuve de tact !

NAISSANCES MULTIPLES

Les jumeaux apparaissent sous la forme d'une fourche à deux branches montant de la ligne de mariage, les triplées, d'une fourche à trois branches.

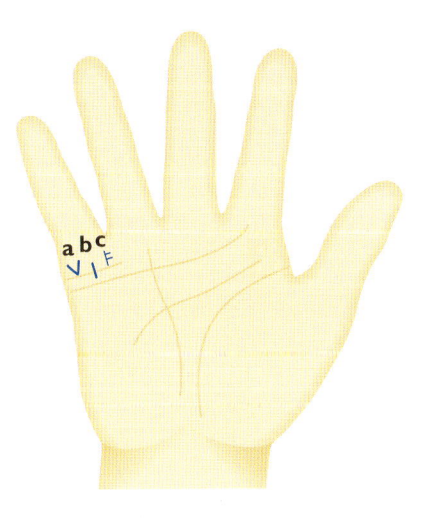

POINTS CLÉS

a *Une fourche épaisse indique des jumeaux*
b *Une ligne épaisse à travers la ligne de mariage signale un garçon préféré*
c *Deux lignes horizontales annoncent deux petits-enfants*

PETITS-ENFANTS

Les petits-enfants sont aussi signalés sur la main, par d'infimes lignes partant des lignes d'enfants initialement montantes, mais il vous faudra une loupe pour les voir nettement.

L'AMOUREUX FIDÈLE

L'infidélité suscite énormément de chagrin. Certains semblent être naturellement infidèles, susceptibles de faire un faux-pas à tout moment, d'autres ne rêveront même pas de tromper leur partenaire. Si vous êtes actuellement en couple, dans quelle catégorie votre partenaire entre-t-il ? Tout aussi significatif, que dit votre main à propos de votre fidélité ?

Il est rare que la main comporte toutes les caractéristiques suivantes. Si vous en trouvez trois ou plus, la personne en question est fidèle par nature. Comme vous pouvez l'imaginer, plus les marques sont nombreuses, plus elle sera fidèle.

LA FORME DE LA MAIN

Examinez la forme de la main, qui annonce les traits de personnalité. Si elle est naturellement fidèle, cette personne aura une main terre pratique, réaliste. Elle sera heureuse dans une vie de routine et ne rêvera pas sans cesse à de nouveaux pâturages. Les doigts ne doivent pas être trop flexibles, signe d'impétuosité.

Vérifiez la largeur de l'espace entre la troisième phalange des doigts. Dans l'idéal, pour montrer que la personne aime garder ce qu'elle a plutôt que risquer de le perdre, l'espace doit être infime ou carrément inexistant.

Le pouce doit être assez long, indice de diplomatie naturelle et de capacité à gérer les autres. Les ongles donnent d'autres indications. Une personne fidèle est aussi patiente et tolérante – le bout spatulé des doigts et les ongles larges et de longueur normale le confirment.

LIGNE DE VIE

La ligne de vie doit suivre un arc léger, signe d'une personne chaleureuse, mais qui n'a pas envie d'offrir à n'importe qui cette chaleur, préférant les relations qui lui sont familières.

MONT DE VÉNUS

Examinez la forme et la sensation du mont de Vénus. La personne sera le plus probablement fidèle et tendre si

Les mains révèlent la fidélité ou la préférence pour le flirt.

son mont de Vénus est gentiment bombé, sans être surdéveloppé, et élastique au toucher.

LIGNES DE MARIAGE

Combien de relations voyez-vous sur les lignes de mariage situées sur le tranchant de la main ? Vous aurez ainsi une idée du nombre de liaisons sérieuses que cette personne aura dans sa vie. Gardez cependant à l'esprit que les flirts innocents, les aventures d'une nuit ou les liaisons brèves ne sont pas marquées, vu leur

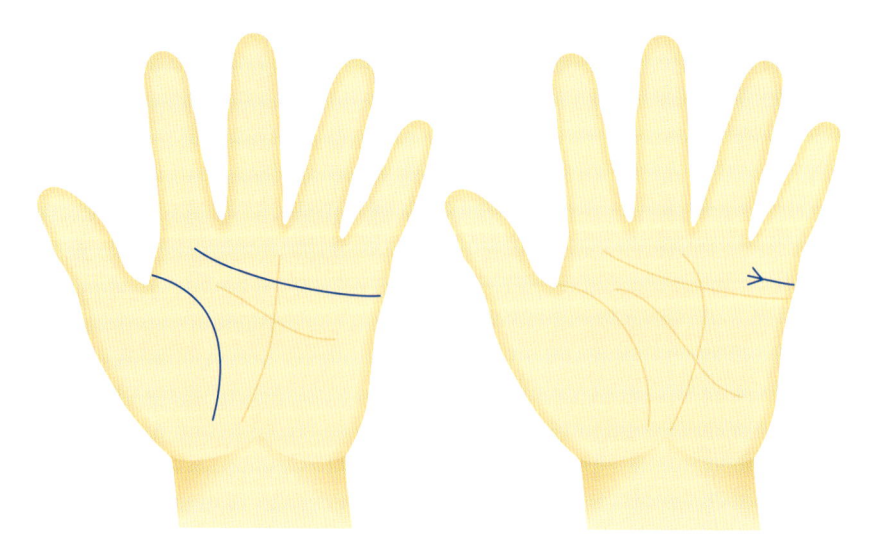

Les lignes de vie et de cœur courbées montrent la capacité de se lier aux autres.

Cette fourche à trois dents montre que la relation a pris fin à cause de l'infidélité.

Tout le monde ne cherche pas la même chose dans les relations, comme la stabilité.

peu d'importance. Toutefois, si elles risquent de ruiner une relation, de tels incidents apparaîtront sous la forme d'une fourche à trois branches, située à la terminaison de la ligne de mariage.

LIGNE DE CŒUR

La ligne de cœur ? Elle doit être assez longue pour montrer que la personne est capable d'éprouver une large gamme d'émotions, susceptibles d'accroître la compréhension qu'elle a de son partenaire. La ligne ne doit cependant pas dépasser le mont de Jupiter, sinon elle signalera une tendance à la jalousie. Bien qu'une ligne de cœur courte, finissant sur le mont de Saturne, puisse indiquer une personne souhaitant que ses relations réussissent, celle-ci sera aussi très passionnée – et se laissera parfois aller à un faux pas. Dans un monde parfait, la ligne de cœur finira sur le mont de Jupiter, signe de chaleur, d'affection et de loyauté.

Quant à la qualité de la ligne de cœur, une ligne très chaînée signale beaucoup de tension émotionnelle, causée peut-être par l'infidélité. Les petites lignes partant de la ligne de cœur montrent la capacité d'établir de forts liens émotionnels avec les autres.

L'AMOUREUX INFIDÈLE

Parfois, on est surpris par les personnes qui s'avèrent être infidèles. Elles sont généralement loyales, honnêtes et gentilles envers leur partenaire tant que la relation va bien, mais au premier signe de trouble elles cherchent leur bonheur ailleurs. D'autres sont infidèles et trouvent pratiquement impossible d'entretenir une relation durable, souvent par peur de l'engagement.

Avant d'examiner une main, rappelez-vous que toutes les marques signalent la possibilité de l'infidélité, pas sa certitude. Réfléchissez si la tendance au flirt débouche automatiquement sur une trahison émotionnelle, spécialement si votre

Examinez les lignes de la main si vous voulez connaître l'attitude envers la fidélité.

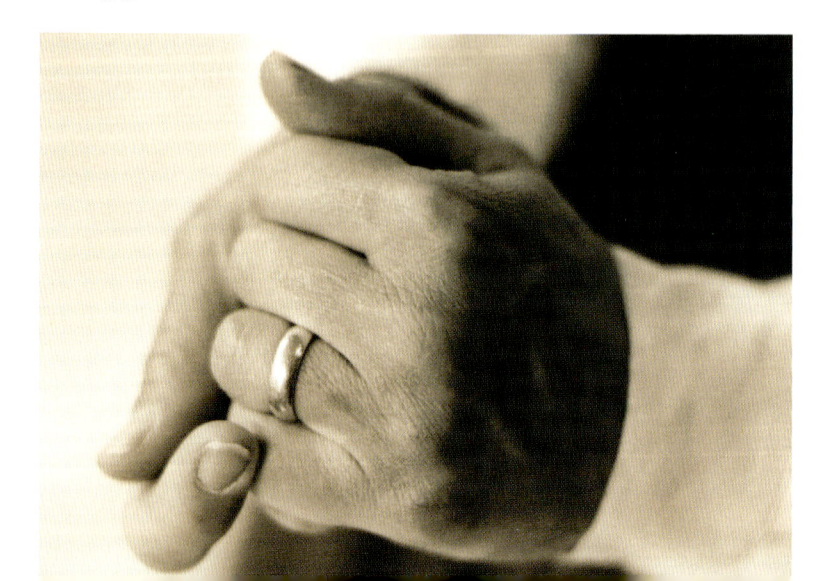

main montre les signes d'une nature jalouse.

LA FORME DE LA MAIN

Comme toujours, commencez par regarder la forme globale de la main. Si quelqu'un est infidèle, sa main sera probablement eau ou feu. La personne aux mains feu est agitée et s'ennuie facilement – elle fera des infidélités pour s'amuser. La personne aux mains eau tend à se montrer romantique et idéaliste – elle changera de partenaire pour trouver le prince charmant.

Y a-t-il des espaces entre la troisième phalange des doigts quand la main de cette personne est fermée ? Ces espaces révèlent une nature ouverte et amicale, qui risque de l'entraîner dans des liaisons affectives.

MONT DE VÉNUS

Le mont de Vénus est-il très charnu et proéminent ou est-il très sexuel et passionné ? Bien entendu, cela risque

"C'est à cette heure-ci que tu rentres ?" Il est difficile de vivre avec un partenaire jaloux.

de déboucher sur des problèmes si l'individu est tenté de fauter avec une personne séduisante.

En examinant les lignes présentes sur le mont vous tirerez plus d'indications. Voyez-vous des rangées de stries horizontales traversant le mont ? C'est là un signe certain de nature volage, bien que cela ne veuille pas automatiquement dire que la personne sera infidèle.

CEINTURE DE VÉNUS

Le présence d'une forte ceinture de Vénus est un signe classique d'infidélité. Plus cette ceinture est nette et bien définie, surtout si elle apparaît sur les deux mains, plus l'infidélité est probable, car cette personne aime flirter et est attirée par les autres.

Vérifiez si l'une des lignes de mariage aboutit à la ceinture de Vénus. Le cas échéant, la personne commandera dans la relation, autrement dit elle ne fera qu'à sa tête et s'attendra à ce que son partenaire supporte son comportement.

LIGNE DE CŒUR

Vous avez déjà une bonne idée si cette personne est infidèle. La ligne de cœur montrera son attitude envers

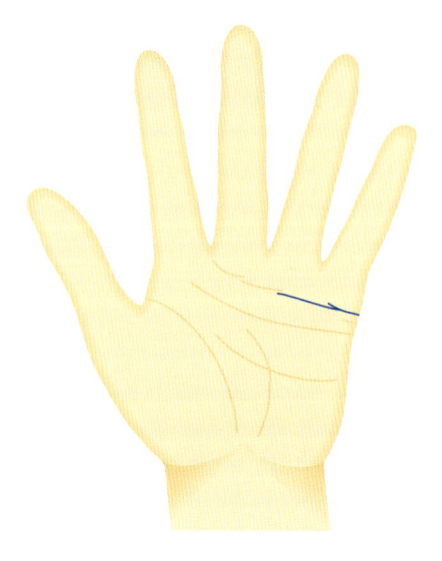

Une ceinture de Vénus connectée à une ligne de mariage montre le besoin de contrôle.

L'AMOUREUX INFIDÈLE 271

ceux qui l'aiment. Est-elle insensible, égoïste, manquant d'égards ou est-elle aimante ?

Regardez d'abord la forme de la ligne de cœur. Si elle est rectiligne et fortement marquée, la personne est très prise par ses propres besoins et désirs et s'occupe toujours d'abord d'elle-même. Cette tendance est accrue si la ligne droite apparaît sur une main feu.

Vérifiez l'épaisseur de la ligne de cœur. Si celle-ci est mince, la personne a du mal à aimer les autres et n'est pas très intéressée par leur bonheur. Il est donc peu probable qu'elle réfléchisse à l'effet de son comportement sur les sentiments de son partenaire.

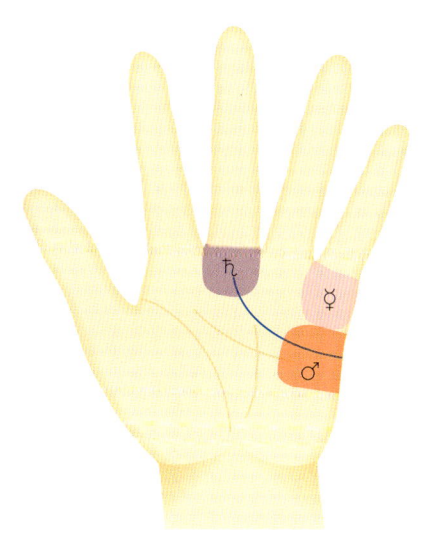

Cette personne est calme mais passionnée, ce que montre sa ligne de cœur très courbée.

Astuce d'expert
Les doigts de Mercure vous diront beaucoup sur l'honnêteté d'une personne. Si les doigts sont très tordus, cette personne raconte des histoires avec un parfait naturel. Son inventivité lui sera extrêmement utile pour trouver de bonnes excuses à son absence.

L'AMOUREUX ROMANTIQUE

Êtes-vous un romantique ou un réaliste ? Voyez-vous toujours le meilleur chez les autres et leur pardonnez-vous même s'ils vous blessent sans cesse par le même genre de comportement ? Êtes-vous

Un romantique né tend à voir le monde – particulièrement sa bien-aimée – à travers des lunettes roses.

convaincu que l'homme (ou la femme) de votre vie est là, quelque part, et que votre vie dans son ensemble deviendra meilleure lorsque vous finirez par rencontrer cette personne merveilleuse ?

Votre main renferme les réponses à toutes ces questions et risque de vous surprendre en révélant des traits dont vous n'étiez pas conscient. Les mains des autres vous diront s'ils sont idéalistes ou réalistes.

LA FORME DE LA MAIN
Quelle forme a la main ? Le vrai romantique a immanquablement une main eau, qui révèle sa nature sensible et sa vulnérabilité. Personne extrêmement méfiante quant au comportement des autres, elle aura du mal à se protéger, car elle est sujette aux influences extérieures.

La personne aux mains feu est, quant à elle, idéaliste. Très imaginative et enthousiaste, elle espère toujours le meilleur et tend à se fier à la chance. Alors que le propriétaire d'une main eau peut être détruit par des expériences malheureuses, une personne aux mains feu se remet rapidement, prête pour une autre escarmouche avec la chance. Vous pouvez tenir ce comportement pour idéaliste, car parfois les personnes aux mains feu ne tirent pas la leçon de leurs erreurs et continuent à répéter celles-ci en espérant en vain à chaque fois que les choses seront différentes, sans toutefois rien faire pour cela.

LA FORME DES DOIGTS
Plus les doigts sont effilés, plus la personne est romantique. Cette

Une main eau aux doigts effilés et à la première phalange longue montre l'idéalisme.

tendance est encore plus prononcée si des gouttes d'eau sont présentes sur le dos de la première phalange de ses doigts, signe d'extrême sensibilité à son entourage et à ses semblables. Cette personne est facilement blessée. Une première phalange longue est une autre indication de nature romantique et idéaliste.

LIGNE DE CŒUR

Attention à cette ligne, qui comporte beaucoup d'informations sur la vie émotionnelle et les réactions aux gens. Dans l'idéal, un romantique aura une ligne de cœur haut placée sur la paume, spécialement si la main est eau ou feu. De plus, une ligne de cœur bien courbée révélera des sentiments profonds et la capacité de se connecter aux autres.

Trouvez la terminaison de la ligne de cœur, qui vous apprendra beaucoup sur l'approche des relations de cette personne. La ligne de cœur d'un romantique idéaliste finit soit haut sur le mont de Jupiter, soit directement sur le doigt de Jupiter. Cette personne met instinctivement ceux qu'elle aime sur un piédestal, persuadée qu'ils sont presque surhumains et incapables de

Quand deux romantiques forment un couple, ils peuvent passer la majeure partie de leur vie à rêver de ce que seront les choses.

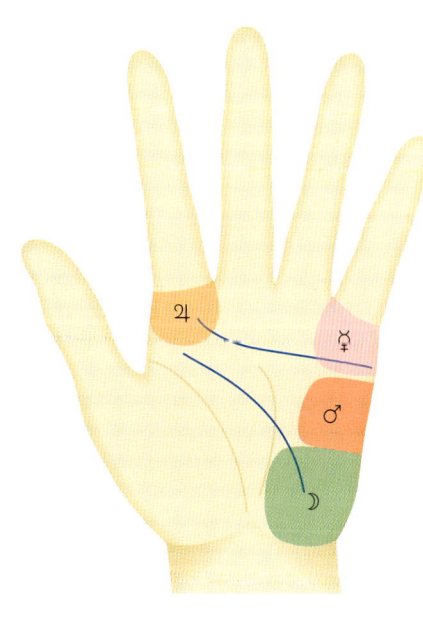

Cette ligne de cœur finit sur le mont de Jupiter. La ligne de tête descend abruptement vers le mont de la Lune.

LIGNE DE TÊTE

Après avoir étudié soigneusement la ligne de cœur, passez à la ligne de tête, qui montre la manière dont une personne pense. Elle permettra de confirmer si les pensées suivent des voies romantiques.

La ligne de tête doit être courbée, de préférence sur les deux mains, signe d'un bon degré d'imagination. Les romantiques sont très imaginatifs, car ils passent beaucoup de temps à rêver de la façon dont ils voudraient que les choses soient. Si la ligne de tête, outre être courbée, descend abruptement vers le mont de la Lune, l'imagination de cette personne est extrêmement développée. Elle est cependant encline à la déprime, si bien qu'elle se sentira très malheureuse quand ses rêves romantiques s'avèrent irréels.

mal se comporter. Elle est ensuite très déçue et blessée en découvrant, immanquablement, que l'objet de son affection a des pieds d'argile. Elle se sentira même trahie.

Une ligne de tête très droite montre plutôt un réaliste qu'un idéaliste. Il pense que le romantisme est pour les imbéciles.

L'AMOUREUX PASSIONNÉ

Quand une personne est passionnée, elle s'engage corps et âme dans ses relations, ainsi que dans tout autre domaine qui l'intéresse. Cette personne suit souvent le modèle tout ou rien et doit s'impliquer à fond dans ce qu'elle fait pour se sentir satisfaite.

Bon nombre de ces règles s'appliquent, outre à l'amour, à d'autres passions auxquelles la personne concernée consacre tout son temps libre.

LA FORME DE LA MAIN

À quel élément appartient la main de cette personne ? S'il s'agit d'une main feu, la passion et l'enthousiasme seront plus instinctifs que s'il s'agit d'une main eau ou air. Le propriétaire d'une main terre peut aussi être un passionné, à condition que sa ligne de cœur soit gentiment courbée – ses émotions sont bien plus mesurées quand la ligne est droite

Tenez la main de la personne pour percevoir la sensation qu'elle laisse. Dans l'idéal, elle doit être douce sans

Les indications de passion sexuelle dans la main sont aussi valables pour d'autres passions.

être flasque (signe d'absence de motivation), révélant ainsi une nature sensuelle, chaleureuse et réactive.

LE POUCE

Un pouce long signale une bonne capacité de raisonnement. Un pouce court annonce que la personne a du mal à contrôler ses sentiments et risque de se laisser emporter par l'émotion et la passion.

MONT DE VÉNUS

La passion et un mont de Vénus plat ne s'accordent pas. La personne réellement passionnée a un mont de Vénus extrêmement développé, signe de son fort dynamisme sexuel et de sa libido intense. Le mont a une bonne couleur, pas trop pâle. La ligne de Mars fortement marquée traverse le mont de Vénus, indication de grande vigueur et vitalité physiques.

LIGNE SIMIENNE

Quand les lignes de tête et de cœur sont remplacées par une ligne simienne, la personne est incapable de distinguer entre ses pensées et ses sentiments. Bien que la ligne simienne soit relativement rare, elle apparaît souvent sur les mains de gens très

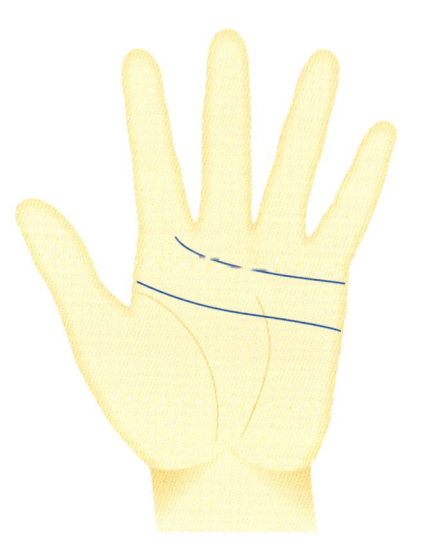

Passion personnifiée – une ceinture de Vénus continue et une ligne simienne.

La passion dans la chambre à coucher est-elle équilibrée par les rapports émotionnels dans la vie ordinaire ?

passionnés et sensuels qui s'efforcent de cacher ces traits. On affirme qu'ils tendent à montrer de la fougue parce qu'ils sont dépourvus de la capacité de contrôler leur personnalité.

CEINTURE DE VÉNUS
Si quelqu'un se laisse souvent emporter par ses émotions, il est très probable qu'au moins l'une de ses mains présente une ceinture de Vénus. Plus celle-ci est nette, continue ou peu brisée, plus la personne est régie par ses sentiments. Si la ceinture est si fortement arquée qu'elle se rapproche de la ligne de cœur ou même la touche, la personne trouvera presque impossible de maîtriser ses émotions débordantes.

LIGNE DE CŒUR
Comme on parle de questions sentimentales, la ligne de cœur est à

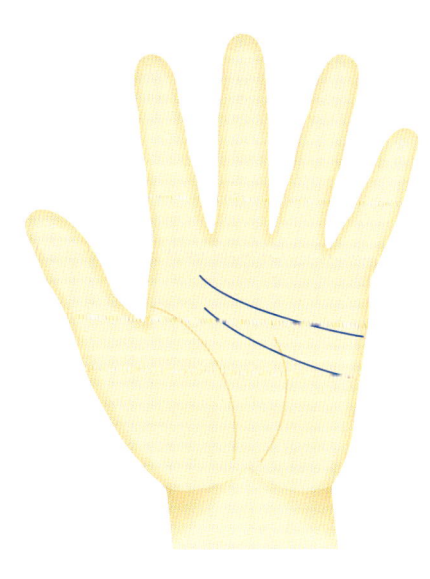

Les lignes de tête et de cœur bas placées montrent une personne gouvernée par ses émotions.

prendre en compte. Si la personne présente une ligne simienne sur l'une de ses mains, accordez une attention particulière à la ligne de cœur de l'autre main.

Avant tout, examinez sa courbure. Plus celle-ci est accentuée, plus la personne est passionnée. Ici, la ligne de cœur est si courbée qu'elle pénètre dans la plaine de Mars au centre de la paume – la personne est parfaitement à l'aise avec l'expression physique de ses sentiments grâce au sexe.

Cette tendance est accrue si la ligne de cœur finit soit au sommet du mont de Saturne, soit grimpe jusqu'au doigt de Saturne, signe de sensualité extrêmement de forte sexualité.

Astuce d'expert

Parfois, la passion débouche sur la jalousie et la possessivité. Quand la ligne de cœur très longue traverse en ligne droite la paume et finit sur son bord, sous le doigt de Jupiter, la personne est naturellement jalouse. La jalousie apparaît aussi quand les lignes de cœur et de tête sont placées plus bas que la normale sur la paume.

L'AMOUREUX PEU DÉMONSTRATIF

Certain exhibent sans problème leurs sentiments, d'autres ne sont tout simplement pas démonstratifs. Ils préfèrent les poignées de mains aux embrassades lorsqu'ils rencontrent des amis ou des membres de leur famille, et frustrent leurs partenaires par cette incapacité à se montrer ouvertement affectueux et tendres.

La main révélera si une personne est démonstrative ou réservée. Alors que les adultes peu démonstratifs trouvent pratiquement impossible de changer, un enfant peut être encouragé à se montrer plus tendre et affectueux. Cette modification de sa personnalité sera visible dans les changements intervenus sur ses mains. L'incapacité à exprimer ouvertement ses émotions peut être aussi suscitée par la peur de perdre le contrôle.

LA FORME DE LA MAIN

Quand quelqu'un a du mal à montrer ses sentiments, sa main est presque toujours air, avec une paume carrée et des doigts longs. Cette personne agit plus à partir de sa tête que de son cœur, et préfère analyser les situations d'une perspective logique plutôt qu'émotionnelle. L'idée même d'engager ses sentiments la perturbe. Une personne aux mains terre sera parfois pratique et réaliste au point de penser que l'exhibition des émotions est ridicule ou inutile.

L'angle étroit entre le pouce et le bord de la paume, surtout s'il est présent sur les deux mains, signale une absence de générosité émotionnelle et de spontanéité.

LA TEXTURE DE LA PEAU

La peau est-elle rugueuse ou lisse ? La personne dont la peau est douce sera toujours plus ouvertement affectueuse que celle à la peau rugueuse, quelle que soit la forme de sa main. Vérifiez toujours la fermeté de la paume, car une paume dure signale une nature peu émotive et une manière plutôt brusque de se lier aux autres. Une

Il peut s'avérer difficile de juger les sentiments d'une personne peu démonstrative.

paume très douce, quelque peu molle, montre une absence de motivation. La personne sera donc peu démonstrative, car elle est dépourvue de l'énergie nécessaire pour montrer ses sentiments.

Cette femme croise les bras sur sa poitrine dans une posture défensive.

MONT DE VÉNUS
Le mont de Vénus annonce l'aptitude à donner et à recevoir l'amour. Un mont plat appartient à une personne qui a du mal à montrer ses sentiments et qui accorde peu d'importance à l'aspect émotionnel de la vie. Cette tendance est accrue si la ligne de vie est proche du mont de Vénus, signe de refus de s'éloigner des personnes et des situations connues.

LIGNE DE CŒUR
La courbure de la ligne de cœur donne plus d'informations sur la nature chaleureuse d'une personne. En principe, plus la ligne est rectiligne, moins la personne est démonstrative. Une ligne de cœur très droite montre donc quelqu'un d'émotionnellement distant et fermé aux autres.

Cette tendance est accrue si la ligne de cœur finit sur le mont de Saturne. Non seulement cette ligne de cœur est courte – la personne n'éprouvera jamais la gamme d'émotions ressentie par quelqu'un ayant une ligne de cœur longue – mais la personne répond mieux au sexe qu'à l'amour.

Une ligne de cœur placée haut sur la paume, près de la base des doigts, signale une personne amicale, mais plus portée sur l'analyse que sur les émotions.

L'AMOUREUX PEU DÉMONSTRATIF 283

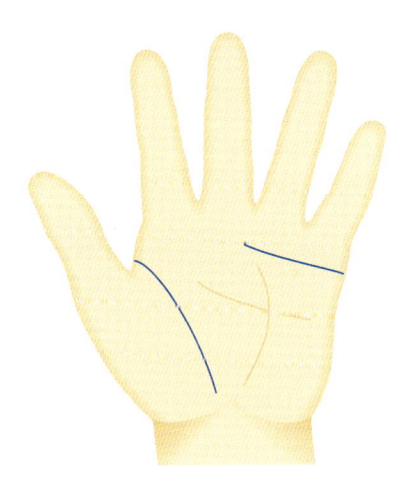

Cette ligne de cœur droite et courte est aggravée par une ligne de vie presque rectiligne.

POINTS CLÉS
a *Anneau de Saturne sous le doigt de Saturne*
b *Ligne de famille faible et interrompue*

ANNEAU DE LA FAMILLE

Ligne mineure marquant le point où la phalange de base du pouce rejoint la paume. Sa netteté et sa profondeur précisent les sentiments à l'égard de la famille. Si l'anneau est faible et peu visible, la personne n'est pas intéressée par sa famille et maintient à peine le contact.

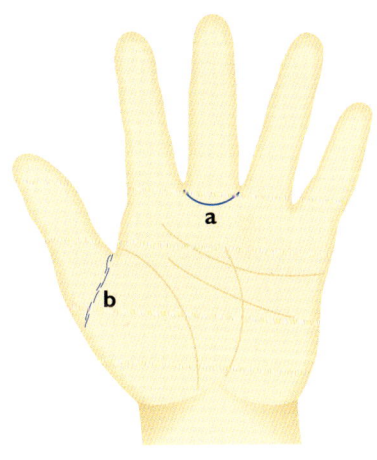

ANNEAU DE SATURNE

Ligne mineure courbée à la base du mont de Saturne, en dessous du doigt de Saturne – ne la confondez pas avec le pli de l'articulation des doigts a la paume. L'anneau de Saturne montre une personne solitaire qui a du mal à se lier aux autres et qui n'aime pas les activités sociales.

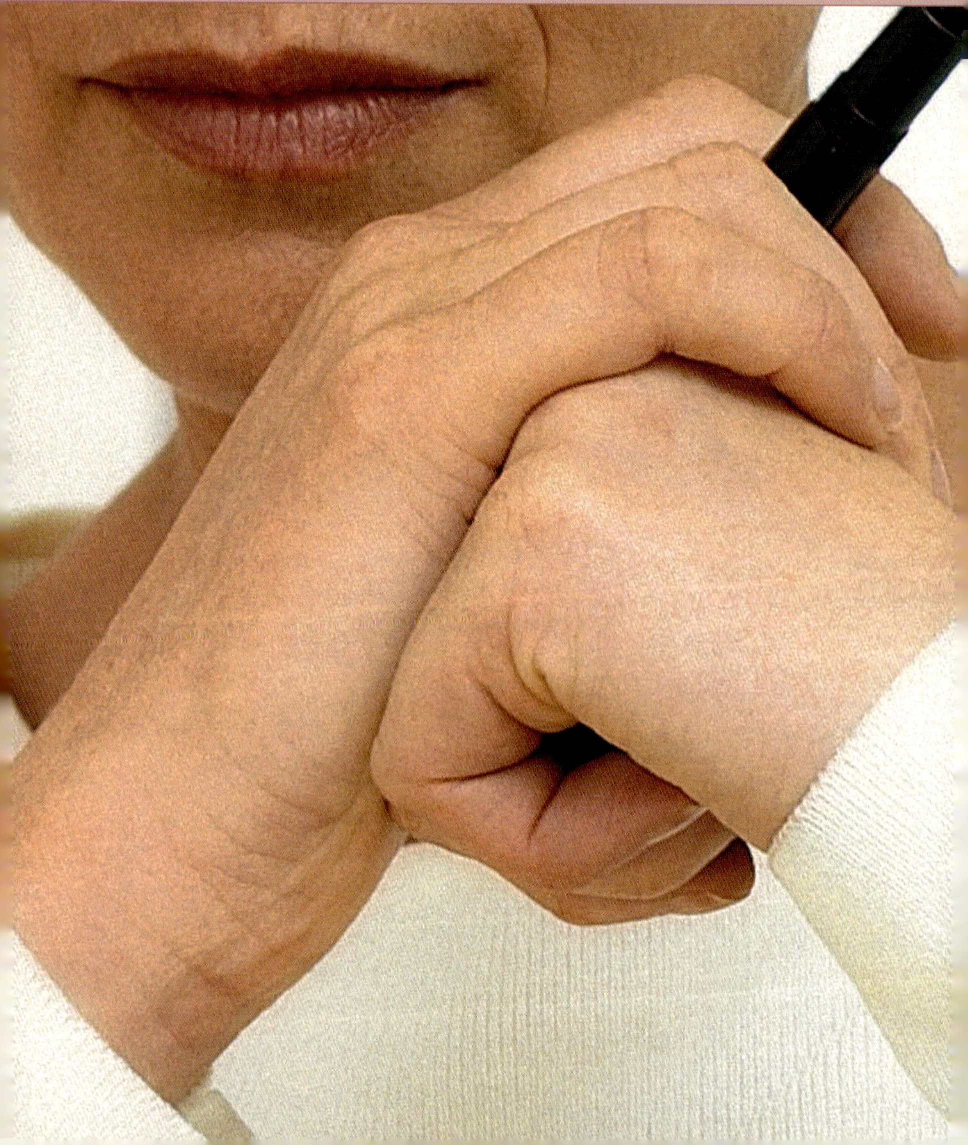

AMBITION ET CARRIÈRE

Certains sont des leaders nés, d'autres, des entrepreneurs. Certains semblent réussir quoi qu'ils fassent, d'autres sont satisfaits de travailler dur toute leur vie, même s'ils n'arrivent jamais au sommet. La plupart doivent gérer les inévitables hauts et bas de la vie.

Toutes ces tendances sont présentes sur les mains. Cette section décrit plusieurs types de personnes couronnées de succès dans leur profession – vérifiez la présence de ces indications sur votre main et décidez comment les utiliser au mieux. Avez-vous toujours désiré en secret devenir entrepreneur, avez-vous eu assez d'énergie et de foi en vos idées pour les mettre en pratique et gagner de l'argent grâce à elles ? Vous voyez-vous comme un leader que d'autres suivent ? En examinant simplement vos mains, vous découvrirez si vous avez les qualités et la personnalité nécessaires.

POINTS DE REPÈRE POUR L'AMBITION

Lorsque vous examinez les mains pour trouver des indications quant au déroulement d'une carrière, pour savoir si la personne est ambitieuse et travailleuse, restez objectif et essayez de ne pas laisser vos opinions influencer votre jugement. Par exemple, il se peut que vous ressentiez une antipathie instinctive pour l'attitude de cette personne, pour son désir de gagner beaucoup d'argent ou de disposer d'un grand pouvoir. En examinant sa main, laissez ces sentiments de côté. Pensez-y comme à un travail de détective : décelez-vous des traits significatifs dans sa main ? Plus vous trouvez des traits correspondant à ses espoirs, plus il est probable qu'elle réalisera ses ambitions.

Cet homme a une main solide, pratique. La troisième phalange de ses doigts est charnue.

POINTS DE REPÈRE POUR L'AMBITION 287

POINTS CLÉS
- **a** *Bout carré des doigts*
- **b** *Long doigt de Jupiter*
- **c** *Forte ligne de destin commençant au mont de la Lune, avec la ligne d'Apollon montant de là jusqu'à la ligne de tête*

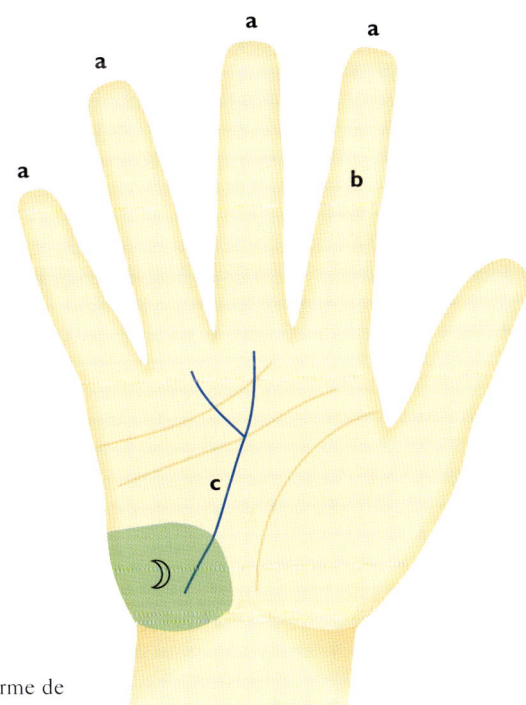

Après avoir examiné la forme de base de la main, concentrez-vous sur les zones particulières de la paume.

DOIGTS DE JUPITER ET DE SATURNE

Ce sont deux des zones les plus importantes de la main lorsque vous étudiez les ambitions de quelqu'un. Le doigt de Jupiter décrit le potentiel de dirigeant. Il montre par ailleurs si l'individu est capable de frayer son chemin indépendant dans la vie ou s'il préfère suivre l'exemple des autres.

Le doigt de Saturne décrit son sens de responsabilité et son attitude à l'égard de sa carrière. Voici quelques indications pour commencer :

- Chaque doigt est-il long ou court ?
- Le doigt de Jupiter ressort-il par rapport au reste de la paume ?
- Quelle forme a chaque ongle ?
- Quels sont les dessins des empreintes ?
- La personne porte-t-elle une bague à l'un de ces doigts ?
- Les monts sont-ils bien développés ?
- Y a-t-il un espace entre les doigts de Jupiter et de Saturne ?

LE POUCE

Ne sous-estimez jamais le pouvoir du pouce, qui dit beaucoup sur la volonté et la force de caractère. Une personne dont le pouce est faible s'efforcera toujours de s'affirmer ou de laisser sa

Certaines professions exigent une formation longue. Cette personne sera-t-elle capable d'aller jusqu'au bout ?

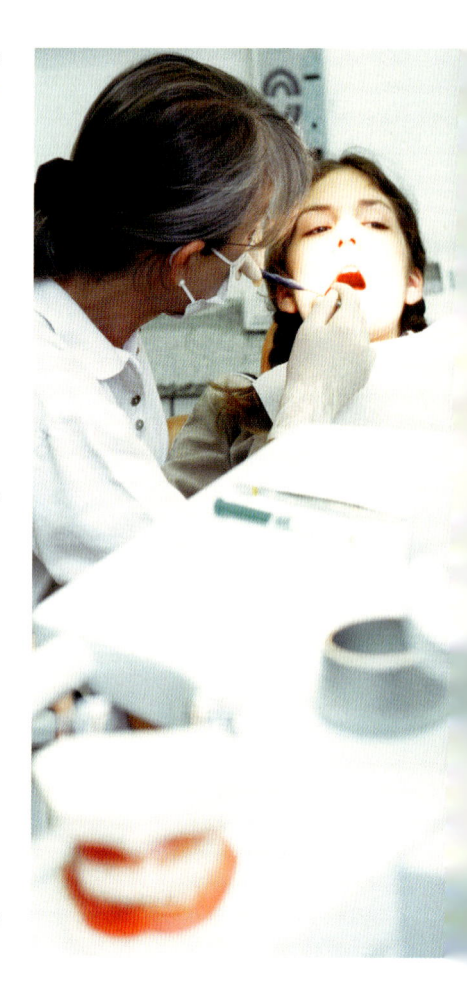

marque sur le monde, même si les autres indications de sa main sont plus positives.

- Quelle est la force du pouce ?
- Quel est le motif des empreintes ?
- Une phalange est-elle plus longue qu'une autre ?
- La première phalange est-elle épaisse ou mince ?
- Est-elle flexible ou raide ?
- Quelle est l'ouverture de l'angle entre le pouce et la paume ?

LIGNE DE TÊTE

La ligne de tête montre la capacité logique d'une personne et la manière dont elle raisonne, outre son degré d'imagination, susceptible d'engendrer une pléthore d'idées ou de lui conférer une tendance à l'anxiété.

- La ligne de tête commence-t-elle sur le mont de Jupiter ?
- La ligne de tête est-elle droite ?
- Descend-t-elle vers le mont de la Lune ?
- Est-elle traversée par des lignes d'inquiétude ?
- Une ligne simienne remplace-t-elle la ligne de tête sur l'une des mains ?

LIGNE DE DESTIN

Décrit la voie de la personne dans la vie et la plus concernée par la carrière professionnelle. Posez-vous les questions suivantes :

- Où commence la ligne de destin ?
- Est-elle séparée de la ligne de vie ?
- Est-elle continue ou fragmentée ?

AUTRES CONSIDÉRATIONS

- Y a-t-il une boucle du sérieux sur une main ou sur les deux ?
- Quelle est la force de la ligne d'Apollon ?
- La ligne d'Apollon part-elle de la ligne de tête ?
- Quel est le motif prédominant des empreintes ?
- Le doigt de Mercure montre-t-il de bons talents de communication ?

LE CHEF D'ENTREPRISE

Pensez à un chef d'entreprise, tel que Serge Dassault ou Alain Afflelou. Réfléchissez aux qualités personnelles qui leur ont permis de réussir, car ce sont celles-ci que vous chercherez sur la main. Les entrepreneurs ont foi en leurs capacités et en leur détermination de traduire leurs idées à la réalité. Ce qui serait une pierre d'achoppement pour la plupart des gens devient un défi pour eux – ils aiment résoudre les problèmes et trouver les meilleures solutions.

LA FORME ET LA SENSATION DE LA MAIN

Les gens aux mains eau deviennent rarement des entrepreneurs, car ils sont dépourvus de la résistance émotionnelle nécessaire pour se frayer un chemin dans ce monde où tous les coups sont permis. Par contre, les gens aux mains feu possèdent l'esprit novateur et l'enthousiasme contribuant grandement à l'esprit d'entreprise. De plus, ils ont le courage de prendre des risques à répétition.

Examinez le bout des doigts. Dans l'idéal, la majorité sont spatulés, ajoutant ainsi aux nombreuses qualités positives et originales de la main feu. Si le bout d'un ou de deux doigts est carré, cela montre la préférence pour l'esprit pratique.

Quelle sensation donne la paume ? Élastique et ferme, mais pas dure, elle signale que la personne a quantité d'énergie et de motivation.

LES DOIGTS

Y a-t-il des espaces entre la base des doigts ? Un espace entre la base des doigts de Jupiter et de Saturne est un signe propice, montrant une personne indépendante et contente de suivre sa propre voie dans la vie.

LE CHEF D'ENTREPRISE

Le doigt de Jupiter est-il long et bien formé, signe de pouvoir de leader ? S'il ressort par rapport au reste de la main, il signale quelqu'un qui n'a pas de scrupules à s'affirmer et à se mettre en avant.

La capacité de prendre des risques est signalée par un long doigt d'Apollon. Un entrepreneur doit aussi

Un entrepreneur doit avoir foi en lui-même et en sa capacité de dépasser les écueils.

pouvoir communiquer ses idées – le doigt de Mercure doit être long et bien formé. La troisième phalange longue du doigt de Mercure met en évidence le bon sens des affaires. Si le doigt de Mercure se penche doucement vers le

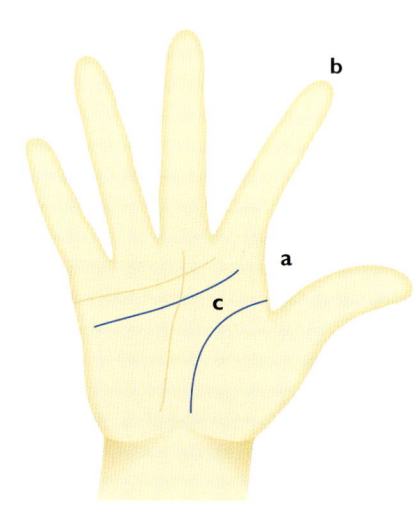

POINTS CLÉS
a *Un grand angle entre le pouce et la main*
b *Doigt de Jupiter saillant*
c *Espace entre le départ des lignes de tête et de vie*

doigt d'Apollon, la personne est astucieuse.

LE POUCE
Un pouce long, large et fort montre le caractère et la résistance nécessaires pour se remettre très vite des écueils. Quelle est sa flexibilité ? Les entrepreneurs doivent s'adapter à la modification des circonstances sans perdre de vue leurs objectifs – la première phalange du pouce doit être légèrement flexible. Quel est l'angle entre le pouce et le bord de la paume ? Plus il est grand, plus la personne est téméraire. Si l'angle dépasse les 90°, un puissant besoin d'agir à sa propre manière est présent et la personne risquera tout dans ce but.

LIGNE DE TÊTE
Un entrepreneur doit avoir un bon mental. Examinez attentivement la ligne de tête, qui doit être bien formée, avec un espace qui sépare son origine de celle de la ligne de vie pour qu'il mettre en évidence la capacité de voler de ses propres ailes et l'indépendance. Si la fin de la ligne de tête se dirige vers le mont de la Lune,

LE CHEF D'ENTREPRISE   293

sans y pénétrer droit, cette personne est douée d'une bonne imagination.

Les entrepreneurs doivent avoir beaucoup d'idées novatrices et originales – capacité visible quand la ligne d'Apollon est nettement marquée et part de la ligne de tête vers le mont d'Apollon.

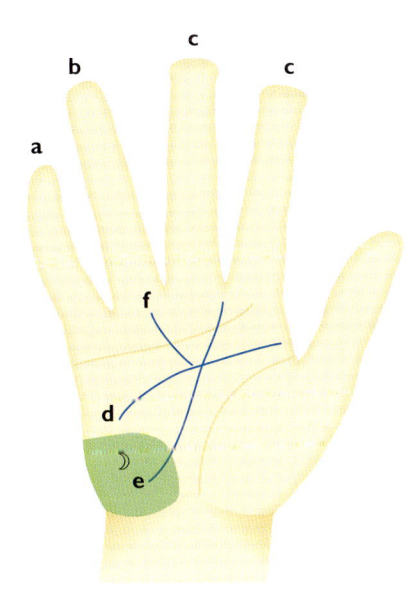

> ### Astuce d'expert
> *Beaucoup d'entrepreneurs doivent établir une excellente relation avec le public, soit directement, soit à travers leur discours publicitaire. Cette capacité est visible sur la main quand la ligne de destin monte depuis le mont de la Lune.*

POINTS CLÉS
a *Long doigt de Mercure se courbant vers le doigt d'Apollon*
b *Long doigt d'Apollon avec un bout carré*
c *Doigts de Jupiter et de Saturne au bout spatulé*
d *Ligne de tête courbée allant vers le mont de la Lune*
e *Ligne de destin partant du mont de la Lune*
f *Ligne d'Apollon montant juste au-dessus de la ligne de tête*

LE TRAVAILLEUR

Aimez-vous travailler ? Êtes-vous un drogué du travail ou votre idée du paradis est-elle différente ? Vous connaissez probablement déjà la réponse à ces questions, mais n'avez pas de certitudes quant à vos collègues ou employés. Le temps le dira toujours, bien entendu, mais cette expérience risque de s'avérer coûteuse et frustrante si vous découvrez qu'on vous charge de tout le travail alors que quelqu'un d'autre se la coule douce. Cependant, la chiromancie est capable de vous apporter toutes les informations nécessaires.

La plupart des caractéristiques décrites ici sont faciles à distinguer par une observation attentive de la main, sans s'attarder sur les détails. Vous pouvez examiner discrètement la main d'une personne au cours d'un entretien d'embauche ou d'une discussion.

LA FORME DE LA MAIN
La forme de la main est toujours importante, mais elle est surtout instructive lorsque vous désirez évaluer le sens de responsabilité et l'application d'une personne. Une main terre signale l'esprit pratique et

Une personne appliquée canalise la plupart de son énergie dans son travail.

la capacité de travailler assidûment pendant des périodes prolongées. Cette personne persévérera avec détermination alors que ses collègues aux mains feu ou eau sont rentrés depuis longtemps chez eux. Le propriétaire des mains terre prend les choses lentement mais sûrement. N'attendez pas de lui qu'il travaille à la vitesse de l'éclair, car c'est contraire à sa nature. Quoi qu'il en soit, il est méthodique et digne de confiance.

Le travail ardu peut impliquer de travailler de ses mains, alors que les tâches mentales sont tout aussi fatigantes.

LES DOIGTS

Comment cette personne tient-elle sa main au repos ? Dans l'idéal, les doigts sont joints, signe qu'elle est prudente et n'aime pas prendre des risques. Ces tendances sont confirmées si la troisième phalange est épaisse et s'il n'y a pas d'espaces entre les doigts.

Les jointures des doigts sont-elles noueuses ou lisses ? Si elles sont noueuses, la personne aime analyser les situations et les retourner jusqu'à ce que les réponses la satisfassent. Les doigts lisses montrent à leur tour une personne prenant des décisions instinctives et intuitives, donc plus heureuse dans un environnement de travail rapide.

LE BOUT DES DOIGTS

Quelle est la forme du bout des doigts ? Si la majorité est carrée, la personne est très pratique, patiente, préférant une vie ordonnée. Appréciant la structure et l'organisation, c'est la candidate idéale pour diriger un bureau ou gérer un système de classement.

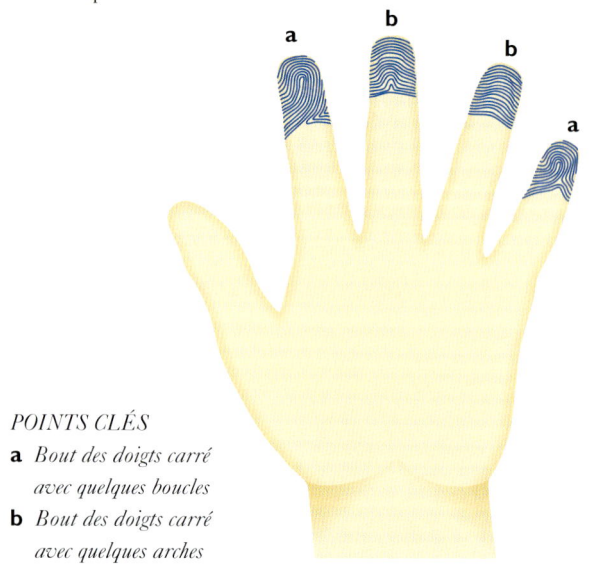

POINTS CLÉS
a *Bout des doigts carré avec quelques boucles*
b *Bout des doigts carré avec quelques arches*

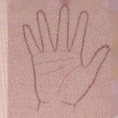

DOIGT DE JUPITER

Si vous cherchez des signes d'organisation et d'assurance, le doigt de Jupiter doit être fort et bien formé. Si cette personne doit occuper un poste subalterne, son doigt de Jupiter ne doit être ni trop long ni trop proéminent, sinon elle aura du mal à accepter l'autorité.

DOIGT DE SATURNE

Ce doigt montre le sens de la responsabilité. Si le doigt de Saturne est long et bien développé, c'est le cas. S'il domine les autres doigts, la personne tend à compliquer les problèmes.

LES EMPREINTES

Une majorité de boucles signale la préférence pour la routine, la bonne entente avec les autres, mais aussi l'absence de capacité à prendre les commandes. S'il y a une majorité d'arches, cette personne est très

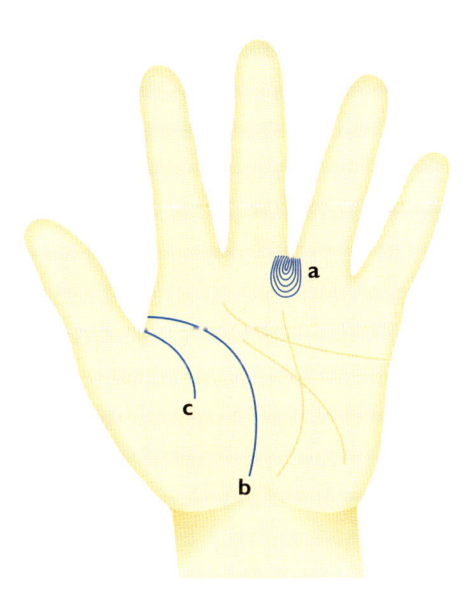

POINTS CLÉS
a *Boucle du bon sens*
b *Ligne de vie courbée*
c *Ligne de Mars*

pratique et organisée, excelle au travail manuel mais a du mal à s'adapter aux nouvelles situations.

LE LEADER NÉ

Vous trouverez des leaders nés dans chaque profession et dans tout milieu social : politiciens, chefs d'entreprise, directeurs de bureau, personnes occupant des positions moins élevées. Le leader naturel est celui qui organise toujours le festival d'été local, qui mène une campagne contre une proposition gouvernementale impopulaire, qui dirige les collectes de fonds. Il a toujours un projet en train, et même s'il se plaint en plaisantant d'être épuisé et de ne jamais avoir un moment de libre, vous savez très bien qu'il aime cette vie. Il serait perdu sans quelque chose à organiser, qu'il soit à la tête d'une

La main d'un leader né doit montrer la confiance en soi et la motivation.

grande société ou qu'il dirige une association de jeunes pendant ses loisirs.

LA FORME ET LA SENSATION DE LA MAIN

Le leader né est ouvert, a d'excellentes capacités de communication – il aura probablement des mains feu ou air. La personne possédant des mains feu semble avoir des réserves infinies d'énergie et d'enthousiasme, celle aux mains air excelle à rassembler les gens et à transmettre ses idées.

Une main ferme et élastique montre quelqu'un de motivé, de sociable et d'énergique ; si la main est trop dure, la personne aime n'en faire qu'à sa tête, même si cela veut dire froisser les sentiments des autres.

Globalement, la main doit être forte et bien développée, signe d'énergie et de compétence.

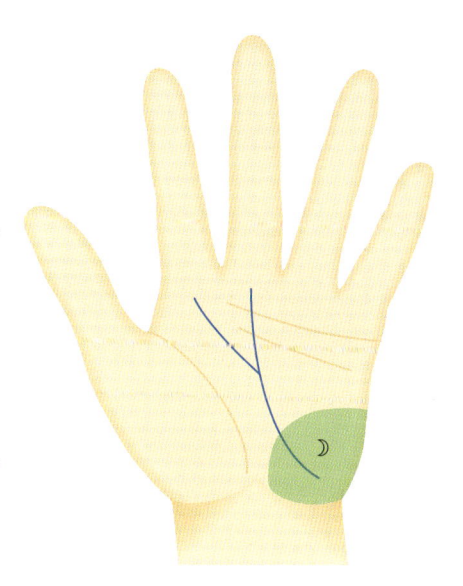

Une ligne de destin montant depuis le mont de la Lune montre la détermination apparue de bonne heure dans la vie.

LE POUCE

Cherchez un pouce fort, assez long. Si la première phalange est très flexible, la personne est adaptable et ne se cramponne pas à une manière particulière de faire les choses. Examinez l'épaisseur de cette phalange – si elle est très large et en massue, la personne sera tyrannique quand l'envie la prend et elle intimidera les autres pour les pousser à faire ses quatre volontés.

DOIGT DE JUPITER

En tant que doigt du leader, il mérite une attention particulière. Long et bien formé, il signale une personne préférant prendre les commandes que suivre les autres. S'il ressort par rapport à la paume, comme s'il avait

Les vêtements appropriés contribuent à une bonne impression et imposent le respect.

été planté à la dernière seconde, ce doigt montre quelqu'un aimant les feux de la rampe et la publicité. Les gens ont parfois du mal à travailler avec lui, car il cherche à être le centre de l'attention.

Si une volute est présente sur le bout de ce doigt, la personne a un fort sens d'individualité, qui ne la trahit jamais. Cette qualité est accentuée si

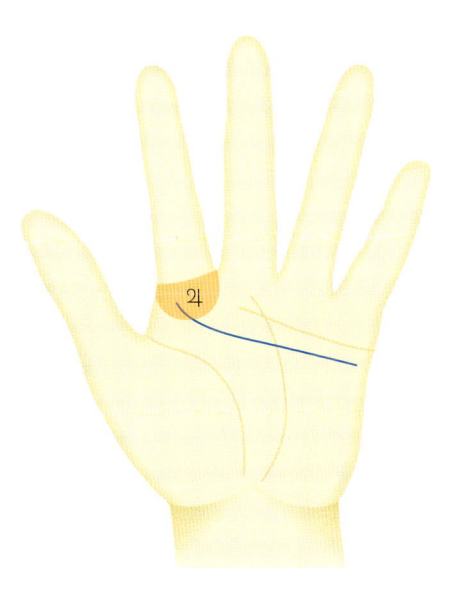

Cherchez un fort doigt de Jupiter et une bonne ligne de tête commençant sous lui.

le bout du doigt est spatulé, car elle est prête à prendre des risques pour obtenir ce qu'elle veut.

Étudiez le mont de Jupiter. Il doit être arrondi, signe d'ambition et de dynamisme, sans être trop large, signe de désir démesuré d'être aux commandes.

MONT DE MARS

Si vous prenez la direction, il vous faut du courage – examinez soigneusement les monts de Mars. Un mont bombé sous le doigt de Jupiter montre le courage physique, utile si cette personne gère des situations ou des gens difficiles. Un mont bien développé sous le doigt de Mercure indique le courage moral dont elle aura besoin pour défendre ses convictions.

Examinez la plaine de Mars située au centre de la paume. Elle doit être ferme, signe de confiance en soi. Si elle est plus dure que ferme, la personne est imbue d'elle-même.

LIGNE DE TÊTE

Si quelqu'un est un leader naturel, il lui faut de l'intelligence pour véhiculer son message aux autres. La ligne de tête doit être forte et nette. Si elle monte sur le mont de Jupiter, la personne excelle à la mise en pratique de ses grandes idées.

RÉUSSITE ET ACCOMPLISSEMENT

Tous les gens n'ont pas la même idée de la réussite. Pour certains, c'est occuper une position de grand pouvoir, accumuler une énorme fortune ou devenir internationalement connu. Pour d'autres, les ambitions sont plus modestes en comparaison, mais impliquent toujours la reconnaissance de ses amis et de ses pairs. Si vous deviez évaluer le sentiment de réussite de chaque personne, y aurait-il une différence entre celle dirigeant une multinationale et celle ayant un

La force et la qualité de la poignée de main disent beaucoup sur la personne respective.

emploi qui lui plaît dans sa ville natale ? En termes de chiromancie, la différence est minime, comme vous le découvrirez.

LA FORME DE LA MAIN

Précise le tempérament de base d'une personne, donc le domaine où elle est plus à même de réussir. La main air réussira dans des activités concernant la communication, comme les médias. La main eau a besoin d'utiliser sa sensibilité innée, peut-être dans un domaine artistique. La main feu cherche des exutoires pour son énergie dynamique et pour son besoin de prendre des risques, par exemple dans le domaine sportif. La main terre excellant aux activités pratiques fera éventuellement un bon jardinier ou agriculteur.

DOIGT DE JUPITER

Faites très attention à ce doigt, qui symbolise la motivation. Si le doigt est

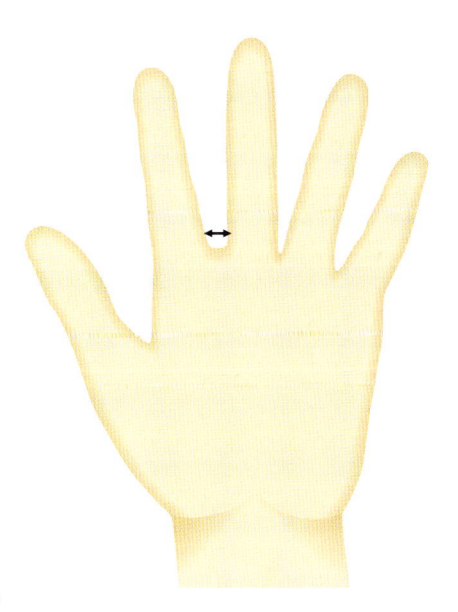

Un espace entre les doigts de Jupiter et de Saturne montre des talents d'organisateur.

long et bien formé, la personne est ambitieuse et aime prendre les rênes. De par son autorité naturelle, déteste qu'on lui dise quoi faire, spécialement si une volute est présente sur le bout de ce doigt. Si une arche bâchée est présente là, cette personne poursuivra

Une personne désirant réussir doit être capable de s'entendre avec les autres.

ses ambitions contre vents et marées. Une arche sur le bout de ce doigt montre quelqu'un désirant tirer le maximum de sa nature pratique. Une boucle montre une personne qui excelle face aux autres. Lorsque la volute est composée, la personne hésite et s'efforce de trouver sa voie dans la vie.

Le doigt de Jupiter présente-t-il une légère courbure ? Si oui, c'est une personne qui transforme un hobby en profession, ou du moins réussit à gagner un peu d'argent grâce à celui-ci.

DOIGT DE SATURNE

Le doigt de Saturne montre la responsabilité et le sens des affaires. Un long doigt de Saturne montre quelqu'un qui travaillera très dur pour obtenir ce qu'il veut, surtout s'il peut mettre en avant sa réussite grâce à ses biens et à son niveau élevé de vie. Cette tendance est accrue s'il porte une bague uniquement à son doigt de Saturne. Un doigt de Saturne court annonce une personne probablement dépourvue de grandes ambitions, de par son manque de motivation.

BOUCLE DU BON SENS

Cette marque entre les doigts de Saturne et d'Apollon n'apparaît pas

RÉUSSITE ET ACCOMPLISSEMENT 305

toujours sur la main d'une personne désireuse de réaliser ses ambitions. Si elle est présente, la personne prend ses objectifs très au sérieux, allant jusqu'à sacrifier d'autres zones de sa vie pour réussir.

> ### Astuce d'expert
> *Une ligne simienne montre une personne consciencieuse et très ambitieuse, qui fera de son mieux pour atteindre les buts de sa vie.*

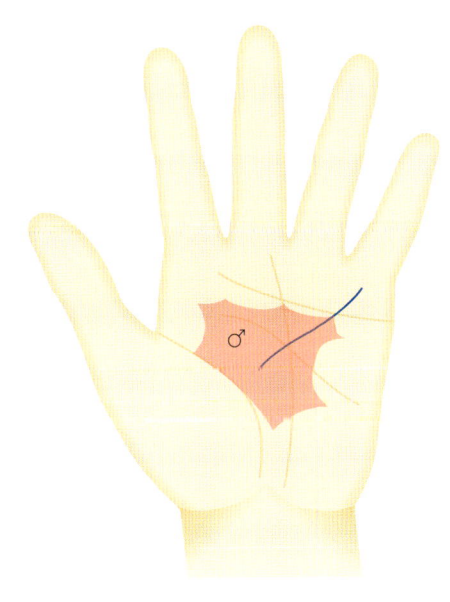

LIGNE DE DESTIN

Si une personne désire devenir célèbre, elle sera particulièrement intéressée par les révélations de cette ligne. Si la ligne de destin part du mont de la Lune et monte fortement sur la paume, cette personne est très en vue, peut-être de par sa renommée.

Un signe de réussite dans la vie publique – la ligne d'Apollon part de la plaine de Mars.

HAUTS ET BAS

Pour la plupart des gens, la vie est faite de hauts et de bas. Il se peut que vous détestiez passer par une phase difficile, mais apprendre à gérer les périodes stressantes contribue au développement personnel. Vous apprécierez davantage le retour de la chance et l'amélioration de la situation.

Les personnes s'efforçant d'atteindre leur buts rencontreront immanquablement quelques obstacles sur la route. Vous apprendrez comment déceler ces pierres d'achoppement dans la main et jauger leur gravité. Si

La plupart des carrières impliquent des écueils et des réussites, mais à quel degré ?

vous réalisez que votre main indique des époques difficiles à venir, vous arriverez à les éviter en agissant autrement dans le présent.

LA BASE DES DOIGTS

Commencez par regarder la jonction des doigts avec la paume. Forme-t-elle une ligne droite ou en arc ? Quand les doigts de Jupiter et de Mercure sont plantés bas sur la paume, la personne a connu des débuts difficiles dans la vie. Elle les a peut-être surmontés, mais le souvenir subsiste, étonnamment présent sur sa main. Elle risque donc d'être particulièrement inquiète à chaque fois qu'elle est confrontée à une période stressante ou épuisante.

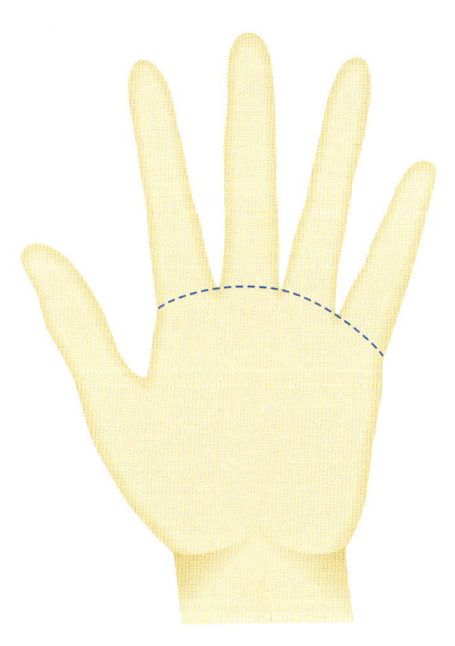

Ces doigts de Jupiter et de Mercure sont plantés bas sur la paume.

LIGNE DE DESTIN

Trouvez le début de la ligne de destin sur la paume. Si elle commence en un point au-dessus du poignet, la personne a mis du temps à trouver sa voie. Examinez le reste de la ligne de destin. Monte-t-elle avec assurance sur la paume, devient-elle plus forte en s'approchant des doigts ? Dans ce cas, à mesure qu'elle vieillit, cette personne sera plus posée, assurée et contente dans la vie. Si la ligne de

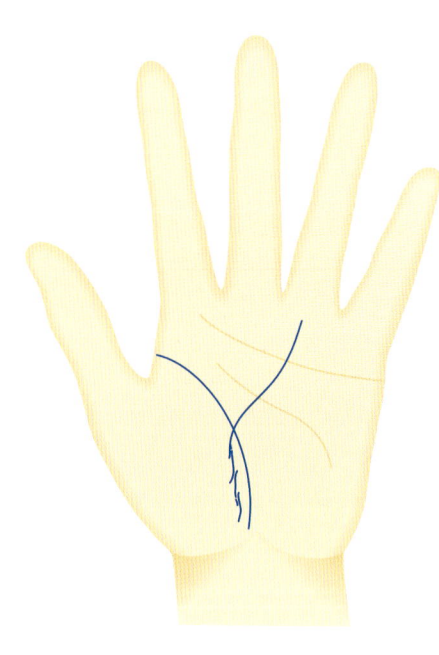

Cette ligne de destin fragmentée devient plus forte après s'être éloignée de la ligne de vie.

destin est fragmentée et faible sur toute sa trajectoire, elle montre que la vie de cette personne comportera toujours un grand nombre de changements et de perturbations.

Si la ligne de destin commence juste en dessous de la ligne de vie, la personne aura du mal à se libérer des exigences imposées par sa famille à un âge tendre. Elle se prêtera aux exigences de sa famille, spécialement en termes de carrière, et ne se libérera de cette influence envahissante qu'à l'âge auquel la ligne de destin traverse la ligne de vie et devient indépendante.

LIGNE DE TÊTE

Quand une personne est confrontée à des difficultés, elle s'en inquiète immanquablement. Ces anxiétés se montrent sur la ligne de tête, qu'il faut examiner soigneusement. Des taches rouges sur la ligne signalent une période de grande colère. Les minces barres croisant la ligne de tête sont des lignes d'inquiétude. Plus elles sont marquées, plus l'anxiété est profonde. Une tache brouillée sur la ligne de tête, signalant une époque de confusion et de trouble mental,

HAUTS ET BAS 309

de vie régi par la ligne concernée. Une ligne sœur longeant la ligne interrompue offrira une certaine protection jusqu'à la fin de la phase respective. L'interruption peut être enfermée dans un carré – l'impact du changement qu'elle symbolise sera amoindri. Vérifiez l'état de la ligne après l'interruption pour voir à quelle vitesse la personne se remettra de ces expériences.

Ces ongles courts et larges signalent un manque de patience et de tolérance.

montre aussi l'inquiétude. La personne est naturellement encline à l'inquiétude si la ligne de tête descend vers le mont de la Lune.

INTERRUPTIONS DES LIGNES

Toute interruption annonce une période difficile affectant le domaine

Astuce d'expert

Si vous remarquez une grille, celle-ci montre des problèmes temporaires liés à la partie de la paume où elle apparaît. Par exemple, une grille le long de la ligne de cœur signale des difficultés dans la relation. La grille disparaît quand les problèmes sont réglés.

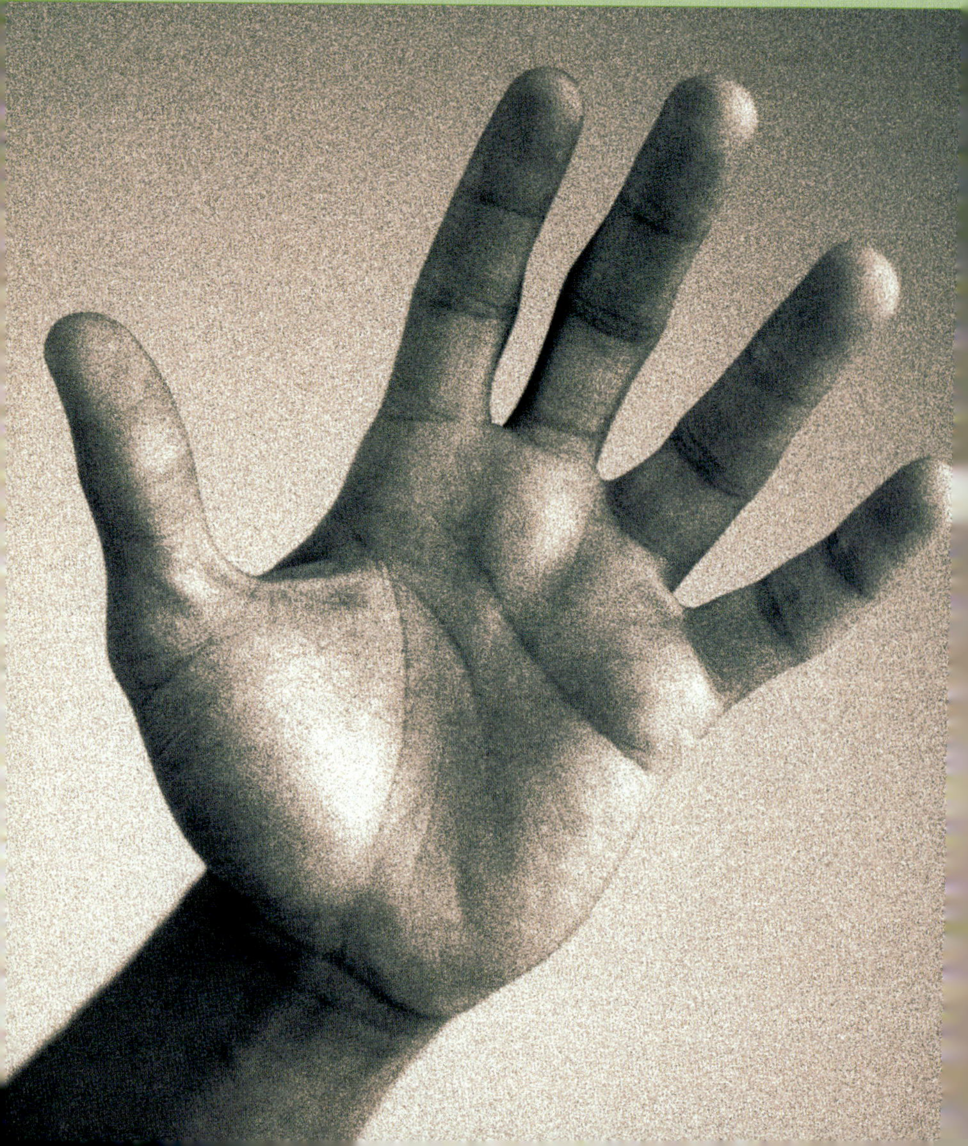

TALENTS ET APTITUDES

Comment profitons-nous au mieux de nos talents ? Certains savent ce qu'ils veulent faire dans la vie et suivent infailliblement leur voie, d'autres ne sont jamais tout à fait sûrs et papillonnent d'un intérêt à un autre. L'ensemble du processus est aussi paré de mystère pour la personne qui savait ce qu'elle voulait dès ses 7 ans, que pour celle qui a passé des années à chercher une activité ou une carrière lui convenant.

Les réponses sont présentes sur les mains. Non seulement celles-ci montrent les dons et les aptitudes, donc la direction à prendre, mais elles précisent par ailleurs si cette voie sera facile ou difficile.

Si vous êtes déjà bien installé dans une carrière, il est intéressant de voir comment votre main reflète ces faits. Si votre quête est toujours d'actualité, lisez les pages suivantes pour apprendre ce que dit votre main.

POINTS DE REPÈRE POUR LE TALENT

Penchons-nous sur diverses vocations – talent pour l'écriture, pour l'interprétation, pour la guérison, pour l'enseignement – et sur la manière dont ils apparaissent sur la main. Chacune de ces vocations conduit à une série de choix professionnels. Réfléchissez aux qualités et aux savoir-faire nécessaires pour une vocation particulière, puis essayez de les trouver sur la main. L'examen de la main de personnes pratiquant déjà ces métiers est utile pour déceler les indices de ce qui leur a permis de réussir dans leur voie.

Comme toujours, commencez par étudier la forme de la main pour déterminer à quelle catégorie elle appartient, donc connaître le tempérament de base d'une personne. Examinez aussi en détail le pouce, pour évaluer sa force de caractère.

En examinant la main d'une personne en vue d'évaluer son potentiel artistique, ne vous emballez pas et n'exagérez pas la force de son talent.

Ensuite, étudiez les zones de la main qui vous semblent significatives.

DOIGTS D'APOLLON ET DE MERCURE

Quand on en vient aux vocations, ces deux doigts sont à prendre en compte. Le doigt d'Apollon parle des aptitudes artistiques de la personne, qu'elle peut choisir d'exprimer de multiples façons. Le doigt de Mercure annonce si elle est capable de bien communiquer avec les autres et montre la forme que prend son expression.

Voici quelques indices :
- Chaque doigt est-il long ou court ?
- Quelle est la forme de chaque ongle ?
- Quel est le motif de chaque empreinte ?
- La personne porte-t-elle une bague à chaque doigt ?
- Les monts sont-ils bien développés ?
- Y a-t-il une étoile sur le mont d'Apollon ?

La plupart des gens sont doués dans une domaine quelconque, même s'ils n'emporteront aucun prix ni ne deviennent pas riches et célèbres.

- Y a-t-il des stigmates médicaux sur le mont de Mercure ?
- Y a-t-il un espace entre les doigts de Mercure et d'Apollon ?

314   TALENTS ET APTITUDES

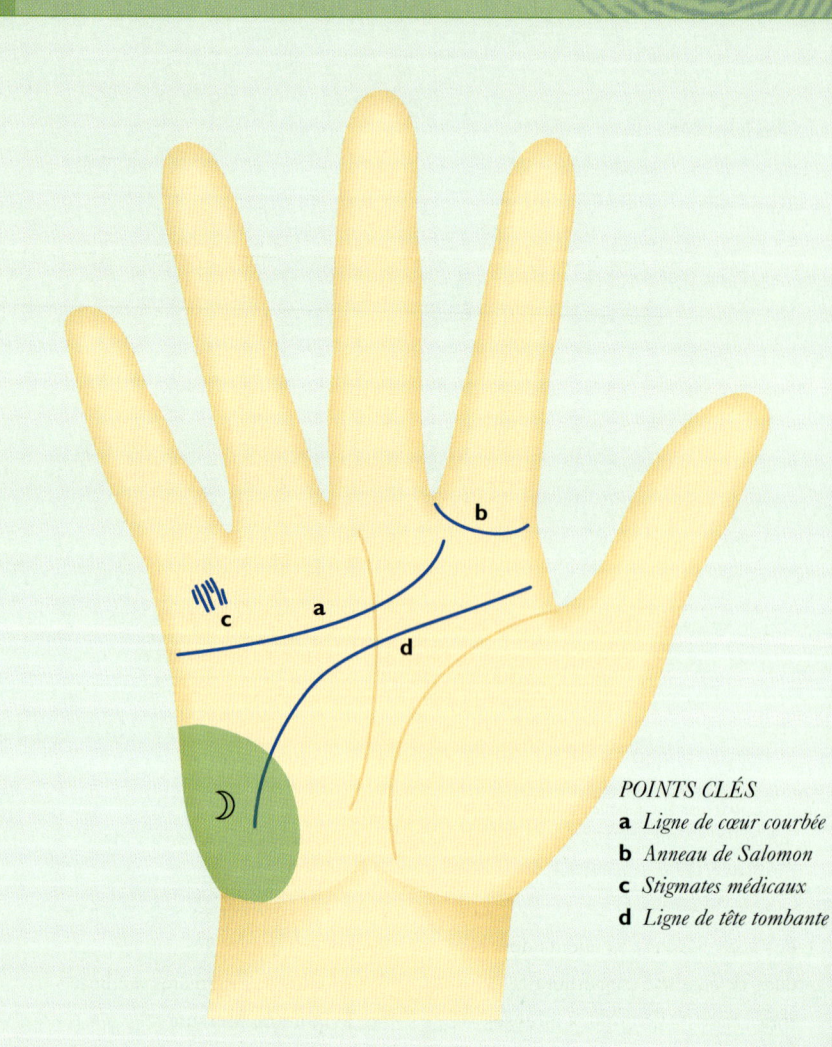

POINTS CLÉS
a *Ligne de cœur courbée*
b *Anneau de Salomon*
c *Stigmates médicaux*
d *Ligne de tête tombante*

LIGNE DE VIE

La ligne de vie a un rôle essentiel lors de l'évaluation du taux d'énergie d'une personne, ainsi que de son attitude générale envers la vie. Examinez en même temps le mont de Vénus, contourné par cette ligne, pour avoir plus d'informations sur la vitalité et le taux global d'énergie de cette personne. Voici quelques suggestions :
- La ligne de vie est-elle courbée ou droite ?
- A-t-elle une bonne couleur ?
- Le mont de Vénus est-il arrondi ou plat ?
- Une ligne de Mars est-elle présente ?

LIGNE DE CŒUR

Cette ligne parle de l'état émotionnel de la personne et de sa facilité à exprimer ses sentiments. La plupart des aptitudes et des talents décrits dans ce chapitre concernent la transmission d'émotions intenses – la personne doit donc être consciente de ses propres sentiments. La compassion et l'empathie, essentielles, sont mises en évidence par la courbure et le caractère général de la ligne de cœur. Prenez en compte ces points :
- Où finit la ligne de cœur ?
- Est-elle courbée ou droite ?
- Des lignes d'influence partent-elles de la ligne du cœur ?
- Sa couleur est-elle bonne ?

AUTRES CONSIDÉRATIONS

- La ligne de tête finit-elle par une fourche de l'écrivain ?
- La ligne de tête descend-elle vers le mont de la Lune ?
- Y a-t-il un anneau de Salomon sur le mont de Jupiter ?
- Y a-t-il un carré de l'enseignant sur le mont de Jupiter ?
- Voyez-vous des stigmates médicaux sur le mont de Mercure ?

L'ÉCRIVAIN

La sagesse populaire affirme que tout un chacun est capable d'écrire au moins un livre. Vrai ou faux ? Alors que certains enfants mettent leurs pensées sur le papier dès qu'ils apprennent à écrire et continuent pendant toute leur vie, d'autres se dirigent vers d'autres objectifs. Certains adultes s'épanouissent assez tard dans leur vie en s'adonnant à l'écriture, d'autres parlent constamment de rédiger un livre à la retraite, mais ne vont jamais plus loin que les premières pages. Comme toujours, la main raconte la véritable histoire de ces aptitudes littéraires. Le talent d'écrivain prend de nombreuses formes : œuvres littéraires, faits d'actualité, textes académiques, poésie, etc. Chaque forme apparaît sur la main d'une manière légèrement différente.

LA FORME DE LA MAIN

Tous les types de main sont présents dans cette profession : terre, feu, air et eau. Cependant, une personne aux mains air transmettra particulièrement bien ses idées à son public. Une personne aux mains feu se penchera

Beaucoup de gens pensent pouvoir écrire un livre, mais outre le talent il leur faut de la discipline et de l'endurance.

sur des sujets qui l'enthousiasment, sinon elle en aura marre assez rapidement. La personne aux mains terre sera très contente d'écrire sur des sujets pratiques, des faits solides. Le propriétaire des mains eau préférera des sujets entretenant son fort penchant créatif.

DOIGT DE MERCURE

Très important pour tout écrivain, ce doigt régit la capacité de communiquer avec les autres et d'exprimer des pensées. Dans l'idéal, il doit être plus long que la moyenne et bien formé, sans jamais sembler disgracieux ou lourd. Si le doigt est noueux, la personne aime analyser les situations et réfléchir à ce qu'elle écrira avant de commencer. S'il est lisse, la personne fait appel à son intuition et à ses instincts viscéraux pour écrire. Examinez les deux mains pour comparer les doigts de Mercure.

Beaucoup d'écrivains se veulent

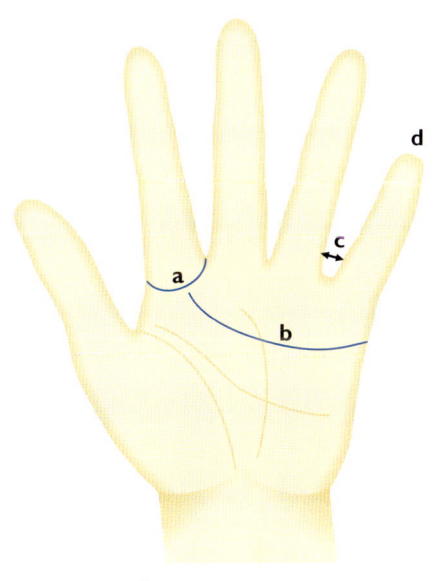

POINTS CLÉS
a *Anneau de Salomon*
b *Ligne de cœur courbée*
c *Espace entre l'annulaire et le doigt de Mercure*
d *Doigt de Mercure au bout carré*

des observateurs de la nature humaine – il est assez habituel de trouver un espace entre leurs doigts d'Apollon et de Mercure. Cette personne aime

La forme du bout des doigts dénote le style littéraire de cette personne.

garder une partie d'elle-même privée, tendance accentuée si ces deux doigts sont écartés quand les mains sont au repos.

Examinez le bout des doigts de Mercure. Si chaque bout est pointu, la personne fait appel à son inspiration pour écrire et ses idées coulent facilement. Si le bout est spatulé, la personne aime prendre des risques quant à son œuvre, peut-être en suscitant une controverse quant à son sujet. Le bout conique signale l'attirance pour des sujets artistiques et des textes chargés d'émotion. Le bout carré des doigts indique une personne très prudente quant à ce qu'elle couche sur le papier, et qui s'assure que son texte est clair et facile à comprendre. Le processus créatif risque de prendre du temps, car les mots viennent lentement et l'auteur continuera à les corriger jusqu'à ce qu'il soit totalement satisfait.

LIGNE DE TÊTE

La ligne de tête est une autre indication importante de la capacité d'une personne à exprimer des idées. Longue et nettement marquée, les processus cognitifs de cette personne fonctionnent bien. Une ligne de tête courbée annonce de bons pouvoirs imaginatifs, surtout si elle descend vers le mont de la Lune.

Comment finit-elle ? Si la personne a la plume facile, la ligne de tête s'achève en une fourche de l'écrivain. Cette ramification signale la faculté de voir l'ensemble des aspects d'une chose, qualité importante pour tout écrivain désirant bien transmettre ses idées.

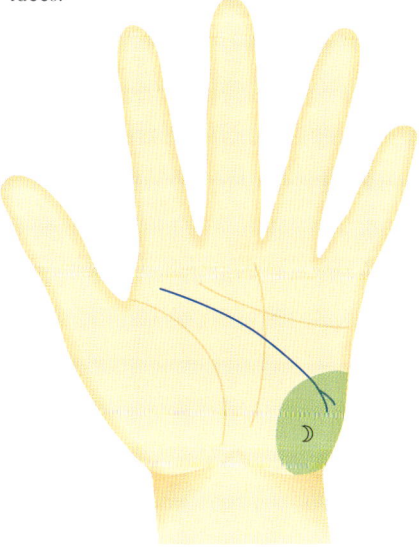

Cette ligne de tête très claire finit en une fourche de l'écrivain sur le mont de la Lune.

L'ARTISTE

Les talents artistiques prennent bien des formes. Les peintres, les potiers, les illustrateurs, les sculpteurs, les musiciens et les concepteurs sont tous des artistes, si bien que leurs mains auront des traits communs. Les mains des interprètes, des chanteurs et des danseurs présentent des traits légèrement différents, décrits aux pages 324 à 327.

Bien qu'il soit tentant d'imaginer que tous les artistes sont des âmes sensibles trimant dans des mansardes par amour de leur art, les artistes du XXIe siècle doivent faire preuve de cran et de détermination s'ils veulent percer dans ce domaine très concurrentiel. Cherchez donc des signes d'ambition et d'endurance, outre de talent artistique.

Les gens qui façonnent leurs œuvres de leurs mains, comme les potiers, ont généralement de fortes mains terre.

LA FORME ET LA SENSATION DE LA MAIN

On imagine que la plupart des artistes ont des mains eau signalant leur nature sensible. Bien que certains artistes présentent effectivement cette forme de main, beaucoup ont des mains feu, signe d'énergie dynamique et d'enthousiasme infini pour leur travail.

Quelle que soit sa forme, la main doit être élastique et assez souple. Si elle est très flasque, la personne n'arrive pas à se motiver et abandonne au premier obstacle. Elle parle sans cesse de ses plans artistiques, tout en manquant de l'élan nécessaire pour les mettre en route.

LES EMPREINTES

Examinez l'empreinte de chaque doigt pour déterminer son motif prédominant et vérifier si celui-ci correspond à ses ambitions artistiques. Une majorité de boucles est signe d'une bonne gestion des gens, mais

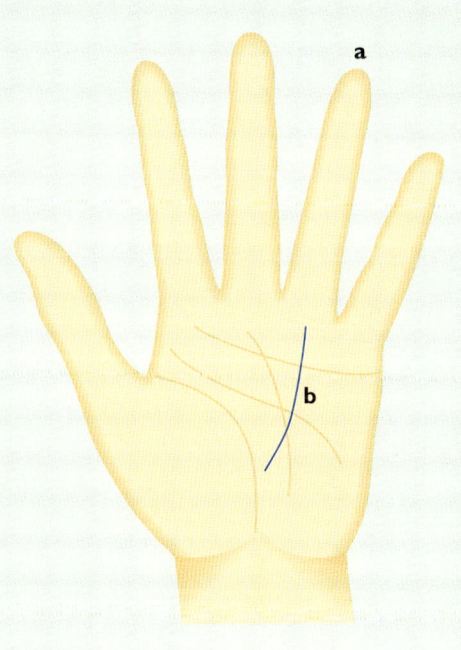

POINTS CLÉS
a *Long doigt d'Apollon lisse*
b *Forte ligne d'Apollon*

aussi d'une tendance à se conformer aux désirs des autres, ce qui s'avère un problème si cette personne espère devenir une artiste novatrice. Une majorité de volutes indique une personne se délectant dans son individualité, en allant si nécessaire contre le courant. Elle a peut-être un talent spécial qui la fait remarquer. Les arches appartiennent à une personne pratique, se servant avec dextérité de ses mains – potier ou créateur de bijoux.

DOIGT D'APOLLON

Un doigt d'Apollon long, bien formé, annonce une personne intéressée par les arts, mais qui a besoin de bien davantage pour transformer cet intérêt en carrière. Étudiez son empreinte, qui vous offrira des indices sur ses aptitudes artistiques. Une volute sur le doigt d'Apollon, surtout sur les deux, est un excellent signe de talent artistique. Une arche indique une possible réussite dans un domaine impliquant une expression sensuelle des savoir-faire artistiques – sculpture, travail avec des tissus. Quelle est la forme de ce doigt ? Dans l'idéal, il est

Cherchez un mont de Vénus bien développé quand la personne travaille avec le bois, matière sensuelle au toucher.

pointu, indice d'un bon sens du style et d'une capacité artistique innée.

GOUTTES D'EAU

Regardez le bout des doigts. Est-il plat ou présente-t-il des gouttes d'eau sur la plupart de ses doigts ? Celles-ci indiquent une sensibilité accrue et l'amour de la beauté.

COURBE D'ÉNERGIE

Si le tranchant des mains présente une courbure, le talent artistique est là. Si la courbure est située au centre, la personne est capable de mettre en pratique ses idées créatives ; si la courbure est proche du mont de Mercure, ses nombreuses idées ne voient jamais le jour. Quand la courbure est proche du mont de la Lune, l'inspiration artistique est teintée d'un fort esprit pratique.

Astuce d'expert

Y a-t-il une volute sur le mont de la Lune ? Dans ce cas, elle signale une excellente imagination faisant naître bien des idées originales.

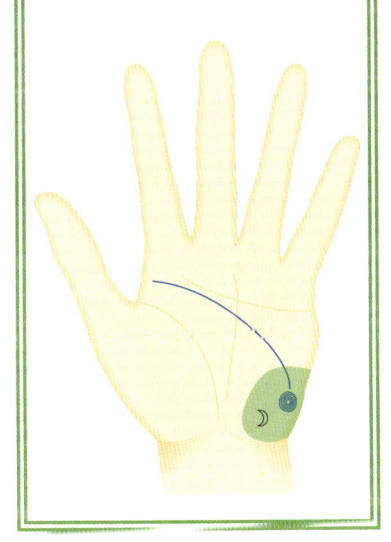

L'INTERPRÈTE

Quelles qualités font un bon interprète ? Lorsque vous examinez la main d'une personne pour déterminer si elle est naturellement douée pour une carrière particulière, réfléchissez d'abord aux qualités nécessaires, puis essayez de déceler leur présence. De nombreux arts du spectacle exigent de la personne qui désire y réussir assurance, énergie physique et aptitude à communiquer avec son public. De plus, les danseurs doivent posséder de la force physique, les acteurs, de la vigueur, les chanteurs, de la facilité à faire passer les messages émotionnels des paroles et de la musique. Ils doivent montrer de l'endurance, car tout interprète sera parfois confronté à l'échec et à la déception.

Vous pouvez inclure dans la catégorie des interprètes les orateurs, même les vendeurs qui établissent instantanément une relation avec le client potentiel.

Ne supposez pas que tous les interprètes sont des m'as-tu-vu qui aiment être sous le feu des projecteurs. Beaucoup sont très timides.

L'ÉCARTEMENT DES DOIGTS

Regardez les mains d'une personne quand elle parle et quand elle se repose. Joint-elle les doigts ou les écarte-t-elle ? Les doigts largement écartés signalent une nature extravertie, très utile lorsque l'interprète doit se donner à fond pour son public. Les doigts joints annoncent d'habitude quelqu'un qui ne désire pas se trouver au centre de l'attention, par exemple un membre de l'orchestre ou un choriste.

Les doigts de cette femme sont joints, comme pour absorber les applaudissements.

L'ANGLE DU POUCE

La jointure entre la base du pouce et le poignet, de même que la jointure entre ses phalanges, offrent des informations respectivement sur le sens du rythme et de l'heure d'une personne. Ceux-ci sont essentiels pour les danseurs, les chanteurs, les musiciens, les acrobates – ces angles doivent être grands sur les deux mains. Entraînez-vous en regardant les mains des interprètes à la télé et sur les photographies.

DOIGT D'APOLLON

Ce doigt révèle les aptitudes artistiques, ainsi que la capacité d'établir un contact avec le public. Les acteurs ont souvent des doigts d'Apollon longs et bien développés, tout comme les orateurs. Si quelqu'un désire travailler avec le public, le bout de ses doigts d'Apollon doit dans l'idéal être spatulé.

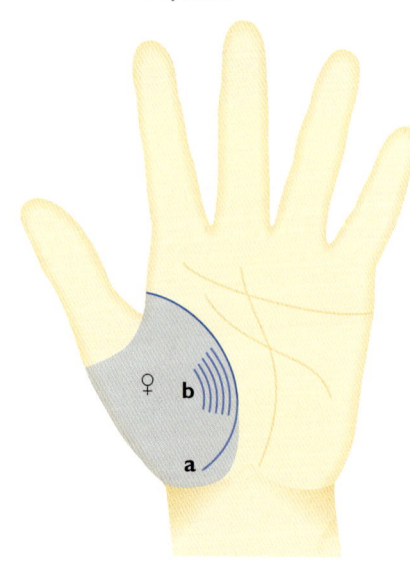

Une étoile a une signification néfaste, sauf si elle se trouve sur le mont d'Apollon. Dans ce cas, elle promet succès, satisfaction artistique et accomplissement créatif. Toutefois, si l'étoile apparaît uniquement sur la main non dominante, le grand désir de réussite risque de ne jamais être exaucé.

DOIGT DE MERCURE

Tous les interprètes entrent en contact avec leur public, que ce soit à travers la parole ou l'état d'esprit. Examinez le doigt de Mercure pour découvrir si quelqu'un possède de bons talents de communication. Les doigts doivent être longs et bien formés, surtout si la personne concernée préfère écrire elle-même son texte.

POINTS CLÉS
a *Ligne de vie courbée*
b *Petites lignes parallèles à la ligne de vie sur le mont de Vénus*

LIGNE DE DESTIN

Une personne trouvera-t-elle immédiatement sa place d'interprète ou lui faudra-t-il du temps pour percer ? La ligne de destin vous le dira. Une ligne de destin fortement marquée, exempte d'interruptions, annonce une voie unique dans la vie. Plus l'origine de la ligne est proche du poignet, plus tôt la personne découvre sa direction.

Si la ligne de destin commence indépendamment de la ligne de vie sur le mont de la Lune, cette personne a besoin de se trouver sous le feu des projecteurs, surtout si ces tendances sont confirmées ailleurs sur la main. Si la ligne de destin n'adhère pas au mont de la Lune jusqu'au centre de la paume, c'est là un interprète né, qu'il joue sur une scène ou qu'il amuse ses amis de dernières anecdotes.

Cet interprète exceptionnel réussit du premier coup et ne connaîtra jamais l'échec. Pour survivre à des époques

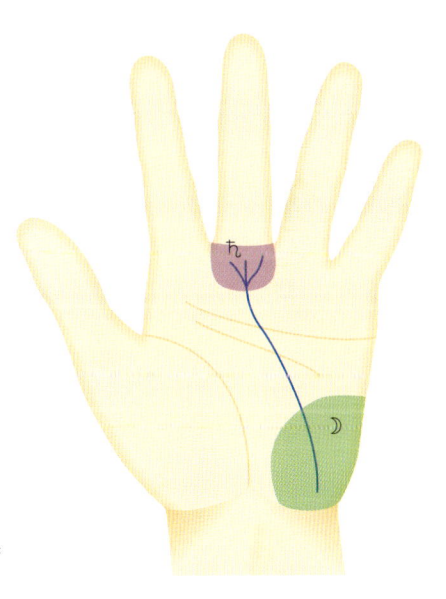

Le trident sur le mont de Saturne signale trois grandes ambitions réalisées à une époque tardive de la vie.

difficiles, la plupart des gens ont besoin d'abnégation. Si la ligne de destin monte vers le mont de Saturne et le traverse pour aller vers le mont de Jupiter, cette personne suit obstinément sa voie, sans jamais perdre de vue ses objectifs.

LE GUÉRISSEUR

Le terme "guérisseur" englobe une large gamme de disciplines, depuis la médecine allopathique aux thérapies alternatives, ainsi qu'un choix tout aussi varié de professions, depuis le chirurgien à l'ostéopathe, en passant par l'infirmière, le médecin de famille, le vétérinaire, le dentiste, le kiné, l'acupuncteur, etc. Une discipline ou une technique particulière ne font pas un guérisseur – c'est l'attitude de la

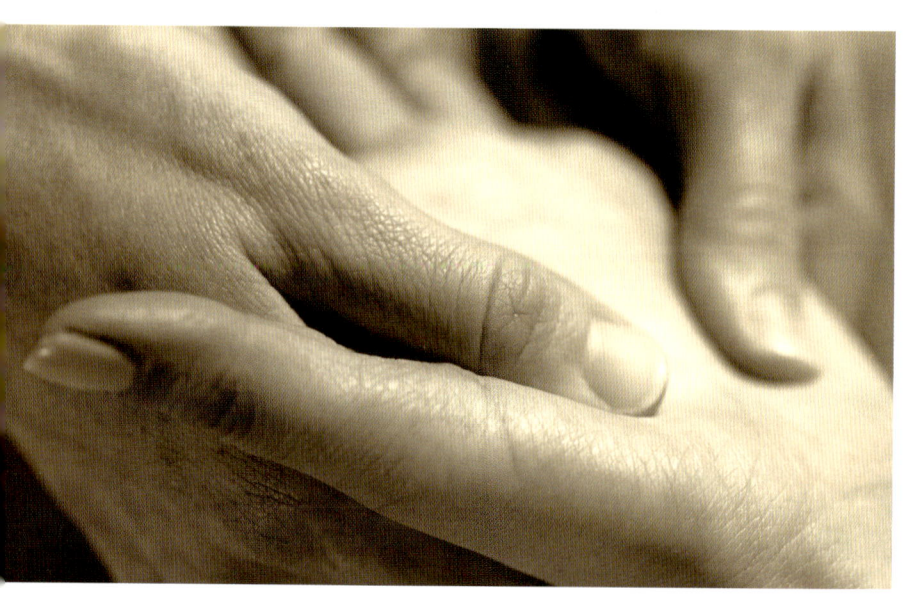

La forme de la main d'un guérisseur montre le type de guérison qui l'attire.

personne et de sa compassion envers les autres qui comptent – voilà ce qu'il faut chercher sur sa main.

Vous ne trouverez pas toujours exactement ce que vous cherchez, car les gens deviennent des guérisseurs pour des motifs différents, dont l'argent, le statut, le pouvoir, la pression familiale. Toutes ces raisons seront visibles sur la main.

LA FORME DE LA MAIN

La forme de la main dépend du type de guérison pratiquée. Les mains eau sont attirées vers les thérapies exigeant sensibilité, compassion et approche douce – thérapies par les cristaux, guérison spirituelle, thérapie des couleurs. Cette personne est capable de supporter les tâches malodorantes, sales et désagréables qui incombent aux infirmières. Elle aura d'habitude des mains terre pratiques ou des mains feu tenaces. De nombreux médecins ont des mains feu, leur permettant de

De nombreux médecins ont des mains feu enthousiastes, qui les aident à rester positifs.

rester enthousiastes et plein d'énergie. Les psychothérapeutes tendent à avoir des mains air, signe d'aptitude à communiquer avec leurs patients.

MONT DE VÉNUS

Un mont de Vénus généreusement arrondi signale quelqu'un en contact avec ses sentiments – qualité très importante pour un guérisseur. Il annonce par ailleurs la vitalité et la vigueur, utiles pour recharger ses batteries si nécessaire. La ligne de vie

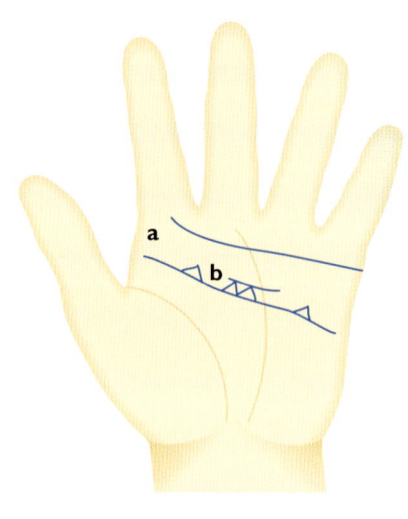

POINTS CLÉS
a *Un grand espace entre les lignes de cœur et de tête*
b *Triangles sur la ligne de tête*

doit présenter une bonne courbure, signe de nature ouverte, chaleureuse et amicale.

LIGNE DE CŒUR
Si une personne désire consacrer sa vie à aider les autres, des preuves de son engagement sont présents sur sa ligne de cœur. La ligne est courbée sans exagération et finit quelque part sur le mont de Jupiter. Les lignes d'influence partant de la ligne de cœur symbolisent les liens émotionnels avec les autres. Un large espace entre les lignes de tête et de cœur est probablement là, signe d'humour et d'ouverture d'esprit.

STIGMATES MÉDICAUX
Cette petite série de lignes située sous le doigt de Mercure ne doit pas être confondue avec les lignes d'enfants. La présence des stigmates assure que la personne possède des talents de guérisseur et a toujours été intéressée par les questions médicales. Même si elle ne pratique pas la guérison, les autres s'y reposent instinctivement lors des périodes de trouble.

ANNEAU DE SALOMON
Il est presque certain que cette marque existe sur l'une ou sur les

deux mains d'un guérisseur, indication classique d'aptitude à comprendre les autres à un niveau profond. La personne est intéressée par ce qui fait fonctionner les autres.

> ### Astuce d'expert
> *Les triangles présents sur la main sont des signes d'expertise technique et spécialisée. Quand ils longent la ligne de tête, les triangles signalent que la personne suivra une formation quelconque. Dans le cas d'un guérisseur, le triangle suggère beaucoup de choses, depuis les longues années d'études en médecine jusqu'aux cours de premiers secours du week-end.*

Cette ligne d'intuition va du mont de la Lune au mont de Mercure.

LIGNE D'INTUITION

Cherchez cette ligne arquée, qui va du mont de la Lune vers le mont de Mercure. Présente sur l'une ou les deux mains, elle annonce une forte intuition, qui aidera la personne lorsqu'elle soigne les gens. En tant que tel, ce n'est pas un signe de capacité à guérir, mais cela contribue à la décision d'utiliser tel ou tel traitement pour un patient particulier.

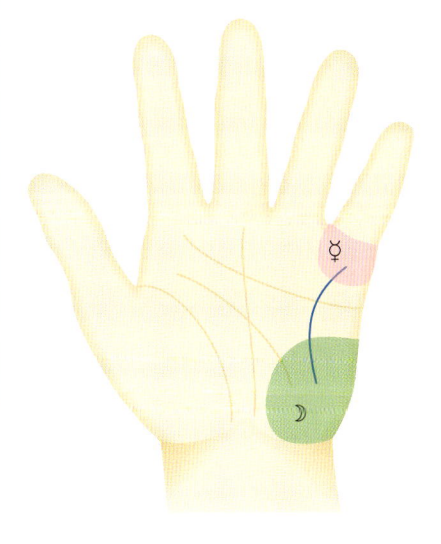

L'ATHLÈTE

Lorsque quelqu'un désire se consacrer à l'athlétisme et passe la plupart de son temps libre à s'entraîner, de nombreux signes de cet intérêt sont présents sur ses mains. Cependant, vous devez parfois faire preuve d'imagination lors de l'interprétation. Il n'y a pas de ligne particulière dénotant l'aptitude pour le football ou la nage. Vous tirerez des conclusions logiques sur ces dons en étudiant diverses zones de ses mains. Plus que tout, cherchez des preuves de vitalité, de dynamisme, de détermination et d'endurance.

Un footballeur a besoin de beaucoup de vigueur. Il aura probablement des mains terre.

L'ATHLÈTE 333

LA FORME DE LA MAIN

Si quelqu'un désire réussir dans ce domaine, soit comme professionnel, soit comme amateur, il a besoin d'énergie, de vigueur et de motivation. Les mains terre fermes et élastiques montrent ces trois qualités, surtout si le sport choisi est très physique — boxe, lutte, basket-ball, hockey. Le propriétaire des mains feu est bien équipé pour une vie sportive, car il a quantité de dynamisme et de motivation. Si la main terre ou feu est assez dure, la personne est décidée de faire à sa guise, même si cela gêne les autres. Une telle ténacité risque de provoquer des problèmes familiaux, mais sera essentielle pour un athlète, obligé de s'entraîner tous les jours, qu'il pleuve ou qu'il vente.

LE POUCE ET LES AUTRES DOIGTS

Les doigts doivent être forts et bien formés. Le pouce en particulier doit être long et d'une forme régulière, pour montrer plein d'énergie et de détermination. Après tout, il faut de grandes réserves de volonté et de motivation pour sauter d'un lit chaud

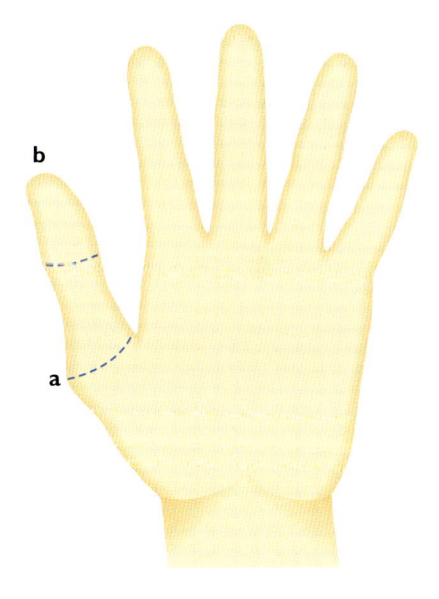

POINTS CLÉS
a *Seconde jointure du pouce prononcée*
b *Pouce long et fort*

tôt le matin et aller s'entraîner dans le froid.

Des sports comme le tennis et le basket-ball exigent un bon sens de gestion du temps, signalé par une seconde jointure du pouce anguleuse et proéminente.

Quelle est la forme du bout des doigts ? S'il est spatulé, la personne aime se montrer énergique et rester au grand air. S'il est carré, l'approche du sport choisi, qui a probablement une longue tradition sera très pragmatique.

MONTS DE MARS

Une personne peut avoir beaucoup d'énergie, mais possède-t-elle le courage exigé par certains sports ? Examinez le mont interne de Mars, le plus proche du pouce, pour déterminer son degré de courage physique. Un mont de Mars bien arrondi signale un courage normal, alors que s'il est trop grand, l'excès de bravoure tourne plutôt à l'imprudence.

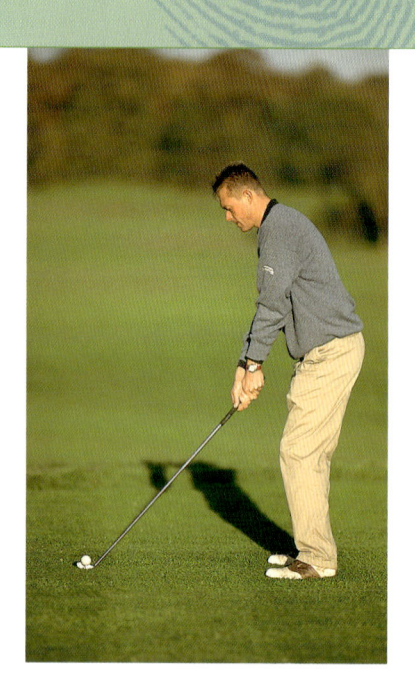

Le choix du moment est essentiel pour un golfeur. Examinez l'angle de l'heure de son pouce.

Le mont externe de Mars, situé sur le tranchant de la main, montre le courage moral. S'il est bien développé, la personne est capable de résister aux tentations du genre dopage et possède la force de poursuivre l'entraînement en cas de blessure ou d'échec.

LIGNE DE VIE

Autre indication de vitalité physique. Dans l'idéal, la ligne de vie est forte, bien marquée et d'une bonne couleur, sans grandes interruptions ou îles – failles dans son énergie. Elle entoure en un large arc le mont de Vénus, qui doit à son tour être charnu et d'une couleur saine.

Examinez la ligne de vie, près du pouce, pour trouver la ligne de Mars. Quand celle-ci est présente et nettement marquée, c'est un signe de force physique, ainsi que de nécessité à trouver des exutoires sains à l'énergie intense. Il est important que la personne reste active.

LA LIGNE SIMIENNE

Une ligne simienne, née de la fusion des lignes de tête et de cœur, est toujours signe d'aptitude extraordinaire. Sur la main d'une personne très sportive elle signale sa motivation et un désir de gagner.

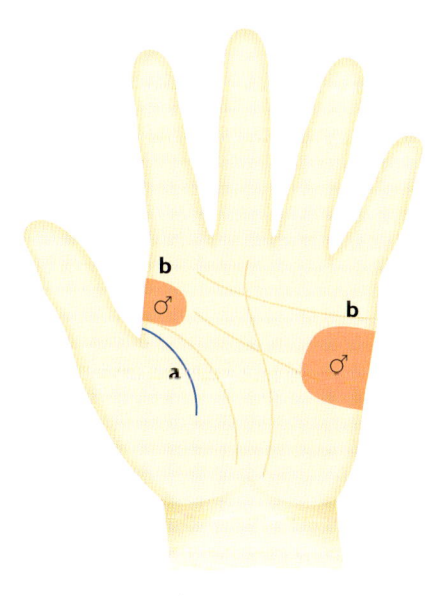

POINTS CLÉS
a *Forte ligne de Mars*
b *Bons monts de Mars*

L'ENSEIGNANT

La plupart des gens connaissent la différence entre un professeur qui a choisi ce métier par hasard et un autre, instinctivement apte à faire passer son message avec enthousiasme et ardeur.

Ne soyez pas surpris en examinant la main d'un enseignant né qui a choisi une tout autre profession et nie le moindre intérêt pour le domaine éducatif. Il finira immanquablement par enseigner tôt ou tard, que ce soit dans une salle de classe ou en donnant des conférences pendant ses loisirs.

LA FORME DE LA MAIN

Plus que tout, un enseignant doit être capable de communiquer ses idées et son enthousiasme à ses élèves.

Une main air permet de transmettre pensées et paroles, une main feu montrera le genre d'ardeur et de dynamisme qui amuse les élèves tout en leur inculquant des leçons.

Les enseignants sont-ils plutôt nés que formés ? Leurs mains semblent l'affirmer.

DOIGT DE MERCURE

Ce doigt décrit l'aptitude à communiquer. Pour aider la personne à faire passer ses messages, il doit être long et bien formé. Si le doigt est très long ou s'il a une première phalange très épaisse, la personne est extrêmement loquace et passera ses heures de classe à parler de choses pas toujours significatives.

LE POUCE

Si une personne espère maîtriser une classe de jeunes enfants ou d'adolescents, elle doit absolument avoir la présence et la confiance en soi nécessaires. Ces deux qualités seront absentes si son pouce est faible ou court – l'effort pour contrôler la classe sera considérable. Dans l'idéal, le pouce doit être fort et long, avec une phalange centrale plus fine, montrant le tact et le don de gérer les gens.

LIGNE DE TÊTE

Examinez attentivement la ligne de tête, qui doit être longue, nettement marquée et légèrement courbée pour montrer intelligence, imagination et solidarité intellectuelle. Si la ligne est courte et très droite, cette personne est incapable d'accepter le point de vue d'autrui et manque d'imagination. Ces

POINTS CLÉS
a Long doigt de Mercure avec une première phalange épaisse
b Ligne de tête légèrement courbée présentant des triangles, finissant par une fourche d'écrivain

traits sont accentués si les doigts (y compris les pouces) sont raides et si les lignes de cœur et de tête sont séparées par un espace étroit.

La ligne de tête finit-elle par une fourche de l'écrivain ? Si oui, c'est un bon signe car, outre le talent d'écrivain, cette personne est capable de voir tous les aspects d'une question.

Les enseignants ne sont pas uniquement dans la salle de classe. Ils sont partout.

CARRÉ DE L'ENSEIGNANT

Signe classique d'aptitude naturelle à l'enseignement. Vous le trouverez sur le mont de Jupiter, attaché à la ligne de tête par une mince ligne. Si ce carré apparaît seulement sur la main non dominante, la personne a pensé devenir éventuellement enseignante, mais n'a jamais rien fait pour cela.

ANNEAU DE SALOMON
L'anneau de Salomon n'indique pas l'aptitude à enseigner, mais le don considérable de nouer des liens forts

> ### Étude de cas
> *Dans son enfance, Carrie alignait ses poupées en rangs et prétendait être leur maîtresse. À l'âge adulte, ces rêves d'enseignement se sont évanouis et elle est devenue fleuriste. Quand on lui a demandé de mettre en place des démonstrations pour des groupes d'amateurs de décorations floraux, elle a découvert qu'elle aimait enseigner. Ses mains ont révélé de longs doigts de Mercure, des carrés de l'enseignant et des anneaux de Salomon*

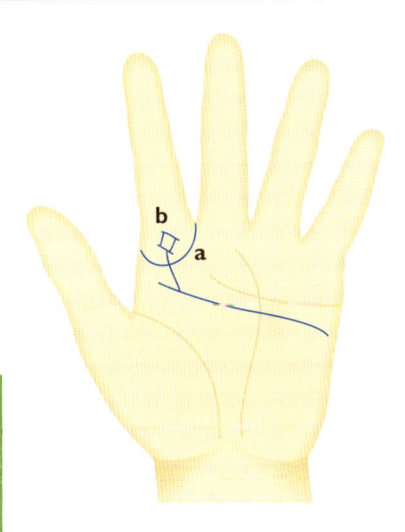

POINTS CLÉS
a *Anneau de Salomon*
b *Carré de l'enseignant rattaché à la ligne de tête*

avec les gens. De tels liens sont essentiels si un professeur désire établir un attachement émotionnel et intellectuel avec ses élèves.

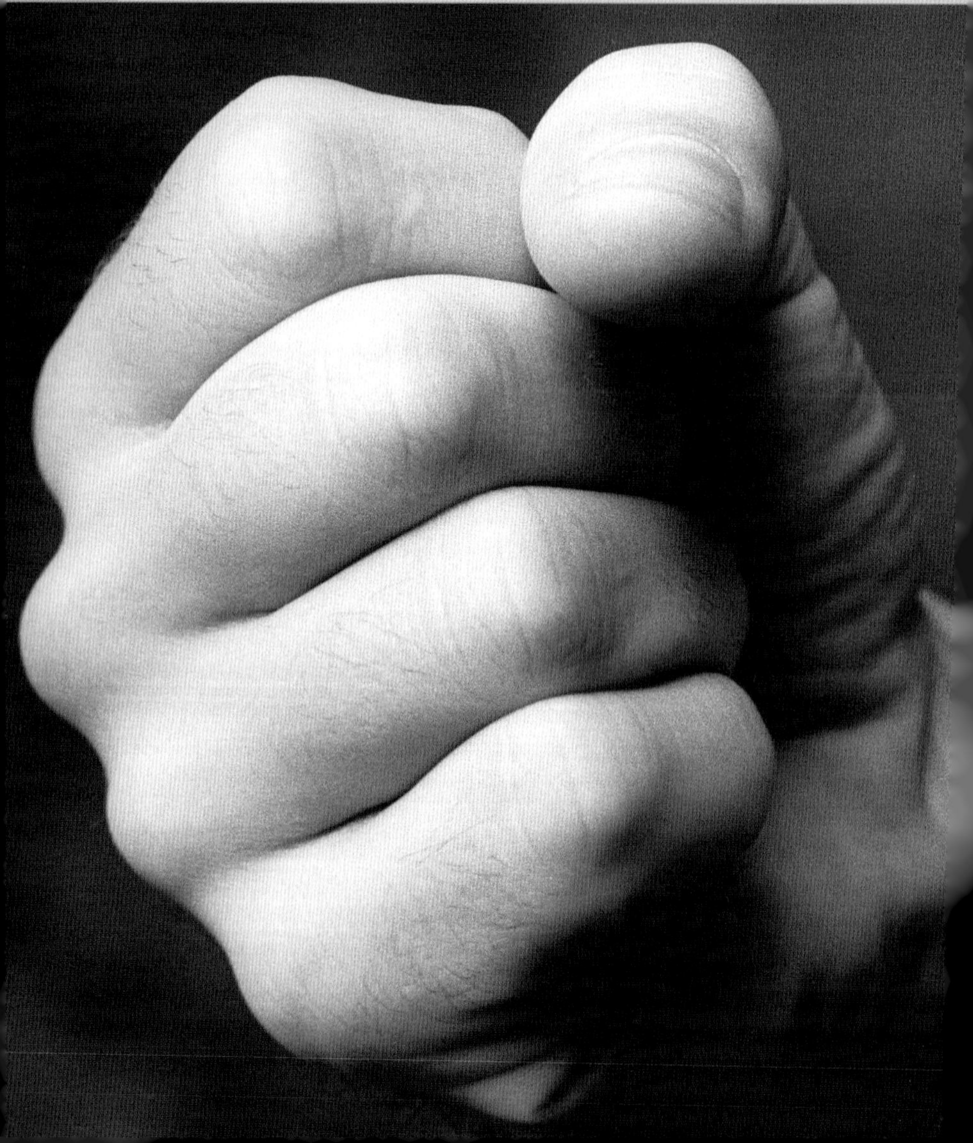

TEMPÉRAMENTS

Ce chapitre étudie une diversité de tempéraments humains, du panier percé au diplomate. Vous apprendrez davantage sur vous-même et sur vos motivations, parfois surprenantes, ainsi que sur la manière dont les gens agissent. Par exemple, vous remarquerez la présence d'un penchant téméraire, que vous faites de votre mieux pour ignorer, ou d'un désir de voyager dans le monde entier, nettement marqué dans votre main.

Étudiez les mains de vos amis et des membres de votre famille pour voir si elles confirment vos opinions quant à leur personnalité. Vous noterez ce faisant que chaque personne appartient à plusieurs catégories distinctes – bon aperçu de la manière dont les tempéraments empiètent les uns sur les autres. Regarder les mains des gens que vous rencontrez en passant s'avère un exercice utile, car même un coup d'œil vous apprend quelque chose sur leur personnalité.

POINTS DE REPÈRE POUR LE TEMPÉRAMENT

Le tempérament est si varié et présente tellement de particularités qu'il n'y a deux personnes identiques. Même si elles montrent des caractéristiques similaires – toujours optimistes ou contentes quand elles se retrouvent seules –, leurs raisons sont très différentes. Au cas où vous ne disposez que de quelques minutes, vous pouvez deviner l'appartenance à un type de tempérament en regardant

Le tempérament d'une personne est révélé sur sa main.

la forme des mains, ainsi que la forme et la couleur des ongles. C'est très utile pour se faire une idée du caractère de quelqu'un que vous rencontrez pour la première fois mais qui est susceptible de jouer un rôle important dans votre vie – un éventuel patron ou partenaire. Vos constatations soulagent ou déçoivent, mais offrent cependant quelques aperçus sur la personne concernée. À partir de là, arrêtez ou continuez, à votre guise.

La forme de la main met toujours en évidence une facette essentielle de la personnalité de quelqu'un, offrant une base de données qui s'enrichira à mesure de l'examen du reste de la main. Les suggestions ci-après permettent de commencer. Pour plus de détails, reportez-vous aux tempéraments décrits au fil des pages suivantes.

Une personne peut tenter de dissimuler sa mauvaise humeur, mais celle-ci est inscrite sur sa main.

LES DOIGTS

Les doigts offrent des indices précieux à propos du tempérament intrinsèque d'une personne. En observant discrètement ses doigts, vous collecterez beaucoup d'informations.

Si vous avez la possibilité d'examiner ses mains en détail, vérifiez les questions posées ici :

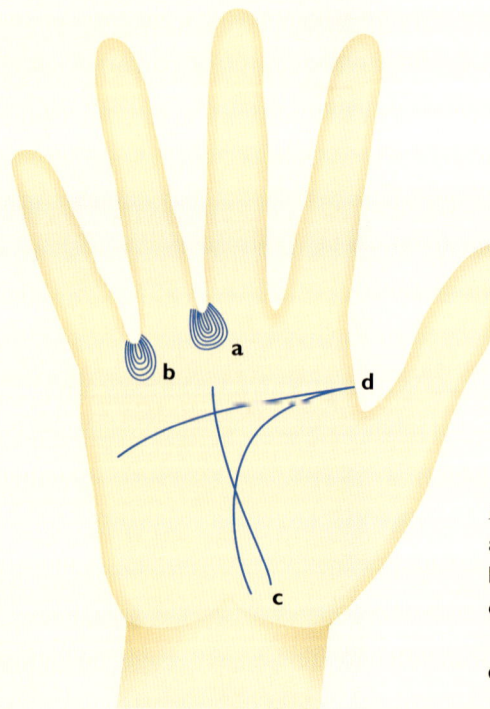

POINTS CLÉS
a *Boucle du bon sens*
b *Boucle de l'humour*
c *Ligne de destin commençant à l'intérieur de la ligne de vie*
d *Ligne de tête et ligne de vie jointes à leur origine*

- Quelle est la forme des doigts ?
- Sont-ils noueux ou lisses ?
- Quelle est la forme des pouces ?
- Sont-ils faibles ou forts ?
- Sont-ils fins au milieu ?
- La phalange supérieure du pouce est-elle épaisse et bulbeuse ?
- Quelle est l'ouverture de l'angle entre le pouce et le bord de la paume ?
- Y a-t-il un espace entre la troisième phalange des doigts ?
- Quel est le modèle majoritaire des empreintes ?
- Quelle est la forme des ongles ?
- Quelle est la couleur des ongles ?

LIGNE DE CŒUR

La ligne de cœur montre la réactivité émotionnelle – autrement dit, si une personne est démonstrative ou réservée. Les autres l'intéressent-ils ou, en ce qui la concerne, il n'y a qu'une personne au monde ?

En examinant la ligne de cœur :

- La ligne est-elle droite ou courbée ?
- Où finit-elle ?
- Les lignes d'influence partent-elles de la ligne de cœur ?
- Une ligne simienne remplace-t-elle la ligne du cœur sur l'une des mains ?

AUTRES CONSIDÉRATIONS

Quelques autres facteurs sont à prendre en compte, pas toujours extrêmement significatifs, mais qui vous donneront plus d'informations sur le caractère intrinsèque d'une personne.

- Y a-t-il un anneau de Salomon ?
- Y a-t-il des stigmates médicaux ?
- Y a-t-il une ligne d'intuition ?
- Y a-t-il une croix mystique ?
- Y a-t-il une boucle du bon sens ?
- Y a-t-il une boucle de l'humour ?
- La ligne d'Apollon est-elle forte ?
- Y a-t-il des chaînes, des îles ou des interruptions sur l'une de ces lignes ?

LE DÉPENSIER

Certaines personnes trouvent quasi impossible de garder leur argent. Dès qu'elles en ont un peu, le besoin irrésistible de le dépenser émerge. Tout le monde éprouve parfois ce genre d'envie, se laisser aller à de folles dépenses en se faisant plaisir, mais généralement la modération est là et les choses ne dérapent pas. Si vous faites partie de cette catégorie, votre paume présentera quelques-unes de ces caractéristiques, compensées par des marques de prudence financière.

Une personne en proie à la fièvre acheteuse présentera bien davantage de ces traits sur ses mains. Parfois, elle n'attendra même pas d'avoir l'argent et dépensera à crédit, jusqu'à faire exploser son découvert bancaire.

Si vous étudiez la main de quelqu'un qui aime dépenser, demandez-vous que cherche-t-il a compenser ?

LA FORME DE LA MAIN
La forme de la main est un indice important des habitudes de dépense

Les espaces entre la troisième phalange de ses doigts sont le signe classique d'une personne dépensière.

d'une personne. Celle-ci aura le plus probablement une main feu ou eau. Malgré ses bonnes intentions, la main feu a tendance à ne plus se maîtriser en faisant des courses. La main eau prendra ses distances avec la dure réalité de la somme dépensée et refusera d'y penser, dans l'espoir que le problème se réglera tout seul.

Examinez de préférence la main au repos. La personne incapable de garder son argent présente de larges espaces entre la base de ses doigts. Les doigts sont flexibles et pour la plupart lisses – signes du dépensier compulsif. Ces traits seront accentués si le bout des doigts est spatulé ou pointu, les deux suggérant un comportement dirigé par des caprices.

Quelle sensation laisse la main ? Très douce et molle, cette personne manque de volonté et de motivation et trouvera pratiquement impossible de résister à la tentation. Ces tendances seront aggravées si le pouce est court et faible.

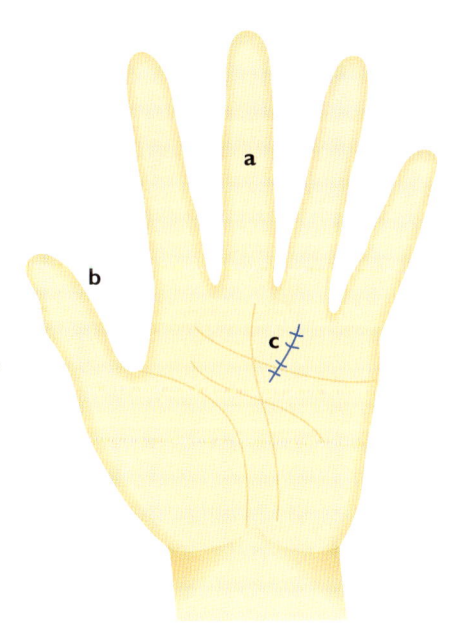

POINTS CLÉS
a *Main eau*
b *Pouce court et mince*
c *Ligne d'Apollon croisée de petites lignes*

DOIGTS DE JUPITER ET D'APOLLON

Ces doigts vous diront davantage sur les habitudes d'achat. Si la personne

Certains ressentent une pulsion obsessionnelle de dépenser de l'argent. Cherchez des signes de nervosité dans la main.

Si elle est imprudente avec l'argent et espère que tout se réglera comme par miracle, les doigts de Jupiter et d'Apollon auront la même longueur.

MONT DE SATURNE

Distinguez-vous ce mont sur la main ? Si la personne est extrêmement irresponsable avec l'argent, il sera absent ou à peine visible.

Un doigt de Saturne court ou faible est lui aussi indice de responsabilité financière nulle. S'il est très court, la personne est impulsive et ne s'inquiète pas vraiment du résultat ou des conséquences de ses actions.

MONT DE VÉNUS

Cette personne dépense-t-elle beaucoup d'argent pour de beaux

aime s'entourer de symboles de statut, attendez-vous à voir un doigt de Jupiter court, montrant le manque de confiance. Elle essayera de le cacher en arborant une bague voyante ou très grosse à ce doigt.

objets ou des symboles de statut très chers ? Dans ce cas, le mont de Vénus sera probablement très bombé, signe d'amour pour les belles choses, susceptible cependant de basculer facilement en ostentation.

LIGNE D'APOLLON

Parmi d'autres choses, cette ligne se rapporte à l'argent. Cherchez de petites lignes descendant depuis la ligne d'Apollon – elles signalent les moments où la personne en question doit se montrer particulièrement prudente avec ses finances. Les fines lignes traversant la ligne d'Apollon annoncent des obstacles financiers qu'il faudra surmonter.

Les jointures lisses montrent une personne impulsive, spécialement si le bout des doigts de Jupiter et de Saturne est spatulé.

L'ÉCONOME

Dépensez-vous toujours votre argent ou en mettez-vous un peu de côté ? Êtes-vous doué d'un instinct naturel d'économie ? Il est très difficile pour le dépensier compulsif de faire totalement volte-face, de devenir économe.

Pour savoir si une personne est capable d'économiser, pensez à certaines des raisons qui induisent ce comportement. Se sent-elle plus en sécurité en ayant des économies en cas d'urgence ? Aime-t-elle bien contrôler les cordons de sa bourse ? Préfère-t-elle mettre de l'argent de côté pour des achats importants au lieu d'emprunter ? Craint-elle manquer d'argent, même si elle est à l'aise ? Est-elle non pas économe, mais plutôt avare, répugnant à se séparer d'un seul centime ?

LA FORME DE LA MAIN
Le propriétaire d'une main terre économisera plus facilement de

La personne tenant son pouce proche de la main est prudente avec l'argent.

l'argent, car il est pratique et prudent d'instinct. Il peut aussi s'avérer un bon jardinier, ce qui lui donnera la satisfaction d'économiser de l'argent en faisant pousser ses légumes et ses fruits. Vous verrez d'habitude un bout carré des doigts sur la main d'un économe né, signe de prudence.

Examinez la main quand elle est détendue. Si les doigts sont joints, la personne est économe et déteste gâcher des ressources. Si son pouce et son index sont joints lorsque la main est détendue, la personne est très prudente avec l'argent qu'elle est susceptible d'utiliser pour contrôler les autres. Par exemple, ce sera le parent qui impose à ses enfants de gagner leur argent de poche, ou l'époux qui ne donne jamais à sa femme assez d'argent pour tenir la maison. Si le pouce est proche du bord de la paume, c'est là un autre signe de prudence financière. Plus l'angle entre le pouce et la paume est réduit, moins la personne est généreuse.

LES DOIGTS

De quoi a l'air la troisième phalange des doigts ? Si la personne est matérialiste, il n'y aura pas d'espaces entre les doigts et cette phalange sera épaisse. Cette phalange sera d'habitude de plus long segment des doigts.

Les jointures noueuses sont un signe d'économie, montrant que la

Si un enfant économise naturellement, il commencera dès son jeune âge.

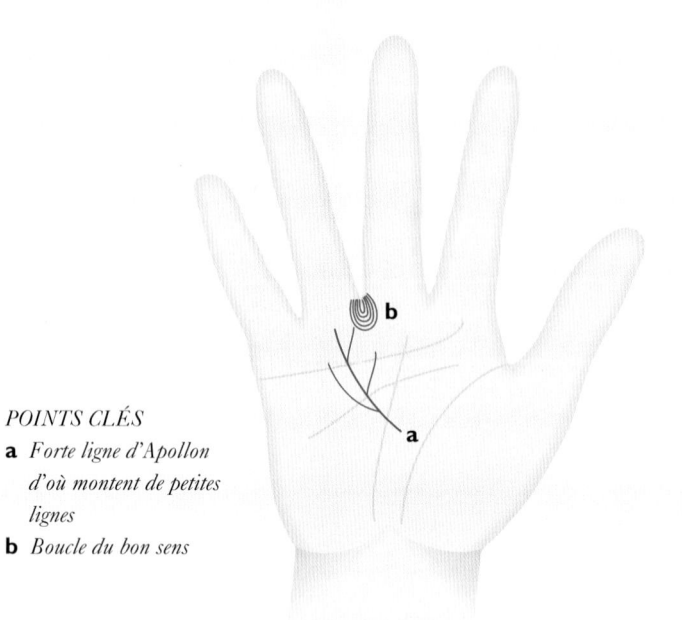

POINTS CLÉS
a *Forte ligne d'Apollon d'où montent de petites lignes*
b *Boucle du bon sens*

personne aime analyser et réfléchir avant d'agir. Peu probable qu'elle se laisse aller à des achats impulsifs sans passer un peu de temps à se décider.

BOUCLE DU BON SENS
Si une personne est réellement décidée de profiter au maximum de son argent et en met beaucoup de côté pour l'avenir, vous trouverez probablement une boucle du bon sens entre les doigts de Saturne et d'Apollon. Comme le suggère le nom de la boucle, cette personne prend très au sérieux les questions financières.

LES TROIS MONDES
Si vous partagez la main de cette

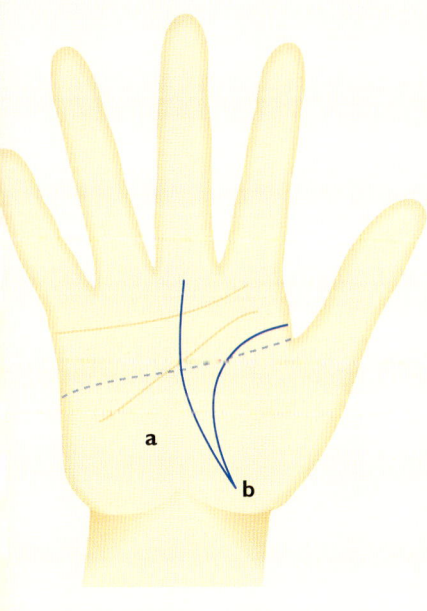

L'ÉCONOME

> ### Astuce d'expert
> *La ligne d'Apollon a de forts liens avec l'argent et la réussite, donc avec l'attitude d'une personne quant à ses finances. Si la ligne est forte et nettement marquée, elle montre la réussite dans la vie, qui inclura entre autres la prospérité financière. Attendez-vous à voir une forte ligne d'Apollon sur la main de quelqu'un de riche, même s'il préfère plutôt économiser son argent que le dépenser.*

POINTS CLÉS
a *Main avec une grande base lourde*
b *Ligne de vie avec des lignes très marquées à la base de la main*

personne en trois sections (les trois mondes, voir pages 62 et 63), quelle est la plus large ? Si la personne est principalement concernée par la sécurité financière, ce sera la section inférieure, depuis le pouce vers le bas, qui régit le monde matériel. Si cette partie de la main semble très lourde ou si les lignes sont plus fortes, la personne sera très matérialiste, spécialement si la troisième phalange de ses doigts de Saturne et d'Apollon est épaisse.

L'ÉTERNEL OPTIMISTE

L'optimisme n'est pas seulement un état d'esprit, c'est une mode de vie. Les optimistes possèdent une endurance naturelle qui les aide à se remettre très vite des contretemps, et une foi infuse qui leur dit que tout ira bien. Certes, il y a une différence entre optimisme et aveuglement à la réalité des choses, mais nous nous concentrons ici sur la pensée positive et la capacité de voir quelque chose de bon même dans la pire des situations. Ce genre d'attitude est-elle visible sur la main ? Oui, si vous cherchez les idées et les convictions qui caractérisent l'optimiste.

LA FORME DE LA MAIN
La plupart des optimistes ont des mains feu, signalant un enthousiasme pratiquement infini pour la vie. Cette personne a énormément d'énergie émotionnelle et physique, qui l'aide à gérer les hauts et les bas de la vie, ainsi que beaucoup d'entrain et d'éclat. Extraverti et chanceux, même quand les choses vont mal, l'optimiste

Les optimistes tendent à tenir les doigts écartés, car ils sont très réceptifs à la vie.

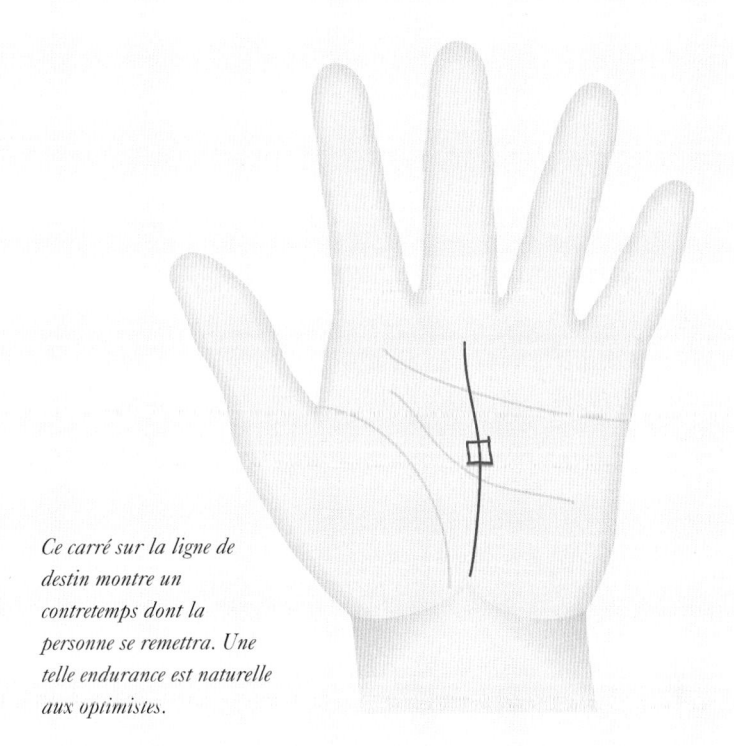

Ce carré sur la ligne de destin montre un contretemps dont la personne se remettra. Une telle endurance est naturelle aux optimistes.

est persuadé que de meilleurs moments sont à portée de main.

Examinez le bout de ses doigts, le plus probablement spatulé, autre signe de pensée positive et de capacité à prendre des risques. Il signale par ailleurs l'inventivité dont l'optimiste né a besoin lorsqu'il réfléchit aux problèmes et trouve des solutions astucieuses. En outre, le bout de ses doigts montre au minimum une arche bâchée, signe d'enthousiasme.

Demandez à cette personne de tenir ses mains de manière détendue. Des espaces deviendront visibles entre la base de ses doigts, signe de nature ouverte et amicale. L'angle entre son pouce et le bord de sa paume est large, indice de générosité émotionnelle et de capacité à accepter les expériences que la vie impose.

DOIGT DE JUPITER
Ce doigt doit être long et bien formé pour dénoter la confiance en soi et la capacité de prendre les rênes en cas de besoin : les optimistes sont rarement totalement passifs. Si ce doigt est très large, la personne a un ego tout aussi considérable. Une partie de son optimisme peut venir de la conviction qu'elle mérite un traitement à part.

Le mont de Jupiter doit aussi être bien formé, mais pas excessivement grand. S'il est fusionné avec le mont de Saturne, l'optimisme est combiné au sens de la réalité et la personne garde les pieds sur terre.

POINTS CLÉS
a *Mont entre les doigts de Jupiter et de Saturne*
b *Boucle de l'humour*

Un optimiste est d'habitude sociable et ouvert. Attendez-vous à trouver des preuves de sa nature grégaire sur sa main.

BOUCLE DE L'HUMOUR

Comme on peut l'imaginer, l'optimiste ne prend pas la vie trop au sérieux. Cela ne veut pas dire qu'il est irresponsable, mais qu'il se remet vite des déceptions et des contretemps. Vous trouverez probablement une boucle de l'humour entre ses doigts d'Apollon et de Mercure, sur les deux mains s'il s'agit d'un optimiste naturel. Quand cette boucle est visible, la personne a un bon sens de l'humour, une nature joyeuse et est extrêmement populaire.

LIGNE D'APOLLON

Quelqu'un est-il optimiste parce qu'il est naturellement chanceux, ou son attitude positive attire des expériences positive qu'on pourrait désigner par le terme "fastes" ? C'est là un point controversé. Certaines réponses sont apportées par la ligne d'Apollon – la ligne de la réussite, traditionnellement tenue pour ligne de chance. Si elle est forte et bien formée, la personne jouira de beaucoup de succès, ce qui contribuera immanquablement à son optimisme. Si, outre la ligne d'Apollon, une étoile est présente sur son mont d'Apollon, elle aura encore davantage de chance, car c'est le signe de réussite et de satisfaction créative.

LE PESSIMISTE

Pour le pessimiste, les choses ne peuvent qu'empirer. Il tend à se concentrer sur les aspects sombres et malheureux de la vie, persuadé que les bons moments sont dépassés par les mauvais et que les optimistes sont des fous.

    Le pessimisme peut avoir de bonnes raisons, par exemple les terribles orages essuyés dans la vie, aux conséquences dramatiques. Les pessimistes raillent souvent leur attitude négative envers la vie. À la longue, une personne profondément négative finira par faire s'éloigner les autres, ce qui la rendra solitaire et donc encore plus pessimiste. En dessous de son rire cynique, elle cache parfois sa déprime et son besoin d'aide.

Le langage corporel indiquera si quelqu'un est pessimiste ou optimiste.

LA FORME DE LA MAIN

Un vrai pessimiste aura une main eau, air ou terre, à l'exclusion d'un main feu, signe d'enthousiasme. Quelle que soit sa forme, la main semblera flasque et molle, comme si toute vie l'avait quittée, surtout en cas de déprime.

Notez la façon dont la personne tient ses mains au repos. Si les doigts sont joints, elle est appréhensive et tente inconsciemment à s'accrocher à ce qu'elle a. Si les pouces sont aussi proches des paumes, elle a peur de se montrer ouverte et généreuse pour une raison qui lui est propre.

LES DOIGTS

Les ongles présentent-ils des taches blanches ? Dans ce cas, la personne s'est sentie nerveuse depuis un certain temps, car plusieurs mois sont nécessaires à leur formation.

Notez si elle ronge ses ongles, autre signe classique de tension et de nervosité.

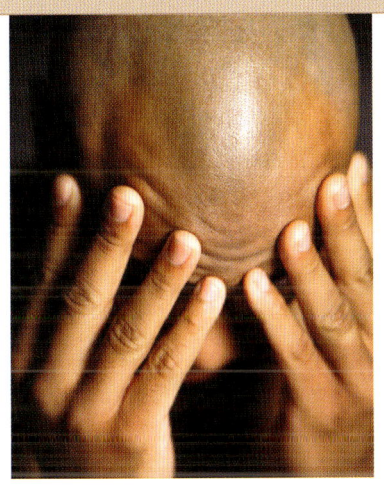

Un pessimiste a tendance à faire toute un histoire de tous ses problèmes, car il s'attend généralement au pire.

Examinez les jointures des doigts. Noueuses, la personne passe beaucoup de temps à réfléchir et à analyser les situations. Elle a donc tendance à s'inquiéter de l'avenir et à remanier les expériences désagréables du passé.

Le doigt de Saturne vous dira beaucoup sur l'état mental de la personne. S'il est bien plus grand ou plus épais que les autres doigts, il montre la tendance à faire toute une histoire des problèmes et à se sentir opprimé par eux. Si une bague orne ce doigt, inconsciemment la personne tente de stimuler son sens de sécurité.

Un mont de Saturne très large montre la tendance au pessimisme, surtout si les gens s'attendent régulièrement à ce que la personne assume plus que sa part des responsabilités aux dépens des activités plus agréables. Si le doigt d'Apollon penche vers le doigt de Saturne, c'est là une autre indication qu'elle a appris à sacrifier ses propres besoins pour le bien d'autrui, malgré le prix à payer.

Une grille sur le mont de Saturne montre que la personne est malheureuse et passe par une période de découragement. Toutefois, la grille disparaît quand le problème s'allège.

LIGNE DE TÊTE
La ligne de tête indique elle aussi l'état mental. Faible et mince, la personne est facilement déçue et a du mal à penser rationnellement. Si des

POINTS CLÉS
a *Doigt de Saturne épais*
b *Grille sur le mont de Saturne*
c *Ligne de vie presque droite*

Voici d'autres indications de nature pessimiste. Notez le lourd doigt de Saturne et l'étroit espace séparant la ligne de cœur et de ligne de tête.

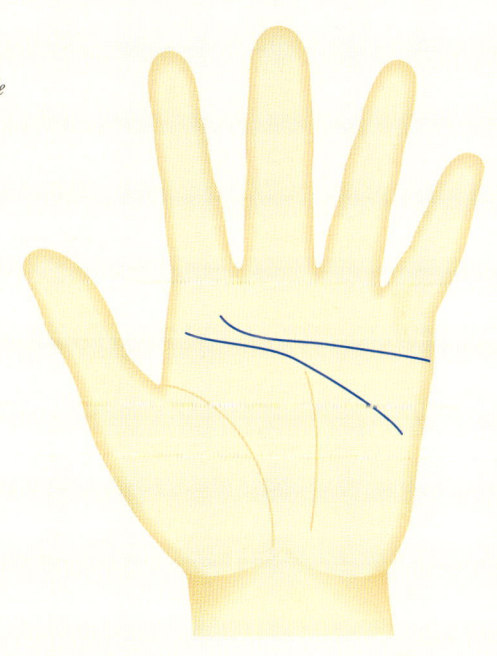

chaînes et des îles sont présentes sur la ligne de tête ou si de brèves lignes la traversent, la personne est encline à l'inquiétude et à l'hésitation. Parfois, elle s'efforce de penser logiquement, car elle est très influencée par ses craintes.

Où finit la ligne de tête ? Si elle descend sur le mont de la Lune, l'imagination est active, mais pas toujours en faveur de la personne, conférant à celle-ci un penchant à craindre le pire.

LE DIPLOMATE

Comment se fait-il que certains réussissent toujours à faire preuve de tact, alors que d'autres font infailliblement des gaffes ?

La diplomatie est plus qu'un talent social, c'est un don utilisable aussi sur le plan professionnel, que ce soit pour vendre ou pour diriger du personnel.

Il n'y a pas de signes manifestes de diplomatie dans la main, mais de nombreuses autres indications signalent la présence ou l'absence de tact. En examinant votre propre main, déterminez le degré de votre capacité à choisir les mots appropriés. Vous risquez d'avoir quelques surprises.

Un diplomate naturel prend la peine de mettre immédiatement les autres à l'aise.

LA FORME DE LA MAIN

Le diplomate peut communiquer de manière très complexe. Ses mains sont habituellement air, forme correspondant aux bons talents de communication et à la capacité de se connecter avec les autres sur un plan mental. Comme la personne aux mains air n'est pas dirigée par ses émotions, elle ne s'emportera probablement pas en perturbant tous ceux qui l'entourent.

Les personnes aux mains eau font par ailleurs montre d'un grand tact, grâce à leur nature réfléchie, calme et paisible. Elles font généralement très attention à ne pas gêner les autres et s'adaptent facilement à leur milieu.

LES DOIGTS

Dans l'idéal, les doigts sont pointus ou coniques. S'ils sont pointus, c'est signe de considération et de sensibilité à l'égard des autres, s'ils sont coniques, la personne est accommodante.

Les doigts de cette femme sont légèrement fléchis en arrière, signe de souplesse et d'adaptabilité.

Voyez-vous des volutes composées sur le bout des doigts ? C'est une excellente indication de diplomatie, d'aptitude à voir tous les aspects d'une situation. Cela ne contribue pas à la prise de décisions, mais cette qualité est inestimable lorsqu'elle parle aux autres ou tente de se faire le médiateur dans une dispute. Les volutes composées sont assez rares. Si vous n'en trouvez aucune, cherchez des boucles. Si celles-ci sont majoritaires, la personne est facile à vivre, adaptable et accommodante.

Les ongles parlent aussi des talents diplomatiques. S'ils sont longs et larges, la personne est patiente, tolérante et large d'esprit.

LE POUCE
À quel point le pouce est-il flexible ? Si la phalange supérieure est un peu fléchie en arrière sans être totalement désarticulée, une telle flexibilité révèle une personne qui s'adapte facilement à son entourage et évalue bien les autres.

Le pouce plus fin au milieu est une autre excellente indication de diplomatie, de tact et de sensibilité.

ANNEAU DE SALOMON
Le diplomate fait preuve d'une compréhension instinctive des pensées et des sentiments de ses semblables.

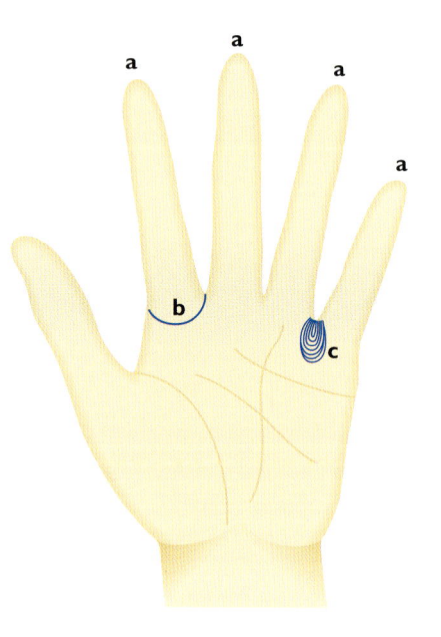

POINTS CLÉS
a *Doigts pointus*
b *Anneau de Salomon*
c *Boucle de l'humour*

L'anneau de Salomon, qui se courbe autour du mont de Jupiter, met ces qualités en évidence. C'est un signe classique d'intérêt pour la psychologie, pour son étude même, que ce soit comme profession ou comme hobby. La diplomatie n'est pas uniquement la capacité de pacifier les autres, mais aussi la faculté de parler avec tact de sujets difficiles. Une bonne connaissance de la nature humaine est un atout précieux.

Astuce d'expert
Observez l'espace entre les lignes de cœur et de tête. Il doit être assez large pour montrer la largeur d'esprit. Si quelqu'un est intolérant envers les opinions des autres, il ne fera certainement pas preuve de tact lorsqu'il leur parlera.

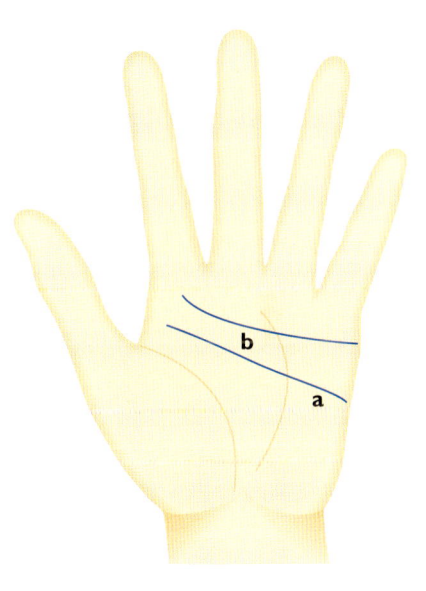

POINTS CLÉS
a *Longue ligne de tête*
b *Espace entre les lignes de tête et de cœur*

LIGNE DE CŒUR
La considération pour les sentiments des autres est visible sur la ligne de cœur, qui doit être doucement courbée pour signaler la compassion, avec de nombreuses petites lignes partant de là, signes de liens émotionnels avec les autres.

LE VOYAGEUR

Le monde s'est rétréci au cours du siècle dernier à mesure que les voyages n'ont plus été le domaine réservé des riches ou des téméraires. La plupart des gens voyagent un peu plus loin chaque année, et de nouvelles régions du monde s'ouvrent au tourisme. Tous les gens n'ont pourtant pas envie de quitter le confort et la sécurité de leur maison pour l'incertitude des destinations inconnues. Qu'est-ce qui fait un

Où aller ? Un voyageur instinctif a souvent en tête une liste de destinations qu'il a envie de visiter.

voyageur ? Pouvez-vous voir ces indications dans sa main ?

LA FORME DE LA MAIN

Un voyageur engagé aura le plus probablement une main feu ou air. La personne aux mains feu appréciera la stimulation, l'excitation et le sens de l'aventure suscités par la découverte de nouveaux endroits et tiendra le voyage pour une partie importante de cette expérience. Peu probable qu'elle revienne à la même destination année après année, car cela lui semblerait certes ennuyeux.

La personne aux mains air apprécie le voyage pour la chance de rencontrer des gens différents. Elle se fera un point d'honneur d'apprendre au moins quelques mots de la langue locale, car il tire un grand plaisir de la communication.

Examinez la largeur de ses paumes. Plus celles-ci sont larges, plus la personne aura envie d'espaces ouverts et d'air frais. Ce n'est pas là une

Le propriétaire d'une main feu apprécie les vacances inhabituelles et aventureuses.

indication du besoin de voyager, mais un signe qu'elle préfère la campagne à la ville lorsqu'il s'agit de trouver un lieu pour ses vacances.

LES DOIGTS

Quelle est la forme du bout des doigts ? Spatulé, la personne adore

Examinez le doigt de Mercure. Long et bien formé, c'est le signe du talent pour les langues, probablement du voyageur qui aime parler la langue locale, même s'il n'en connaît que quelques mots. Il a toujours sur lui un guide de conversation, rien que pour le plaisir de comprendre le sens des poteaux indicateurs et des menus de restaurant.

MONT DE LA LUNE

L'une des significations de ce mont est le voyage. Examinez-le attentivement. Voyez-vous une quelconque ligne horizontale le traversant ? Si oui, celle-ci indique des voyages mémorables ou significatifs que la personne a déjà faits ou qu'elle fera. Ces lignes apparaissent en ordre chronologique depuis la base du poignet vers le mont de Mercure. Examinez ce mont sur les deux mains. Si les lignes du

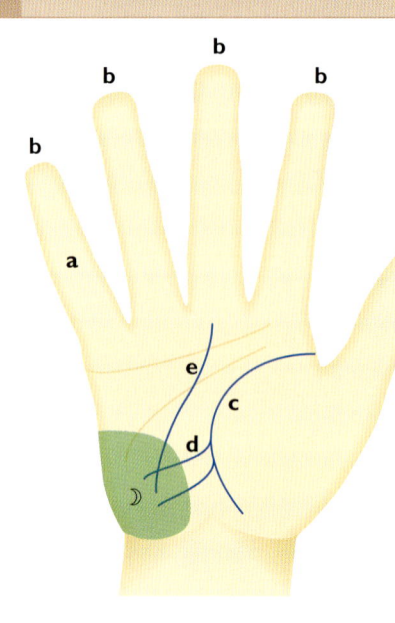

POINTS CLÉS

a *Doigt de Mercure long et bien formé*
b *Doigts avec un bout spatulé*
c *Ligne de vie très courbée*
d *Fortes lignes se ramifiant depuis la ligne de vie vers le mont de la Lune*
e *Ligne de destin partant du mont de la Lune*

voyager et apprécie les destinations nouvelles ou inhabituelles. Carré, la destination doit être un second chez soi, donc aussi familière que possible.

voyage sont présentes uniquement sur la main non-dominante, la personne aimerait voyager, mais le manque d'argent ou d'occasions l'en empêche.

LIGNE DE VIE
La ligne de vie présente-t-elle une bonne courbure ? Si elle s'élance vers le centre de la paume, la personne est ouverte et intéressée par ce que la vie lui offre.

Où finit la ligne de vie ? Si elle s'achève très près du mont de la Lune, ou carrément sur lui, c'est là un voyageur né, susceptible d'émigrer dans un autre pays à un certain moment de sa vie. Il en est de même si plusieurs lignes fortes partent de la ligne de vie et vont vers le mont de la Lune.

Les petites lignes se dirigeant depuis la ligne de vie vers le mont de la Lune signalent elles aussi le voyage. Elles ne traversent pas la ligne de vie, mais partent de son côté le plus proche du mont de la Lune.

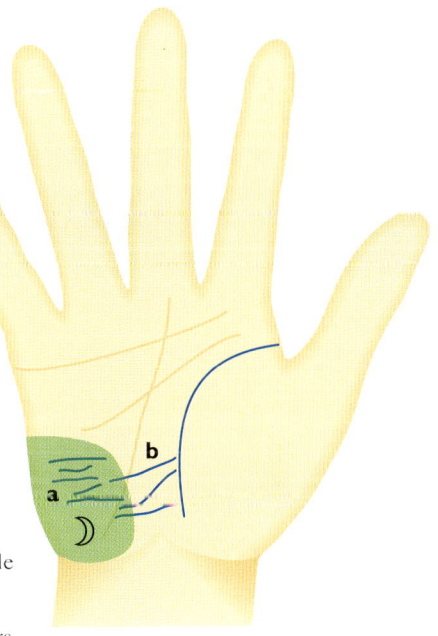

POINTS CLÉS
a *Lignes de voyage sur le mont de la Lune*
b *Lignes partant près de la ligne de vie vers le mont de la Lune*

LE MYSTIQUE

Si vous lisez ce livre, vous êtes probablement intéressé par les questions psychiques et pensez que l'homme a six sens plutôt que cinq. Bien que tous les chiromanciens ne soient pas médiums, la plupart des mystiques ont une intuition qui se développe au fur et à mesure qu'ils pratiquent leur art. Cela peut vous arriver aussi !

Le fantasme populaire avance qu'une personne douée de talents psychiques est plutôt bizarre de par la constante communication avec ses guides spirituels, outre que la lumière vacille à chaque fois qu'elle entre dans une pièce. La main fournit des indices plus fiables et moins stéréotypés. Pratiquez d'abord sur la vôtre.

Le mystique a une vie intérieure intense et satisfaisante, qu'il trouve édifiante et enrichissante.

LES DOIGTS

Les doigts donnent plus d'indications sur les facultés psychiques que la forme des mains. Si une personne a une majorité de doigts pointus, elle est

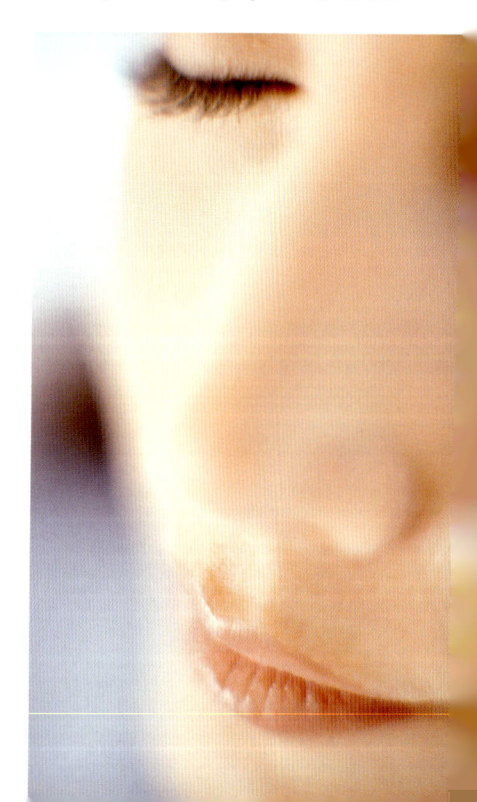

LE SOLITAIRE

Les publicités, les magazines et les émissions de télé donnent souvent l'impression que nous devrions passer nos loisirs à être grégaires afin d'accroître notre cercle d'amis. Cela convient très bien à certains, pas du tout à d'autres. Chaque personne a des besoins sociaux différents – alors que certaines ne peuvent survivre sans contact incessant avec leurs amis ou leur famille, d'autres sont parfaitement heureux seuls et rencontrent uniquement à l'occasion le reste du monde.

Vous savez probablement déjà à quelle catégorie ou combinaison de catégories vous appartenez. Qu'en est-il des personnes de votre vie ? Seriez-vous surpris par nombre de vos découvertes ? Quels signes cherchez-vous pour déterminer si quelqu'un est réellement un solitaire ?

Un solitaire joint instinctivement les doigts, dans un désir inconscient de tenir le reste du monde à distance.

perceptions extrasensorielles. Si la croix est visible au milieu de la paume ou est formée en partie par la ligne de destin, la personne prendra ses dons au sérieux et en fera son gagne-pain.

LIGNE D'INTUITION

La ligne d'intuition forme un demi-cercle autour du tranchant de la main, puis va du mont de la Lune au mont de Mercure. Elle est rare, si bien que vous ne la verrez pas très souvent. En sa présence, les pouvoirs d'intuition sont excellents. Par ailleurs, elle décrit les valeurs spirituelles. Malgré son nom, c'est une variante de la ligne de Mercure, qui part d'habitude de la ligne de destin sur le mont de Mercure.

LIGNE D'APOLLON

Traditionnellement associée à la réussite et à la richesse, cette ligne signale un fort sens de la spiritualité et un besoin de s'exprimer. Elle doit être bien marquée et longue, assez inhabituel, car normalement cette ligne est brève.

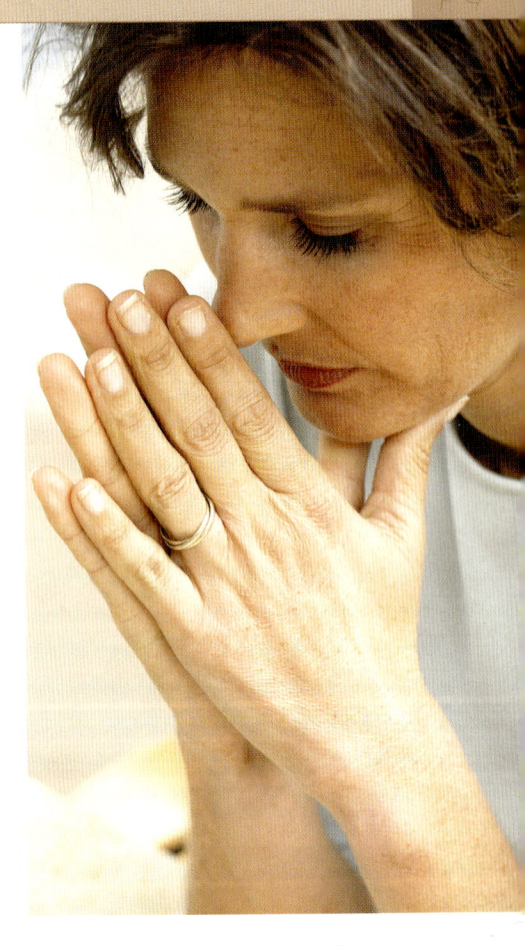

Une qualité spirituelle peut prendre de nombreuses formes, de l'appartenance à une religion au respect de la nature.

MONT DE LA LUNE

Regardez attentivement les motifs dermiques de ce mont, arches ou boucles, qui mettent en évidence les talents psychiques. Ceux-ci seront accrus si les motifs sont visibles sur les deux mains. Les dessins sont parfois difficiles à distinguer, surtout sur une main couverte d'un réseau de lignes mineures. Prenez une empreinte de la main pour faciliter l'examen.

LA CROIX MYSTIQUE

Cette croix apparaît parfois sur l'espace séparant les lignes de cœur et de tête. Comme son nom le suggère, elle est liée à l'intuition, à l'intérêt pour le mysticisme et les talents psychiques. Si elle apparaît près du mont de Jupiter, la personne a tendance à se servir de ses dons psychiques pour stimuler son ego, par exemple, faire grand cas de ses capacités télépathiques ou de ses

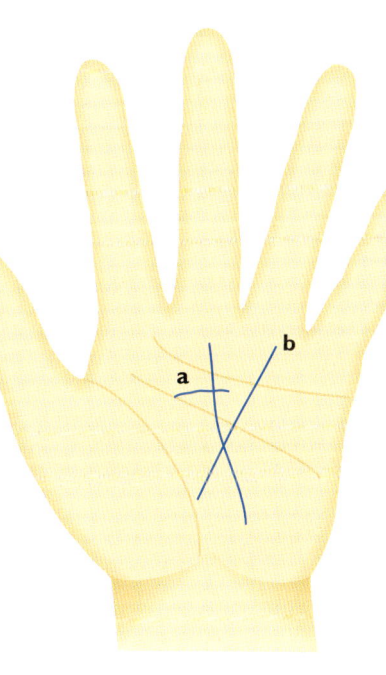

POINTS CLÉS
a *La croix mystique partiellement formée par la ligne de destin*
b *Longue ligne d'Apollon*

intuitive et capable de s'accorder à l'ambiance. Cette tendance est accrue si ses doigts de Jupiter sont pointus, phénomène plutôt rare. De plus, l'attirance pour les sujets mystiques et psychiques est forte ou la personne montre des facultés psychiques.

Un long doigt d'Apollon est un autre signe d'intérêt pour les questions spirituelles et mystiques, accru si le doigt est pointu.

ANNEAU DE SALOMON

Bien que cette ligne courbée sur le mont de Jupiter soit actuellement tenue pour un signe d'intuition psychologique, pour la tradition elle indiquait l'aptitude psychique. On la voit souvent sur les mains des astrologues, des chiromanciens et des tarologues, ainsi que sur les mains de toute personne se servant sciemment de son intuition et de ses instincts et ressentant le besoin d'établir un fort lien psychologique avec autrui. Par

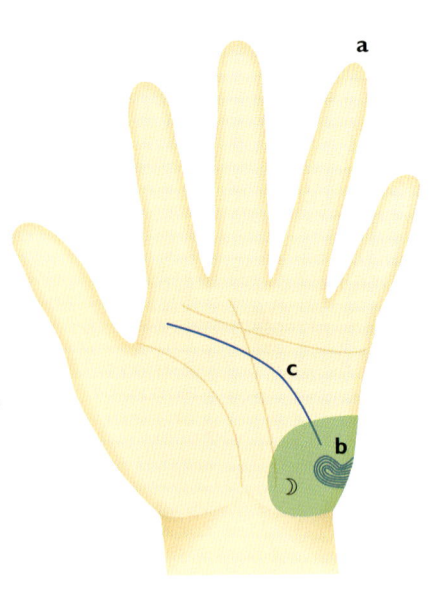

POINTS CLÉS
a *Long doigt d'Apollon pointu*
b *Boucle sur le mont de la Lune*
c *Ligne de tête se courbant sur le mont de la Lune*

exemple, vous pouvez voir l'anneau de Salomon sur la main d'une personne qui connaît l'identité de celui qui l'appelle avant de répondre au téléphone.

LA MAIN DÉTENDUE

Demandez à la personne concernée de garder les mains détendues, ce qui vous donnera des indices sur son type psychologique. Quelqu'un qui préfère sa propre compagnie montrera une main fermée au repos – soit doigts joints, pouces y compris (protection efficace du reste du monde), soit doigts très rapprochés (geste tout aussi protecteur, montrant l'indépendance).

Si le pouce est proche du bord de la paume, la personne est réticente et refuse de se dévoiler à qui que ce soit. Si l'angle entre son pouce et sa paume est plus réduit sur sa main dominante, elle a appris à se protéger après d'anciennes expériences désagréables. Si l'angle est plus réduit sur la main non dominante, elle est instinctivement timide et réservée, mais s'efforce héroïquement à les surmonter.

Un doigt de Saturne penchant vers le doigt d'Apollon montre une personne qui apprécie avoir du temps pour elle-même.

DOIGTS LONGS

Le vrai solitaire a des doigts longs et noueux, outre les autres caractéristiques décrites ici. Ceux-ci signalent qu'il aime vivre dans son mental, est introspectif et analytique.

DOIGT DE MERCURE

Toutefois, la règle sur les doigts longs peut ne pas s'appliquer au doigt de Mercure, car celui-ci est parfois court chez des personnes qui préfèrent leur propre compagnie. Un doigt de Mercure court annonce que la communication est difficile, peut-être en raison d'une immaturité affective. Les problèmes émotionnels sont aussi à l'ordre du jour quand le doigt de Mercure est implanté sur la paume plus bas que les autres doigts. Cette personne est très timide, mal assurée ou s'inquiète de la manière dont elle communique avec les autres.

Si elle préfère garder une partie d'elle-même totalement privée, son doigt de Mercure s'écartera d'instinct des autres doigts, phénomène visible quand elle gesticule. Elle accentue son sentiment de séparation en portant une bague à l'un ou aux deux doigts de Mercure. La bague vous offrira d'autres indices sur son état d'esprit.

DOIGT DE SATURNE

Le doigt de Saturne régit la responsabilité et la tendance à prendre

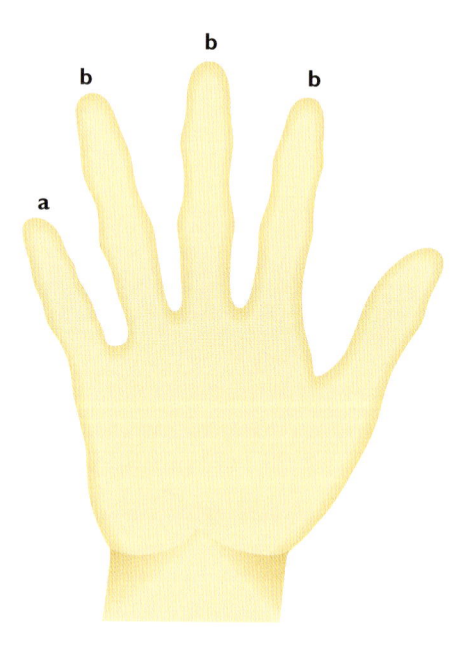

POINTS CLÉS
a *Doigt de Mercure court, implanté bas sur la main et écarté des autres*
b *Doigts longs et noueux*

la vie au sérieux. Si quelqu'un est très solitaire, vous le verrez d'après son doigt de Saturne. Si ce doigt est plus long que la normale, l'attitude envers la vie est sérieuse. S'il se courbe vers le doigt d'Apollon, le besoin de temps pour soi-même et la tendance de mettre le devoir avant le plaisir dominent.

Les doigts et les monts de Saturne proéminents signalent une personne qui prend très au sérieux ses responsabilités.

MONT DE SATURNE

Quand ce mont est bien développé, la personne concernée préfère être seule qu'avec des gens qui ne l'intéressent pas réellement ou qu'il trouve trop frivoles et superficiels.

LE GRINCHEUX

Nous avons tous rencontré des grincheux – des gens qui semblent être en permanence énervés ou en colère. Ils sont offusqués par la remarque la plus innocente et apparemment cherchent la bagarre quel que soit l'instant du jour ou de la nuit. Même s'ils posent une simple question, celle-ci est souvent formulée agressivement. Malheureusement, ces états d'esprit sont très contagieux, faisant exploser tout le monde. Parfois, ce genre de personne se montre capable de maîtriser parfaitement ses réactions et de rester calme.

Voici quelques indications sur les signes à chercher si vous suspectez ce genre de tempérament. Ils sont particulièrement utiles lorsque vous rencontrez un chef ou un collègue potentiel ou faites la connaissance d'un nouveau voisin. Même si le grincheux affiche un comportement sans faute, vous vous ferez rapidement une idée de sa véritable nature.

LA FORME DE LA MAIN
Si une personne tend à se mettre en colère, sa main est probablement feu.

Quand le pouce est tenu sur l'extérieur du poing serré, c'est un signe d'agressivité.

Elle est donc impulsive, assurée et spontanée. Bien entendu, la plupart des gens aux mains feu arrivent à contrôler parfaitement leur tempérament – la forme de la main n'est pas en elle-même une preuve assez concluante.

LE POUCE

Le pouce est une très importante indication du caractère de quelqu'un. Examinez-le de près. S'il est très lourd et épais, la personne est dominatrice et aime n'en faire qu'à sa tête. Si la phalange supérieure du pouce, regardée de côté, est très bulbeuse et épaisse, c'est là un signe d'obstination et d'agressivité. Vous aurez envie de mettre autant de distance que possible entre cette personne et vous, spécialement si le pouce est court et planté bas sur sa main, annonçant un tempérament violent, ingouvernable, éventuellement une faible intelligence.

À quel point le pouce est-il flexible ? Un pouce raide signale une

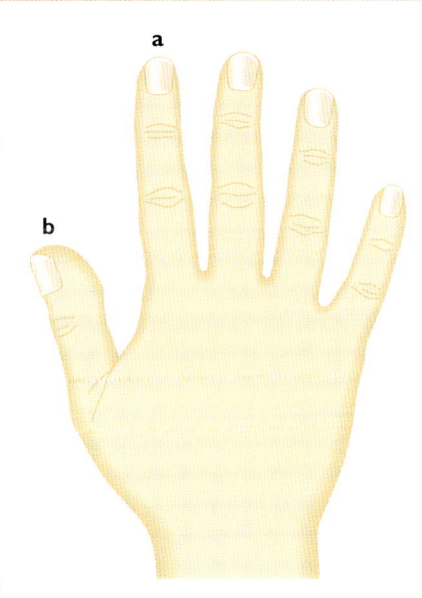

POINTS CLÉS
a *Long doigt de Jupiter*
b *Pouce court, planté bas, avec un bout bulbeux*

personne fiable, mais aussi très têtue, qui ne reculera pas lors d'une dispute. Si le pouce est si flexible qu'il se plie exagérément, la personne est adaptable au point d'être capable de dire ce que les autres veulent entendre.

POINTS CLÉS
a *Doigt de Mercure court*
b *Ongles courts et larges*

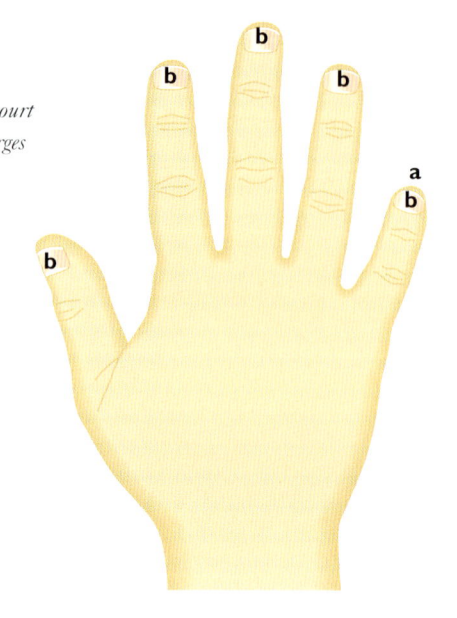

DOIGT DE JUPITER

Un doigt de Jupiter normal montre un ego sain, un doigt très long, une personne extrêmement fière et sûre d'elle-même. En tant que tel, ce fait ne la rend pas irritable et coléreuse, mais s'il est associé à plusieurs autres indications de mauvaise humeur, la personne est arrogante et aime avoir toujours le dernier mot.

LES ONGLES

Bonnes indications du tempérament, faciles à observer durant une conversation normale. En absence de vernis à ongles ou de fausses ongles, vous pouvez connaître le tempérament d'une femme d'après la couleur de ses ongles. Si ses ongles sont normalement rouges, elle est irascible.

Les ongles courts appartiennent à une personne impatiente, qui accable les autres. Si les ongles sont larges et courts, elle est extrêmement critique et tend à blâmer les autres pour ses problèmes. Toutes ces tendances sont accrues si un espace existe entre les ongles et le bout du doigt.

Les grincheux ont du mal à contrôler leurs réactions aux situations stressantes.

Astuce d'expert
Si le doigt de Mercure est très court, la personne manque de maturité et se bat aussi contre les difficultés émotionnelles. Elle exprime celles-ci par des crises de colère enfantines ou par une détermination d'obtenir ce qu'elle veut.

GLOSSAIRE

Angle de l'heure. Jointure de la phalange de base du pouce.

Angle du rythme. Point où la base du pouce rencontre le poignet.

Anneau de famille. Ligne marquant le point où la phalange de base du pouce rejoint la paume. Montre les sentiments envers la famille.

Anneau de Salomon. Ligne courbée encerclant le mont de Jupiter. Montre une bonne compréhension de la nature humaine.

Arche. Motif dermique, signe d'efficacité et d'esprit pratique.

Arche bâchée. Motif dermique rare, montrant l'enthousiasme.

Boucle. Motif dermique montrant la souplesse et la capacité de s'entendre avec les autres.

Boucle de l'humour. Motif dermique en boucle situé entre des doigts d'Apollon et de Mercure. Représente l'attitude optimiste à l'égard de la vie.

Boucle du bon sens. Motif dermique entre les doigts de Jupiter et de Saturne. Montre l'attitude sérieuse et empreinte de bon sens à l'égard de la vie.

Bracelets de Neptune. Groupe de lignes à la base du poignet, annonçant l'état de santé.

Carré. Terme désignant le bout d'un doigt carré. Également, nom donné aux petites lignes disposées en ce type de formation autour d'une interruption dans une ligne.

Carré de l'enseignant. Petit carré situé sur le mont de Jupiter, rattaché à la ligne de tête par une ligne fine. Montre l'aptitude à l'enseignement.

Ceinture de Vénus. Ligne apparaissant au-dessus de la ligne de cœur, au sommet de la paume. Montre la sensibilité émotionnelle.

Chaîne. Série de petites îles apparaissant sur une ligne.

Chirognomie (ou chirognomonie). Étude de la forme de la main.

Chiromancie. Étude des lignes de la main.

Conique. Désigne la forme arrondie du bout d'un doigt.

Courbe d'énergie. Forme de la courbure du tranchant de la main. Indique la créativité.

Croix. Marque créée par le croisement de deux lignes. Associée aux difficultés.

Croix mystique. Croix apparaissant dans l'espace entre les lignes de tête et de cœur, montrant un intérêt pour l'occultisme et les questions spirituelles.

Dermatoglyphie. Étude des empreintes et des crêtes dermiques.

Doigt d'Apollon. Annulaire, signifiant la réussite et l'aptitude artistique.

Doigt de Jupiter. Index, signe des qualités de leader et de l'assurance.

Doigt de Mercure. Auriculaire, représentant les talents de communication.

Doigt de Saturne. Médius. Indique la responsabilité et l'autorité.

Étoile. Marque de cette forme sur la main, signalant des difficultés.

Goutte d'eau. Petit coussinet de chair sur le dos de la première phalange des doigts, annonçant la sensibilité.

Grille. Petites lignes horizontales et verticales signifiant des problèmes temporaires.

Île. Petit cercle apparaissant sur une ligne. Montre le manque de concentration.

Interruption. Cassure dans l'énergie d'une ligne.

Langage corporel. Science de l'analyse du comportement à travers les gestes et les autres mouvements physiques.

Ligne d'Apollon. Petite ligne apparaissant sous le doigt d'Apollon, signifiant la réussite et la fortune.

Ligne de cœur. Ligne la plus haute traversant la paume. Signale l'aptitude à éprouver et à exprimer les émotions.

Ligne de destin. Ligne allant de la base de la paume à la base des doigts, montrant le chemin de vie.

Ligne d'enfants. Courte ligne verticale montant depuis une ligne de mariage.

Ligne d'influence. Minces lignes partant d'une ligne principale ou mineure, montrant que la personne a été influencée d'une quelconque manière.

Ligne d'interférence. Petite ligne croisant une ligne principale ou mineure et bloquant son énergie.

Ligne d'intuition. Variante de la ligne de Mercure, formant un demi-cercle depuis le mont de la Lune en montant vers le mont de Mercure. Signale l'intuition.

Ligne de mariage. Petite ligne sur le tranchant de la main, entre la ligne de cœur et la base du doigt de Mercure. Montre les relations importantes.

Ligne de Mars. Ligne courbée descendant sur le mont de Vénus. Montre la force physique.

Ligne de Mercure. Ligne montant sur la paume vers le mont de Mercure. Représente la santé.

Ligne simienne. Ligne unique née de la fusion des lignes de tête et de cœur.

Ligne sœur. Ligne parallèle à une ligne principale ou mineure, qu'elle étaye.

Ligne de tête. Ligne la plus basse traversant la paume. Indique la manière de penser.

Ligne de vie. Ligne se courbant autour de la base du pouce. Décrit la santé et la vitalité globale d'une personne.

Lisse. Forme d'un doigt dont les jointures sont à peine visibles, signe d'impulsivité.

Main air. L'une des quatre formes de main : paume carrée et doigts assez longs. Indique de bons talents de communication.

Main dominante (active). Main avec laquelle la personne écrit.

Main eau. L'une des quatre formes de main : paume longue et doigts longs. Indique la sensibilité.

Main feu. L'une des quatre formes de main : paume longue et doigts courts. Indique l'enthousiasme.

Main non dominante (passive). Main dont une personne ne se sert pas pour écrire.

Main terre. L'une des quatre formes de main : paume carrée et doigts courts. Indique la nature pratique.

Mont. Éminence de chair située dans une zone particuliere de la paume.

Mont d'Apollon. Éminence charnue en dessous du doigt d'Apollon. Montre l'aptitude artistique et la convivialité.

Mont externe de Mars. Éminence charnue au-dessous du mont de Mercure et au-dessus du mont de la Lune. Annonce le courage moral.

Mont interne de Mars. Éminence charnue au-dessous du mont de Jupiter et au-dessus du mont de Vénus. Annonce le courage physique.

Mont de Jupiter. Éminence charnue au-dessus du doigt de Jupiter. Montre l'ambition et l'ego.

Mont de la Lune. Éminence charnue située à la base de la paume du côté opposé au pouce. Signale l'imagination et le voyage.

Mont de Mercure. Éminence charnue au-dessous du doigt de Mercure. Montre la capacité de communication et d'entreprendre.

Mont de Saturne. Éminence charnue au-dessous du doigt de Saturne. Annonce la maîtrise de soi et la responsabilité.

Mont de Vénus. Éminence charnue couvant la base du pouce. Signale la vitalité et la capacité à montrer de l'affection.

Noueux. Terme désignant les jointures proéminentes des doigts. Indique le penchant à la réflexion.

Phalange. Segment d'un doigt.

Plaine de Mars. Zone du centre de la paume, représentant l'assurance.

Pointu. Terme désignant le bout pointu d'un doigt.

Spatulé. Terme désignant le bout d'un doigt légèrement plus large au sommet.

Stigmates médicaux. Série de lignes brèves sous le doigt de Mercure, montrant le désir d'aider les autres.

Taille fine. La forme plus fine au milieu d'une phalange, particulièrement du pouce.

Triangle. Forme triangulaire créée par des lignes de la main. Montre le savoir et l'aptitude technique.

Trois mondes. Les trois divisions horizontales de la paume, régissant le mental et l'esprit, les questions pratique et le monde matériel.

Volute. Motif dermique montrant l'individualité.

Volute composée. Motif dermique rare, montrant la capacité de voir tous les aspects d'une question.

INDEX

Les chiffres en *italique* signalent les illustrations.

12 étapes pour la réussite 41

Ambition et carrière 47, 284-309
  leader né 298-301
  entrepreneur 290-293
  travailleur 294-297
  réussite et accomplissement 302-305
  hauts et bas 306-309
  points de repère 286-289
Ambition, points de repère 286-289, *286*, *288*
  ligne de destin 289
  ligne de tête 289
  doigts de Jupiter et de Saturne 287-288, *287*
  pouce 288-289
  autres considérations 289
Amour et relations 47, 250-283
  amoureux fidèle 264-267
  indications d'enfants 260-263
  indications de relations durables 56-59
  amoureux passionné 276-279
  amoureux romantique 272-275
  amoureux peu démonstratif 280-283
  amoureux infidèle 268-271
  points de repère 252-255
Amoureux fidèle 264-267, *265*, *266*, *267*
  ligne de cœur 267
  ligne de vie 265
  lignes de mariage 266-267
  mont de Vénus 266
  forme de la main 264
Amoureux infidèle 268-271, *268*, *269*
  ceinture de Vénus 270, *270*
  ligne cœur 270-271, *271*
  mont de Vénus 269-270
  forme de la main 269
Amoureux passionné 276-279, *276*, *278*
  ceinture de Vénus 277, *278*
  ligne de cœur 278-279, *279*
  forme de la main 278-279
  ligne simienne 277-278, *277*
  pouce 279
Amoureux peu démonstratif 80-83, *281*, *282*
  anneau de famille 283
  ligne de cœur 282, *283*
  mont de Vénus 282
  anneau de Saturne 283, *283*
  forme de la main 280-281
  texture de la peau 281
Anneau de Salomon *217*, 224-225, *225*, 283, *283*, 331, 339, *339*, 364-365, *365*, 371, 388

INDEX

trouver la ligne 225
une main ou les deux ?
   225
Amoureux romantique
   272-5, *272*, *274*
   ligne de tête *275*
   ligne de cœur 274-275,
      275
   forme des doigts
      273-274, *273*
   forme de la main *273*
Anneau de famille 283, 383
Angle du rythme 382
Angle du pouce 52-53,
   52, 325
Angle de l'heure 382
Angle, taille 53
Approche scientifique 14-16
Après la lecture 41
Arche 58, *58*, 382
Arche bâchée 60, *60*, 389
Artiste 320-323, *320*, *322*
   doigt d'Apollon *321*, 322-
      323
   gouttes d'eau 323
   empreintes 321-322
   courbe d'énergie 323
   forme et sensation
      de la main 321
Astrologie 9, 18-19
Athlète 332-5, *332*, *334*
   ligne de vie 335
   monts de Mars 334-335
   forme de la main 333
   ligne simienne 335
   pouce et doigts
      333-334
Avant la lecture 38-39

Bague 104
Bol chantant 41
Boucle 58, 59, *59*, 386
Boucle de l'humour 61, *61*,
   357, 386
Boucle du bon sens 61,
   61, 305, 352, *352*, 386
Bracelets de Neptune *217*,
   228-9, *228*, 382
   trouver les lignes 228
   bracelet supérieur
      228-229, *229*
   autres bracelets 229

Carré 237-238, *237*, 388
Carrière *voir* Ambition et
   carrière
Ceinture de Vénus *217*,
   226-227, *226*, 270,
   270, *277*, 278, 384
   trouver la ligne 226
   ligne forte 226-227
   ligne faible 227, *227*
Chaîne *238*, 239, 382
Changements dans la ligne
   22-23
Cheiro 11, *11*
Chirognomonie 16, 382
Chiromancie 16, *16*, 383
Confort 39
Courbe d'énergie 96-97,
   96, *97*, 323, 387
Connaissance de soi 17-18
Contact visuel *37*
Conique 383
Croix 235-236, *236*, 383
Croix mystique 372-373,
   372, 385

Déni 36
Dépensier 346-349, *346*, *348*
   doigts de Jupiter et
      d'Apollon 348, *349*
   ligne d'Apollon 349
   mont de Saturne 348
   mont de Vénus 349
   forme de la main 347, *347*
Dermatoglyphie 17, *17*, 383

Destin 20
Diplomate 362-365, *362, 363*
  doigts 363-364
  ligne de cœur 365
  anneau de Salomon 364-365, *364*
  pouce 364
Doigts 19, 45, 98-117, 122-137, 290-292, 295-296, 359-360, 363-364, 367-368, 370-371
  court 100
  annulaire (Apollon) *100*, 116, *116*, 130-133, 313, *321*, 322-323, 326, 348, *349*, 382
    espaces entre les doigts 133
    long 130
    normal 130
    bagues 132-133, *132*
    court 131
  auriculaire (Mercure) *100*, 116, *116*, 134-137, *307*, 313, 317-319, 326, 337, *337*, 376, *376*, 386
    espaces entre les doigts 137
    long 134-136, 135, *136*
    normal 134
    bagues 137
    court 136
    droit ou tordu 136-137
    long 100, 375
    mesurer 102-103, *102,103*
  index (Jupiter) *100*, 116, *116*, 122-125, 287-8, *287*, 297, 300-301, *301*, 303-304, *303*, 307, 333-334, 348, 349, 356, 380, 384
    espaces entre les doigts 124, *125*
    long 122
    normal 122
    bagues 123-124, *123*
    court 123
    jointures 112-113, *112*
  médius (Saturne) *100*, 116, *116*, 126-129, 287-288, 297, *303*, 304, 377, *377*, 388
    espaces entre la doigts 129
    lourd 128
    long 126
    normal 126
    bagues 128, *128*
    court 127-128, *127*
  formes 105-107
    conique 107, *107*
    pointu 107, *107*
    spatulé 106, *106*
    carré 106, *106*
  ongles *voir* Ongles
  phalanges 108-109
    troisième 108, *109*
    deuxième 108, *109*
    épaisseur 110-111, *110, 111*
    première 108, *109*
Dominante, main 24, 25, 383
Dos des mains 55-56
Durée de la lecture 40

Éclairage 39, 47
Économe 350-353, *350, 351*
  doigts 351-352
  boucle du bon sens 352, *352*
  forme de la main 350-351
  trois mondes 353
Écrivain 316-319, *316, 318*
  ligne de tête 319

doigt de Mercure 317-319
forme de la main 316-317
Église, l' 9, 18
Empreintes 58-60, 297, 321-322
Empreinte de la paume 60-61
prendre 26-29
Énergie négative 41
Enfants, indications d'
260 263, *260*, *262*
garçons et filles 262, *262*
préférés 263, *263*
depuis l'extérieur vers l'intérieur 261-262
petits-enfants 263
lignes d'enfants 261, *261*
mont de Vénus 261
naissances multiples 263
Enregistrer le séances 40-41, 47
Enseignant 336-339, *336*, *338*
anneau de Salomon 339, *339*
carré de l'enseignant 388-389
doigt de Mercure 337-338, *337*

forme de la main 336
ligne de tête 337-338
pouce 337
Entrepreneur 290-293, *291*
doigts 290-292, *292*
ligne de tête 292-293, *293*
pouce 292
Entretiens d'embauche 13
Espace entre les doigts 55, *55*
Étoile 234, *234*, 388
Évaluer la forme de la main 66-67
Examiner les paumes 54-5, *54*
Exercice d'ancrage 38, 41
Explorer vos mains 140-141

Gestes des mains pendant la lecture *36*
Gouttes d'eau 111, *111*, 323, 383
Grille 236-237, *237*, 384
Grincheux 378-381, *378*, *381*
doigt de Jupiter 380
ongles 380-381

pouce 379, *379*
Guérisseur 328-331, *328*, *329*
ligne de cœur 330
ligne d'intuition 331, *331*
stigmates médicaux 33
mont de Vénus 329-330
anneau de Salomon 331
forme de la main 329

hauts et bas 306-309, *306*, *309*
base des doigts 307, *307*
interruptions dans les lignes 309
ligne de destin 307-308, *308*
ligne de tête 308-309
Histoire de la chiromancie 8-11

Île 238-239, *238*, 384
Influence, ligne d' 384
Interprète (l') 324-327, *324*, *325*
angles du pouce 325
doigt d'Apollon 326
ligne de destin 327
doigt de Mercure 326

écartement des doigts 325
Interruptions dans les lignes 240-245, *241*, 382
   après l'interruption 244
   évaluer l'interruption 244
   interruptions et libre arbitre 240
   vérifier les autres lignes 245, *245*
   chercher une interruption 240-241
   une main ou les deux ? 244
   protection 242-243, *242*, *243*

Jointures 112-113, *112*
Joséphine, impératrice 11

Karma 20-21

Langage corporel 16-17, 30-31, *31*, 382
Leader né 298-301, *298*, *300*
   ligne de tête 301
   doigt de Jupiter 300-301, *301*
   Mont de Mars 301
   forme et sensation de la main 299
   pouce 299-300
Lecture responsable 32-41
   après la lecture 41
   avant la lecture 38-39
   déni 36
   pendant la lecture 39-41
   faillibilité 35-36
   peurs 32-34
   pouvoir 34-35
   étapes vers la réussite 41
Le Normand, Marie-Anne 10-11
Lignes de chance 146-147
Lignes absentes 144-145, *144*, *145*
Ligne d'Apollon 216, *217*, 218-219, *218*, *219*, 349, 357, 373, 385
   trouver la ligne 221
   point de départ 221
Ligne de cœur 22, *141*, *144*, *148*, 166-181, 258-259, *258*, *259*, 270-271, *271*, 274-275, *275*, 278-279, *279*, 282, *283*, 315, 330, 345, 364, 384
   courbure de la ligne 174-175
   presque droite *174*, 175
   normal 174, *174*
   très courbée 174-175, *174*
   fin de la ligne 171-173
      entre les monts de Jupiter et Saturne 173
      sur le mont de Saturne 173
      sur le bord de la paume 171-172, *172*
      point de fin possible *167*
      sous le mont de Jupiter 172-173
   fourches 181
   ligne de cœur absente 180-181
   position de la ligne de cœur 175-177
      placée haut 176, *176*
      placée bas 177, *177*
      normal 175
   reste de la ligne 178-180
      couleur de la ligne 180

interruptions dans la ligne 178
lignes jointes 178, *179*, 180
petites lignes 178
départ de la ligne 166-171
nette et bien marquée *168*, 169
en épi 170-171, *170*
quoi chercher 180
Ligne de destin *141*, *142*, *145*, *148*, 198-213, 289, 305, 307-308, *308*, 327, 383
fin de la ligne 201-206
sur la ligne de tête 203 204, *203*
sur la ligne de cœur 201, 203
sur le mont de Jupiter 204, 206
sur le mont de Saturne 204, *205*
point de fin possible *202*
fourches et ramifications 208, *209*, *210*, 211
ligne de destin absente 213, *213*
qualité de la ligne 206-207, *206*
reste de la ligne 211-213
lignes d'interférence 211, *212*, 213
main droite et gauche 207-208
départ de la ligne 198-201
sur le mont de Vénus 198, 200
origine possible *199*
position de départ 201
tact 208
quoi chercher 213
Lignes doubles 146-147, *147*
Lignes d'énergie *142*, 143
Ligne d'enfants 385
Lignes d'interférence 163
Ligne d'intuition 331, 373, 385
Lignes de la main 45, 47, 138-249
interruptions dans les lignes 240-245
lignes doubles 146-147, *147*

explorer vos mains 140-141
ligne de destin 198-213
ligne de tête 182-197
ligne de cœur 166-181
ligne de vie 150-165
lignes d'énergie 143
lignes principales 148, *148*
lignes mineures 216-233
lignes absentes 144-145, *144*, *145*
marques aléatoires 234-239
lire les lignes 143
ligne simienne 214-215, *214*, *215*
trouver le moment des événements sur les lignes 246-249
Lignes de mariage *217*, 232-233, *232*, 257-258, *257*, 385
formation des lignes 233, *233*
longueur et profondeur 232-233
Ligne de Mars *217*, 222-223, *222*, 335, *335*,

385
trouver la ligne *223*
une main ou les deux ? 223
Ligne de Mercure 216, *217*, 218-219, 386
Lignes mineures 216-233
  bracelets de Neptune *217*, 228-229, *228, 229*
  ceinture de Vénus *217*, 226-227, *226, 227*
  ligne d'Apollon 216, *217*, 220-221, *220, 221*
  ligne de Mars *217*, 222-223, *222*
  ligne de Mercure 216, *217*, 218-219, *218, 219*
  lignes de mariage *217*, 232-233, *232, 233*
  stigmates médicaux *217*, 230-231, *230*
  anneau de Salomon *217*, 228-229, *228*
Lignes principales 148, *148*
Ligne simienne 214-215, *214 215*, 277-278, *277*, 335, 388

une main ou les deux ? 214-215
Ligne sœur 388
Ligne de tête *141, 144, 148*, 182-197, 275, 289, 292, 301, 308-309, 319, 337-338, 361, 384
  distance entre les lignes de tête et de cœur 188, *189*, 191
  fin de la ligne 184-188
    large fourche 187
    point de fin possible *190*
    pompon 187
    courbe montante 187-188
    fourche de l'écrivain *186*, 187
  ligne de tête contre ligne de vie 197
  longueur de la ligne 191-192
    longue 191-192
    normale 191
    courte 192
  ligne de tête absente 197

qualité de la ligne 188
reste de la ligne 195-197
  branches 196-197, *196*
  en épi 195-196
  lignes d'interférence 195
  forme de la ligne 192-195
    courbée 194-195, *194*
    tombante 195
    droite 192, *193*
    ondulée 194
  origine de la ligne 182-184
    sous la ligne de vie 184
    jointe à la ligne de vie 184
    sur mont de Jupiter 184
    point de départ possible *183*
  quoi chercher 197
Ligne de vie *141, 148*, 150-165, 315, 335, 369, 385
  courbure de la ligne 159-160
    légèrement courbée

160, *161*
droite 160, *161*
très courbée 159-160, *161*
fin de la ligne 155-159
　position de fin 157
　points de fin possibles *156*
　qualité de la ligne 157, *158*, 159
ligne de vie absente 165
reste de la ligne 160, 162
　couleur de la ligne 163
　lignes montantes 164-165, *164*
　variations en force et couleur 162-163, *162*
départ de la ligne 150-155
　espace entre les lignes de tête et de vie 155
　haute 151
　lignes de tête et de vie jointes 155
　basse 152
　normale 150
　origines possibles *151*
　qualité de la ligne 152, *153*, *154*, 155
　quoi chercher 165
Lire les lignes 143
Lisse 388
Loupe 39, 47

Main, la 44, 64-97
Main air 66, 72-3, *73*, 382
Main eau 66, 67, 74-75, *75*, 389
Main fermée 50-51, *51*
Main feu 66, *66*, 68-69, *69*, 384
Main ouverte 51
Main terre 66, 67, 70-71, *71*, 383
Mains d'enfants 22, 23, 26
Marques aléatoires 234-239
　chaîne *238*, 239
　croix 235-236, *236*
　grille 236-237, *237*
　île 238-239, *238*
　carré 237-238, *238*
　étoile 234, *234*
　triangle 235, *235*
Monde idéal 62, *63*
Monde matériel 62, *63*
Monde pratique 62, *63*
Mont 19, 76-77, *77*, 386
　absent 76
　mince et plat 76
　bien développé 76
Mont d'Apollon 77, 82-83, *82*, *83*, 386
Mont externe de Mars 76, *77*, 86-87, *86*, *87*, 387
Mont interne de Mars 77, *77*, 88 89, *88*, *89*, 384
Mont de Jupiter 77, *77*, 78-79, *78*, *79*, 172, 173, 184, 204, 206, 386
Mont de la Lune 76, *77*, 94-95, *94*, *95*, 185, *185*, 200, *368-369*, 372, 387
Mont de Mars 301, 334-335, *335*, 387
Mont de Mercure 76, *77*, 84-85, *84*, *85*, 387
Mont de Saturne 77, 80-81, *80*, *81*, 173, 204, *205*, 349, 377, 387
Mont de Vénus 77, *77*, 92-93, *92*, *93*, 198, 200, 261, 266, 277,

282, *322*, 329-330, 349, 387
Mystique 370-373, *370*, *373*
  anneau de Salomon 371
  croix mystique 372-373, *372*
  doigts 370-371
  ligne d'Apollon 373
  ligne d'intuition 373
  mont de la Lune 372

Napoléon Bonaparte 10-11, *10*
Non-dominante, main 24-25
Noueuses 385

Ongles 57, *57*, 113-115, 380-381
  lunules 115
  longueur 114, *114*, *115*
  autres traits 115
  largeur 114-115, *114*, *115*
Opinions 37
Optimiste éternel 354-357, *354*, *357*
  boucle de l'humour 357
  doigt de Jupiter 356
  forme de la main 354-356

ligne d'Apollon 357
Outils de la chiromancie 47
Ouverture *34*, 35

Pendant la lecture 39-41
Pessimiste 358-361, *358*, *359*
Peurs 32-33, *32*
Phalange 387
Photocopier la paume 26
Plaine de Mars 77, *77*, 90-91, *90*, *91*, *305*, 387
Planètes 19
Poignée de main 49
Pointu 388
Position naturelle des mains 50-51
Position religieuse 20
Pouces 45, 104, *116*, 118-121, 277, 288-289, 292, 299-300, 333-334, 337, 364, 379
  long 119
  deuxième phalange 120-121, *120*
  normal 118
  position 121
  bagues 121
  court 119, *119*

première phalange 119-120
Pouvoir 34-35
Premières impressions 44, 48-63
Purifier l'atmosphère 41
  doigts 359-360
  ligne de tête 361

Rapport *33*
Relation, points de repère 252-255, *253*, *255*
  ligne de cœur 253, *255*
  points clés *254*
  lignes de la main 253
  forme et texture de la main 252-253
  autres considérations 255
Relations *voir* Amour et relations
Relations durables 256-259
  ligne de cœur 258-259, *258*, *259*
  lignes de mariage 257-258, *257*
  forme et sensation de la main 256
Réussite et

accomplissement
302-305, *302*, *304*
boucle du bon sens 305
doigt de Jupiter 303-304,
303
doigt de Saturne *303*,
304
forme de la paume 303
ligne de destin 305

Sensation des mains 56-57
Silence (le) est-il d'or ? 36-37
Situations sociales 13
Solitaire 374-377, *374*, *377*
doigts longs 375
doigt de Mercure 376,
376
doigt de Saturne 377, *377*
main détendue 375
mont de Saturne 377
Spatulé 388
Stigmates médicaux *217*,
230-231, *230*, *330*, 386
trouver les lignes 231

Talents et aptitudes 47,
310-339
artiste 320-323

athlète 332-335
guérisseur 328-331
interprète 324-327
enseignant 336-339
points de repère 312-315
écrivain 316-19
Talent points de repère
312-315, *312*, *313*
doigts d'Apollon et de
Mercure 313
ligne de cœur 315
ligne de vie 315
autres considérations
315
Tarot 9, 18-19
Tempérament points de
repère 342-345, *342*,
343
autres considérations 345
doigts 344-345
ligne de cœur 345
Tempéraments 47, 340-381
grincheux 378-381
diplomate 362-365
optimiste éternel 354-357
solitaire 374-377
mystique 370-373
pessimiste 358-361
économe 350-353

dépensier 346-349
voyageur 366-369
points de repère 342-345
Travailleur 294-297, *294*,
295
bout des doigts 296, *296*
doigts 295-296
forme de la main 294-295
Triangle 235, *235*, 389
Trois mondes 62, *63*, 353,
389
Trouver le moment des
événements sur les
lignes 246-249
diagramme de la durée
de vie *247*
diviser mentalement la
ligne 246
la pratique rend parfait
249
événements passés
248-249, *248*

Voyageur 366-369, *366*, *367*
doigts 367-368
ligne de vie 369
mont de la Lune
368-369
Volute 58, 59, *59*, 389
Volute composée 60, *60*, 389

REMERCIEMENTS

Beaucoup de personnes ont contribué à la parution de ce livre. Merci à l'équipe éditoriale de Godsfield Press, particulièrement à Brenda Rosen pour son enthousiasme et sa méticulosité et à Clare Churly pour son aide. Un grand merci à mon agent, Chelsey Fox, et à mon mari, Bill Martin, pour leur compréhension et leur soutien.

CRÉDITS DES IMAGES

Corbis UK Ltd 253, 286, 288, 336, 342; /Peter Beck 351; /Bettmann 19; /Ed Bock 17; /Horace Bristol 15; /Cameron 267; /Jim Craigmyle 324; /ER Productions 21; /Randy Faris 298; /Jon Feingersh 6, 35, 328; /Patrik Giardino 33; /Gary Houlder 325; /Stuart Hughes 367; /Michael Keller 346; /Helen King 31; /Jutta Klee 265; /Simon Marcus 272; /Steve McDonough 348; /Tim McGuire 304; /Roy McMahon 255; /Gabe Palmer 20; /Jose Luis Pelaez Inc. 291, 362, 363; /Steve Prezant 350; /Anthony Redpath 316; /Pete Saloutos 16; /Ariel Skelley 318; /Tom Stewart 295; /LWA-Dann Tardif 257, 329; /LWA-Stephen Welstead 374; /Alison Wright 322. **Creatas** 274. **Digital Vision** 340, 378, 381. **Image Source** 36, 258, 281, 284, 294, 306, 373, 377. **Mary Evans Picture Library** 9, 11. **Getty Images** 354, 359/David C. Ellis 357; /Chris Fortuna 282; /Julia Fullerton-Batten 38 gauche; /Don Klumpp 300; /Photomondo 13; /Justin Pumfrey 37; /Michel Setboun 18; /Paul Thomas 343. **Octopus Publishing Group Limited** 34, 38 droite, 57, 276; /Richard Francis 332; /Mike Hemsley at Walter Gardiner Photography 22 droite, 55, 312; /Alistair Hughes 278; /Mark Newcombe 334; /Peter Pugh-Cook 40 haut gauche, 67; /William Reavell 12; /Russell Sadur 22 gauche, 260; /Ian Wallace 5, 56. **Photolibrary.com** 32; /Nancy R. Cohen 50; /Dech 320; /Gategno 370; /Andreas Koerner 302; /Image Source 269; /Stock Montage 10; /Robert Whitman 54. **Photodisc** 1, 2, 3, 40 bas droite, 42, 44, 45, 46, 48, 64, 66, 98, 138, 250, 262, 268, 309, 310, 313, 338, 358, 366. **TopFoto**/Charles Walker 8.

Éditeur exécutif Brenda Rosen
Éditeur en chef Clare Churly
Directeur artistique exécutif Sally Bond
Designer Annika Skoog et Pia Ingham pour Cobalt Id
Illustrateur Kuo Kang Chen
Iconographe Sally Claxton et Jennifer Veall
Directeur de production Louise Hall